LEBEN AM LIETZENSEE

1/106   Charlottenburg.
Reichs - Militärgericht.

text • verlag
• **edition berlin**

Gitschiner Straße 61
D-10969 Berlin

Telefon   (030) 69504845
Fax   (030) 69504846
e-mail   info@textpunktverlag.de
Internet www.textpunktverlag.de

I M P R E S S U M   Irene Fritsch
Leben am Lietzensee
Berlin: text.verlag edition Berlin
ISBN 978-3-938414-10-1

Layout & Gestaltung:
text.verlag Sybille Zerling, Berlin

6., überarbeitete Auflage 2014

LEBEN AM LIETZENSEE

Irene Fritsch

text • verlag
• **edition berlin**

INHALTSVERZEICHNIS

INHALTSVERZEICHNIS

Für Andreas

VORWORT

Im September 1998, als mit dem Umzug der Bundesregierung in die alte neue Hauptstadt auch derjenige vieler Bundesbürger nach Berlin begann, gab die Berliner Bank unter dem Titel »Neu in Berlin« eine Broschüre heraus mit vielen »Interessanten Informationen für Neu-Berliner«, die u. a. auch Beschreibungen der unterschiedlichen Wohngebiete der Stadt enthielt. Dort heißt es auf S. 25:

Lietzensee
Erstklassige Wohnlage an der Neuen Kantstraße
U2 (Kaiserdamm), S45, S46 (Witzleben)
Das reine Wohngebiet rund um den gleichnamigen See gehört zu den Topadressen Berlins. Zahlreiche Schauspieler, Künstler und andere erfolgreiche Kreative haben hier ihr Domizil. Das hochherrschaftliche Flair, das selbst noch die Hochhäuser am Lietzenseeufer umwebt, hat allerdings seinen Preis. In Zahlen: Grundstücke im Geschoßwohnungsbau kosten hier rund 2.300 DM/qm.
Bezogen auf den Grundstückspreis zählt der Bereich Lietzensee damit zu den teuersten Wohnlagen Berlins.«

Dazu gibt es vier von vier möglichen Sternen.

Diese zwar schmeichelhafte Einschätzung der Lietzenseegegend sollte man trotzdem nicht kritiklos übernehmen, denn nicht nur »erfolgreiche Kreative«, sondern auch viele normale Durchschnittsbürger haben hier ihr »Domizil«. Eines aber stimmt: der See mit dem Park, eine grüne Oase mitten in der Stadt, umgeben von wohnlichen Miethäusern aus alter und neuer Zeit, dazwischen ansehnliche und guterhaltene öffentliche Gebäude – Gericht, Post, Schule, Kirchen – das alles zusammen ergibt in der Tat eine gute Wohngegend, eine Welt, in der die Menschen sich wohlfühlen und gern leben.

Kaum vorstellbar aber, dass noch vor hundert Jahren der Lietzensee sich weit außerhalb der Großstadt Charlottenburg befand, dass vom Bahnhof Charlottenburg aus der Weg über eine »öde, weite Fläche« zu dem See führte und dieser dann in »weltverlorener Stille« dalag in einem »alten verwilderten Park«.

Aber auch heute noch, obwohl man die Lage des Parks wirklich nicht mehr als »weitentfernt vom Brausen der Großstadt« bezeichnen kann, empfindet der Besucher bei einem Spaziergang ein Gefühl der Ruhe und Abgeschiedenheit. Denn See und Park, in einer kleinen Talsenke verborgen, bleiben erstaunlich unberührt vom Großstadtlärm, obwohl sich nur wenige hundert Meter entfernt das belebte Messegelände und die dichtbefahrenen Verkehrsadern Stadtautobahn, Neue Kantstraße und Kaiserdamm befinden.

Ich wohne seit meiner Kindheit am Lietzensee und befasse mich schon seit vielen Jahren mit seiner Geschichte. Im Laufe der Zeit habe ich viel gelesen und alles gesammelt, was ich bekommen konnte, Bücher, Zeitungsartikel, Filme, Landkarten und Stadtpläne, alte und neue Fotos, vor allem aber auch bisher unveröffentlichte Zeitdokumente, wie die Erinnerungen alter Anwohner oder die der Öffentlichkeit nicht zugänglichen Schul- und Kirchenchroniken. Ich habe in den Berliner Bibliotheken und Archiven nachgeforscht und auch in die wenigen vorhandenen, noch nie veröffentlichen Akten über den General von Witzleben, dem ersten Besitzer des Lietzensees, im Geheimen Staatsarchiv eingesehen.

In den folgenden Ausführungen soll nun der knapp 200jährigen Geschichte des Lietzensees, des Parks und seiner Umgebung nachgegangen werden. Aber es wird nicht nur die interessante Lokalgeschichte eines kleinen begrenzten Charlottenburger Stadtviertels erzählt. Vielmehr zeigt es sich, dass alle wichtigen politischen, gesellschaftlichen und kulturellen Ereignisse und Epochen der vergangenen zwei Jahrhunderte, die das große Berlin bewegten und prägten, sich auch im Leben am Lietzensee widerspiegelten und ihre Spuren hinterlassen haben. Insofern kann die Geschichte des Lietzensees auch als eine Berlin-Geschichte im Kleinen verstanden werden.

Berlin, im September 2001
Irene Fritsch

VORWORT
ZUR SECHSTEN AUFLAGE

Seit dem Erscheinen der 1. Auflage dieses Buches 2001 sind mehr als zehn Jahre vergangen. Mehrmals wurde es überarbeitet und aktualisiert.

Auch jetzt ist es wieder an der Zeit, die neuesten Entwicklungen im Leben am Lietzensee aufzuzeichnen, wie den Bau eines neuen »Bootshauses« mit einem Café, das gewaltige Fischsterben im kalten Winter 2010 oder die Anlage eines Senioren-Sportplatzes. Dieses und vieles mehr wurde in die Neubearbeitung dieses Buches aufgenommen, dessen Zweck nach wie vor darin besteht, durch Hinweise und Erklärungen die Besucher und Liebhaber des Lietzenseeparks auf ihren Spaziergängen zu begleiten und zu informieren.

Berlin, im August 2014
Irene Fritsch

GESCHICHTE DES LIETZENSEES UND DES LIETZENSEEPARKS

DIE FRÜHZEIT

Der Lietzensee, der größte See Charlottenburgs, verdankt seine Entstehung der Eiszeit. Welche gewaltigen Naturkräfte dafür nötig waren, kann am besten der große Findling am Lietzenseeufer veranschaulichen. Dieser und auch die kleineren im Park waren Bestandteile der Geröll- und Schuttmassen, die die riesigen, aus Skandinavien abfließenden Gletscher nach der letzten Eiszeit (vor ungefähr 20 000 Jahren) auf ihrem Weg nach Süden mitschleppten und liegenließen. Die abtauenden Wassermassen gruben breite Urstromtäler und kleinere Schmelzwasserrinnen in die Landschaft und formten so die gesamte Norddeutsche Tiefebene. Eine der Schmelzwasserrinnen im Berliner Raum ist die Grunewaldseenrinne, deren Verlauf man heute noch deutlich auf dem Stadtplan an Hand der übriggebliebenen, mit Wasser gefüllten Strudellöcher erkennen kann, die Kette der Grunewaldseen: Nikolassee, Schlachtensee, Krumme Lanke, Grunewald- Hundekehle-, Diana-, Koenigs-, Hertha- und Halensee. Der nördlichste und letzte dieser Kette ist der ursprünglich nicht zweigeteilte Lietzensee (Größe 6,6 ha, Tiefe 3–4 m, Breite ca. 80 m, Länge ca. 800 m). Alle diese Überreste einer eiszeitlichen Abflussrinne haben keinen Zufluss, sondern werden nur durch Grundwasser und Niederschläge gespeist. Der Lietzensee hat an seinem Nordende einen heute verrohrten Abfluss zur Spree hin, ein früher sumpfiges Gelände, den sogenannten Schwarzen Graben.

Der Findling am Lietzenseeufer. Foto: Museum Charlottenburg-Wilmersdorf

Nach Abtauen der letzten Eismassen dauerte es noch Jahrtausende, bis das Land von Menschen bewohnt wurde. Große

Sumpfgebiete, ausgedehnte Wälder mit dichtem Unterholz und unwirtliche Steppen prägten die Urlandschaft.

Über die Besiedlungsgeschichte an den Ufern des Sees ist wenig bekannt. In der Steinzeit scheinen hier Menschen gewohnt zu haben, wie man aus Geräten und Waffen schließen kann, die um die Jahrhundertwende beim Abtragen der um den See liegenden Kieshügel gefunden wurden, heute aber verschollen sind. Später in der Bronzezeit (um 1000 v. Chr.) leb-

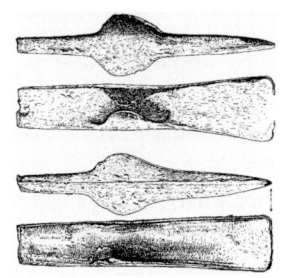

Lappenbeile aus der Bronzezeit, gefunden vermutlich am Lietzensee.
Aus: Fischer 1963

ten vermutlich eine Zeitlang Bauernstämme illyrischer Herkunft am Lietzensee, die Bronzegeräte, -waffen und Urnen mit Resten verbrannter menschlicher Knochen zurückließen. Dann aber lag der See wieder Jahrhunderte lang unberührt und still im »Grunewald«.

Seit 1314 befand sich nordöstlich des Sees das kleine Dorf Lütze, das aus dem Hof Lusce entstanden war. Der Name kommt von dem slawischen Wort »luccina« und bedeutet »Sumpfgebiet, Lache«. Unterschiedliche Schreibweisen des Dorfnamens werden überliefert, u.a. Lucene, Luzen, später Lützow und Lietzow.

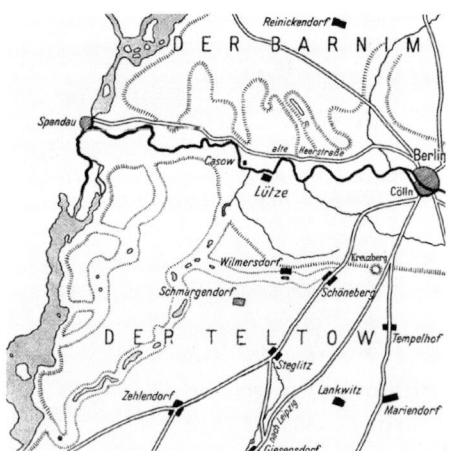

Die Gegend zwischen Spandau und Berlin zur Zeit der Gründung des Dorfes Lütze (1314).
Aus: Fischer 1963

Die Markgrafen von Brandenburg Johann I. und Otto III. hatten den Hof 1239 dem in Spandau neugegründeten Nonnenkloster St. Marien geschenkt, ein ziemlich großes Gelände »Wasser und Weiden«. Auch der Lietzensee gehörte dazu, der das Kloster mit Fischen versorgte.

Von diesem Dorf Lütze hat der Lietzensee seinen Namen. Er hieß der »Lützer« oder »Lietzer See«, später »Lützensee«, »Lützower See« u.ä., etwa seit Ende des 19. Jahrhunderts nur noch »Lietzensee«.

Lützow war eines der vielen kleinen, bedeutungslosen märkischen Dörfer, die abseits der breiten Heer- und Handelsstraßen lagen. Es leistete jahraus, jahrein dem Kloster seine Abgaben und später, nach Einführung der Reformation und Schließung des Klosters, dem jeweiligen Besitzer.

Der Lietzensee und Umgebung um 1680.
Aus: Fischer 1963

Kurfürstin Sophie Charlotte von Brandenburg 1690. Aus: Katalog »Sophie Charlotte und ihr Schloß« 1999

AUS LÜTZENBURG
WIRD CHARLOTTENBURG

Das Ende der Abgeschiedenheit erfolgte 1695. Die Kurfürstin Sophie Charlotte (1668–1705), die an diesem malerischen Winkel an der Spree großen Gefallen gefunden hatte, ließ sich das Dorf Lützow mit allen Ländereien von ihrem Mann übertragen, dem Kurfürsten Friedrich III. (1657–1713), seit 1701 König Friedrich I. in Preußen. Sie gab dafür das ihr erst 1690 übereignete Gut Caputh bei Potsdam zurück, das sie wegen seiner Abgelegenheit nicht schätzte. Weil die Einnahmen aus dem Dorf aber zu gering waren – Sophie Charlotte musste damit die Ausgaben für ihren persönlichen Bedarf decken – bekam sie u.a. noch den Lietzensee mit allen Fischereirechten.

Die Kurfürstin ließ auf ihrem neuen Besitz nach den Plänen des kurfürstlichen Oberhofbaumeisters Arnold Nering ein hübsches Landhaus bauen, das nach Nerings frühem Tod Martin Grünberg und Eosander von Göthe vollendeten. Am 11. Juli 1699, dem Geburtstag des Kurfürsten, wurde das Schloss »Lützenburg« mit einem großen Fest eingeweiht, in den folgenden

Jahrzehnten durch verschiedene Anbauten erweitert, bis es 1790 seine heutige Form erhielt, eine langgestreckte Flügelanlage mit einem quadratischen Ehrenhof.

Unter Sophie Charlottes Einfluss, einer hochkultivierten Prinzessin aus Hannover mit vielseitigen künstlerischen, wissenschaftlichen und philosophischen Interessen, entwickelte sich um 1700 Schloss Lützenburg zum ersten Musenhof in Brandenburg-Preußen.

Ganz überraschend starb 1705 Sophie Charlotte, nur 37 Jahre alt. Zu Ehren der Toten nannte der König nun ihr Sommerschloss »Charlottenburg«, ebenso den kleinen Ort, der sich um das Schloss zu bilden begonnen hatte. Der König verlieh ihm auch gleich die Stadtrechte und sorgte durch günstige Abgabebedingungen für eine ausreichende Besiedlung des neuen Städtchens. Als 1711 die Bürger den Bürgereid leisten mussten, gab es bereits 66 Häuser. Im gleichen Maß, wie die Bedeutung Charlottenburgs wuchs, nahm die des Dorfes Lietzow ab. 1720 wurde es schließlich in Charlottenburg eingemeindet. Noch heute erinnert der Name des Platzes hinter dem Rathaus Charlottenburg »Alt Lietzow« an das alte Dorf.

Schloss Charlottenburg 1717, Ansicht der Gartenseite nach dem Entwurf von Johann Friedrich Eosander.
Aus: Katalog »Sophie Charlotte und ihr Schloß« 1999

Nach dem Tode Sophie Charlottes blieb das Schloss in Charlottenburg auch für die nachfolgenden preußischen Könige ein sehr beliebter Aufenthaltsort im Sommer. Friedrich der Große hielt sich bis zum Bau seines Schlosses Sanssouci in Potsdam überwiegend in Charlottenburg auf, oft auch sein Nachfolger, der »dicke Wilhelm«, Friedrich Wilhelm II., der seiner langjährigen Geliebten Wilhelmine Encke, der späteren Gräfin Lichtenau, ebenfalls ein Palais in der Nähe des Schlosses an der Spree bauen ließ. Regelrecht zum Sommer-Lieblingssitz wurde das Schloss Charlottenburg für Friedrich Wilhelm III. und seine Frau Luise, die im Mausoleum im Schlosspark begraben wurde.

Obwohl der Lietzensee nur ein paar hundert Meter vom Schloss entfernt lag, war er noch lange Zeit nicht in das Stadtgebiet einbezogen.

Ansicht Charlottenburg mit Stadtkirche, Gemälde von J. G. Glume, 1762. Aus: Rave/Wirth 1961

Charlottenburg entwickelte sich zwar zunächst nach Süden in seine Richtung hin, entlang der breiten Schloßstraße, die die Hauptstraße des neuen Ortes werden sollte. Den Idealvorstellungen einer barocken Stadtplanung nach hätte die Charlottenburger Chaussee über das Knie (heute Ernst-Reuter-Platz) hinaus geradeaus nach Westen verlängert werden müssen bis zu einem rechtwinkeligem Zusammentreffen mit der Schloßstraße (am heutigen Sophie-Charlotte-Platz), die dann direkt auf das Schloss zugeführt und schon von weitem den Blick auf die prächtige Schlossfassade zugelassen hätte. Hier aber stellte sich der bereits erwähnte Schwarze Graben als natürliches Hindernis in den Weg, der sich zwischen dem Lietzensee und der Spree hinzog, ein großes morastiges Sumpfgebiet, das nicht bebaut werden konnte. König Friedrich I. ließ einen Teil des Grabens zunächst ausheben und verwandel-

Plan von Charlottenburg um 1800. Deutlich ist der Schwarze Graben zu erkennen.
Aus: Fischer 1963

te ihn in einen Teich, aus dem in manchen Jahren mehrere Zentner Karpfen und Hechte abgefischt wurden. Im Laufe der nächsten Jahrhunderte geriet dieser Teich und der ganze Graben allmählich in Vergessenheit und verlandete, blieb aber ein »Nasses Dreieck« (an der Hebbelstraße) und bildete bis in unsere Zeit wegen des sumpfigen Untergrundes ein erhebliches Hindernis bei der Bebauung.

Ausflugsverkehr in der Berliner Straße um 1810. Rechts die Gaststätte »Türkisches Zelt«, im Hintergrund das Schloß, von F. Calau.
Aus: Rave/Wirth 1961

Aus diesen Gründen verlagerte sich die Ausdehnung der Stadt an die Straße Richtung Osten, die nach Berlin führte. Diese »Berliner Straße«, seit 1957 Otto-Suhr-Allee, wurde nun zur Hauptstraße der kleinen Stadt und später wegen der zahlreichen Wirtshäuser und Kaffeegärten unter großen schattigen Linden ein begehrtes Ausflugsziel der Berliner. Das Gelände am Lietzensee lag weiterhin unberührt im Grunewald.

1717 versuchte einmal ein Charlottenburger Bürger, der »königliche Hofzahnarzt und Operateur Friedrich Schoppe«

am See Geschäfte zu machen. Er richtete ein Gesuch an die Stadt, »*ihm von dem an der Krummen- oder Lietzersee belegenen Berge bis an die See einen Teil zu überlassen zur Anlage einer Reb- und Maulbeerpflanzung*«. Das Gesuch wurde aber abgelehnt. (→Gundlach, II, 1905, S. 319)

Man kann sich Charlottenburg damals und auch noch 100 Jahre später gar nicht klein und ländlich genug vorstellen, auch wenn es die Bezeichnung Stadt trug (mit 3500 Einwohnern um 1800). Allerdings lag in der Kleinheit und Abgeschiedenheit auch sein besonderer Reiz. Dagegen war das nahe Berlin inzwischen zur Großstadt herangewachsen (mit 172 000 Einwohnern um 1800) mit allen negativen Begleiterscheinungen wie Lärm, Enge und Gestank. So wurde das idyllische Charlottenburg mit seinen locker bebauten Straßen und seiner guten Luft seit Beginn des 19. Jahrhunderts zur beliebten Sommerfrische für die erholungssuchenden Berliner. Jetzt verlegten nicht nur die Könige, sondern auch die Bürger ihren Wohnsitz in der heißen

Ein Torwagen um 1800.
Aus: Fischer 1963

So fähret man für 2 nach Charlottenburg

Jahreszeit in das grüne, frische Landstädtchen und mieteten sich in eines der niedrigen Häuser mit ihren schönen großen Gärten ein. Wohlhabende Berliner kauften der Stadt gleich große Teile der Feldmark für billiges Geld ab, und bauten sich eigene Sommerhäuser. Ein reger Fuhrbetrieb zwischen Brandenburger Tor und Charlottenburg sorgte für eine schnelle und bequeme Verbindung zur Hauptstadt Preußens.

GENERAL VON WITZLEBEN
KAUFT DEN LIETZENSEE

Auch der Lietzensee wurde in dieser Zeit Privatbesitz, der neue Eigentümer war der General Hiob (Job) Wilhelm Carl Ernst von Witzleben (1783–1837). Die Familie stammte aus Thüringen, noch heute gibt es dort einen Ort gleichen Namens. Witzleben aber wurde in Halberstadt geboren, *»woselbst sein Vater als Hauptmann bei dem Infantrieregiment des Herzogs von Braunschweig in Garnison stand.«* (→Dorow, 1842, S. 44). Er durchlief sehr erfolgreich die militärische Laufbahn und hatte schließlich die Stelle des General-Adjutanten im Kriegsministerium inne. Von Zeitgenossen wird er als ein bescheidener, kluger und verantwortungsbewusster Mensch geschildert. Er besaß vielseitige Begabungen, *»verkehrte freundschaftlich mit Wilhelm von Humboldt und anderen Größen der Wissenschaft, hatte als Musiker ein ungewöhnliches Talent, auch in der Theologie, die dem Herzen des Königs so nahe stand, war er wohlbewandert, und bei allem blieb er so anspruchslos, ganz frei von Selbstsucht, fromm ohne Wortprunk, ein glücklicher Familienvater.«* (→ADB, 1898/1971, S. 675ff.)

Mit Friedrich Wilhelm III. (1770–1840) verband ihn eine herzliche, enge Freundschaft. Der König hatte ihn näher kennengelernt, nachdem Witzleben 1817 Chef des Militär-Cabinets geworden war.

Wilhelm von Witzleben. Aus: Dorow 1842

»Diese Stellung brachte es mit sich, dass er in fast tägliche Berührung mit dem König Friedrich Wilhelm III. kam, den er auf Reisen, zu den Besichtigungen und Truppenübungen begleitete. Es entwickelte sich daraus ein sehr inniges Verhältnis zwischen den beiden und bald gab es keine Frage von irgendwelcher Bedeutung, sei es dass sie das Heer, den Staat, die Kirche, die königliche Familie betraf, welche nicht von ihnen besprochen wurde und bei deren Entscheidung Witzlebens Meinung nicht schwer ins Gewicht gefallen wäre.« (→Ebenda)

König Friedrich
Wilhelm III.
Aus: Gross 1990

Friedrich Wilhelm III., ein ernster und pflichtbewusster, aber auch sehr schüchterner und gehemmter Mensch, pflegte mit seinem Vertrauten Witzleben täglich zu einer festgesetzten Stunde seine Morgengeschäfte zu erledigen, d.h. seine Korrespondenz und alle anliegenden Themen – auch privater Natur – mit ihm zu besprechen und sich von ihm beraten zu lassen.

So hatte z.B. der König im Alter eine besondere, nicht ganz dem preußischen Moralkodex entsprechende Vorliebe *»fürs Theater und für die Sprünge der schlanken Tänzer und Tänzerinnen, wie Madame Lemmière und Konsorten in den mit verschwenderischer Pracht ausgestatteten Balletts ... «.* Da erhielt er *»einmal 1834 einen Brief aus dem pietistischen Wuppertal, aus Barmen, in welchem ihn ein treuer Untertan in seiner Angst um das Seelenheil des Königs beschwor, er möge entweder den täglichen Theaterbesuch unterlassen oder ihm seine Gründe dafür auseinandersetzen. Diesem Begehren fügte sich der König und ließ durch Witzleben eine Antwort nach Barmen abgehen.«* (→Vehse, 1970, S. 300)

Von seiner Begeisterung für das Ballett berichtet auch Ernst Dronke: *»Unter dem verstorbenen König war es bekanntlich das Ballett, welches sich vorzugsweise eine hohen Aufschwunges rühmen konnte. Es war eines der kleinen harmlosen Vergnügungen des Hochseligen, die er ungern selbst an Orten, wo es kaum der Aufenthalt gestattete, vermissen wollte. Auf den Privatbühnen, im Palais und in Potsdam waren die Tänzerinnen die Königinnen des Tages oder vielmehr der Nacht, und selbst in den großen Proben des Opernhauses wurde ihnen nicht selten die Ehre des Besuches des gekrönten Kenners zuteil. Es muß einen eigenen Anblick gewährt haben, den alten Herrn dort mit seinem treuen Begleiter, dem General von Witzleben, wie er gewöhnlich pflegte, auf dem Souffleurkasten sitzend, die Attitüden der leichten Amoretten studieren zu sehen.«* (→Dronke, 1987, S. 320)

Die berühmte
Tänzerin Maria Taglioni tritt in Berlin als
Sylphide auf
(um 1830).
Aus: Pirchau 1940

Mit Witzleben beriet der König auch in aller Offenheit seine Absicht, mit der dreißig Jahre jüngeren Auguste von Harrach eine zweite – morganatische – Ehe einzugehen. Witzleben riet ihm ab, »... *E. M. stehen zu der Gräfin wie der Vater zur Tochter. Jedes Alter hat doch in der Regel seine eigene Ansicht des Lebens*...«, richtete dann aber die Trauung aus, nachdem der König sich trotzdem zu der Heirat entschlossen hatte. (→GstA, NL Witzleben, Nr. 35)

Angesichts dieses allgemein bekannten Vertrauensverhältnisses verwundert es daher nicht, dass Witzleben eine der einflussreichsten Persönlichkeiten im preußischen Staat war und in der Öffentlichkeit als »der mächtigste Untertan« galt.

Als nach den Befreiungskriegen große Reparationszahlungen aus Frankreich an Preußen flossen, schenkte Friedrich Wilhelm III.

Einzug Friedrich Wihelm III. durch das Brandenburger Tor am 7. August 1814 nach Beendigung der Freiheitskriege. Aquatinta-Radierung von Friedrich Wilhelm Bollinger nach Ulrich Wolf. Aus: Bernhard 1980

als Dank und Anerkennung für geleistete Dienste dem General 20 000 Taler. Von diesem Geld erwarb Witzleben auf Anraten des Königs, der sich häufig im Charlottenburger Schloss aufhielt und ihn in seiner Nähe haben wollte, in den Jahren 1822 bis 1836 verschiedene Besitztümer in dieser Stadt, darunter mehrere Ackerstücke und zwei Häuser an der Wilmersdorfer Straße, guterhaltene »Etablissements«, bestehend aus Gebäuden, Gärten, Orangerie-Haus, Brunnen usw., die allein über 18 000 Taler kosteten.

Außerdem stellte Witzleben am 24. Dezember 1823, vertreten durch Hofrat Guse, beim Charlottenburger Magistrat den Antrag, den Lützower See und die umliegende Seewiese mit den Fischereirechten in Erbpacht zu nehmen zwecks Errichtung eines Sommersitzes. Bereits am 31. Dezember 1823 wurde ihm ein Vorvertrag, im Mai 1824 dann der Erbpacht-Contract der Charlottenburger Kämmerei vorgelegt, nach dem er 50 Taler Pacht für den See, 100 für die Wiese, 10 Taler Commune-Abgaben und 40 Taler für die Fischereirechte jährlich zahlen sollte. Diese Summe erschien dem Hofrat und seinem Mandanten zu hoch, und nun begann ein geradezu grotesker Briefverkehr über die Höhe der Pachtsumme und andere immer wieder neu auftauchende Probleme und Missverständnisse, über mündliche Absprachen, die nicht eingehalten wurden usw., so dass letzten Endes der Vertrag erst am 3. Februar 1826 unterschrieben wurde. Die Größe des Sees wird mit 31 Morgen, 98 qRuten angegeben, die der angrenzenden Seewiese 31 Morgen, 78 qRuten.

Dazu heißt es in dem »Inventarium des Nachlasses«, das nach dem Tod Witzlebens (im Folgenden »der Erblasser« genannt) zusammengestellt wurde:

> *»4. Außerdem gehören zu dem Nachlasse folgende auf dem Territorio der Stadt Charlottenburg befindlichen Grundstücke wie dies teils die vorhandenen Dokumente teils anderweitige Angaben bekunden.*
> *a. der auf der Charlottenburger Feldmark belegenen, der Kämmereikasse daselbst zustehenden sogenannten Lützower See, nebst der darum belegenen Wiese, Lützower Seewiese genannt, nach einer aufgenommenen Karte zusammen 62 Morgen 176 Quadratruten (ca. 160 000 qm oder 16 ha, d. Verf.) betragend, welcher vom Erblasser mittels Erbpachtcontracts vom 3. Febr. 1826 für eine jährliche Erbpacht*

von 120 Talern ohne weitere Abgaben erb- und eigentümlich erworben worden ist.« (→GstA, I., ha, Rep. 109 B, Tit. XIX, Nr. 8. Fälschlicherweise geben Rave/Wirth das Jahr des Erwerbs mit 1824 an, das dann von allen anderen Publikationen ungeprüft übernommen wird.) Grundstücke in Erbpacht zu erwerben, war ein in damaliger Zeit in Charlottenburg durchaus übliches Verfahren, obwohl diese Pachtabschlüsse in der Regel zu Verlusten für die Stadt führten. Die Erbpacht konnte nämlich für eine geringe Summe abgelöst werden und die Grundstücke gingen dann in den Besitz der Pächter über.

Ein Jahr später erwarb der General, diesmal durch Kauf, zwei weitere Grundstücke am Lietzensee:

»c. ein Stück Land im alten Felde hinter der Stadt Charlottenburg, so weit es der Länge nach von der Wiese am Lützower See an den Weg nach Potsdam – oder den sogenannten Königsweg – reicht, übrigens aber in seiner ganzen Breite, welches der Erblasser von dem Stadtverordneten Seeliger zu Charlottenburg mittels gerichtlichen Kaufcontracts vom 12. Juli 1827 für die Summe von 25 Talern erwarb. Nach dem Kauf-Register der Stadt Charlottenburg beträgt benanntes Ackerstück 1 Morgen, 51 Quadratruten. Die Länge ist nach einer von beiden Contrahenten geschehenen Vermessung auf 10 Ruten (ca. 40 m) *festgesetzt.«* (→Ebenda)

Der erwähnte Königsweg ist die heutige Wundtstraße (→vgl. S. 147). Dieses Grundstück mit dem geringen Umfang von ca. 3000 qm ergänzte offenbar das in Erbpacht erworbene Gelände.

Noch ein Grundstück kaufte Witzleben »von dem zur Unterförsterei im Spandauer Revier am Lützower See allhier gehörigen Dienstacker«, das am Nordende des Lietzensees gelegen war.

In dem Kaufkontrakt vom 30. März 1827 heißt es:

»Die königliche Regierung wird ... autorisiert, dem Herrn General-Major von Witzleben 2 Morgen 48 q Ruten von dem Dienstlande des Unterförsters Schemrich bei Charlottenburg

für den Kaufpreis von 78 Talern und 5 Groschen ... zum Eigentume zu überlassen und den Vertrag darüber abzuschließen.«
(→ GstA, I., ha, Rep. 109 B, Tit. XIX, Nr. 5)

Dennoch kann man aus obenzitierten Angaben nur ungefähr auf die Lage und Ausdehnung des Witzlebenschen Besitzes schließen, er muss aber rund um den See gelegen haben und größer gewesen sein als der heutige Lietzenseepark. Seit der Zeit Sophie Charlottes hatte sich die Landschaft am Lützower See verändert. Nördlich und nordwestlich des Sees war inzwischen aus dem ursprünglichen Waldgelände der »Charlottenburger Bürgeracker« geworden, nahe dem östlichen Ufer befanden sich die sandigen »Schinderberge«, nur der südliche und westliche Teil des Lietzensees lag noch im Wald. Als »ein Bruchstück des Grunewalds in die Charlottenburger Feldmarck eingreifend und schon dieser angehörig« bezeichnet ein Zeitgenosse Witzlebens, der Charlottenburger Emil Dominik, das Gebiet und fährt fort:

»Etwa um anno 29« (tatsächlich war es 1826, d. Verf.) *»zeigen mir meine sehr frühen Reminiscenzen – ich bildete damals einen integrirenden Theil der löblichen Charlottenburger Schuljugend unter Kantor Liebetrut und Conrektor Schoene   dort schon gepflanzte, wenn auch wenig gepflegte Gebüsche und aufstrebende Parkbäume. Das Ganze allerdings wild, sehr ungehütet, voller Vogelnester und ein ganz freier Tummelplatz für Knabenspiele. Wenn man da sich umherjagte, begegnete einem, öfter zu Pferde als zu Fuß, die imponierende Gestalt einer Militärperson, welche man je nach Stimmung grüßte oder vor der man davonrannte. Die Kameraden flüsterten sich dann zu: das ist der General von Witzleben, der hier pflanzen läßt.«* (→ Dominik, 1883, S. 11)

Witzleben ließ auf der Westseite des Sees, ungefähr in der Mitte, das unwegsame Waldgelände und die Wiese in einen großen Park umgestalten und dort unter schattigen Linden ein Landhaus nebst anderen Zweckbauten errichten. Sogar eine kleine Badeanstalt soll es für den privaten Gebrauch gegeben haben. Zum königlichen Forst war er verpflichtet seine Besitzung abzugrenzen »mit einem Graben von 4 Fuß Breite und 3 Fuß Tiefe oder mit einer Wiese gehörig zu begrenzen«. Bei den Pflanz- und Bauarbeiten ging es auch nicht ohne Konflikte mit den Nachbarn ab.

» Teils bei den Pflanzungen, welche der verstorbene Kriegsminister von Witzleben Exzellenz auf den sogenannten Metzer-Enden hat anlegen lassen, teils zur Verbesserung der Erbpachtwiesen und zur teilweisen Auffüllung des Lützower Sees hat der Herr Minister eine Masse von Erde und Sand verwendet, welche er von dem Stücke Nr. 47, dem Ackerbürger Andreè gehörig hat abstechen lassen. Die so entstandene Vertiefung beträgt 1 ½ bis 2 Fuß und 40 bis 50 Fuß lang. Andreè hat sich über die Beschädigung seines Eigentumes gegen den Herrn Minister von Witzleben beklagt… « (→ Ebenda Nr. 12)

Witzleben hat den Ackerbürger dann aber zufriedenstellend entschädigt.

Es existiert ein Plan vom Lietzensee von 1830 mit einer Bleistiftskizze für einen parkähnlichen Garten mit verschiedenen Gebäuden, vermutlich von Peter Joseph Lenné (1789–1866) für den General von Witzleben entworfen. Dieser Plan ist aber wahrscheinlich nie realisiert worden.

Der Lützower See, Zeichnung um 1830, vermutlich von Peter Joseph Lenné. Aus: Rave/Wirth 1961

Die nun folgenden Sommer verbrachte Witzleben, der als aufmerksamer Gatte und zärtlicher Vater beschrieben wird, mit seiner Familie in dem neuen Haus am See, das sich bald zum beliebten Treffpunkt der Charlottenburger Gesellschaft entwickelte. Seine Feste mit Fischzügen und anschließendem Fischessen waren berühmt. Gern kam auch der jüngste Sohn des Königs, Prinz Albrecht, zu Besuch, der mit dem ältesten Sohn Witzlebens gleichaltrig war. Bisweilen fanden sich auch Charlottenburger Jungen im Park ein und spielten mit ihnen wilde

Kriegsspiele. Dabei mussten sie offenbar oft viele »*harte Püffe*« in Kauf nehmen, die allerdings anschließend durch »*eine kleine Bewirtung und sogar manchmal einen Sechser als Schmerzensgeld*« gelindert wurden. (→ Gundlach, II, 1905, S. 434)

1827 wurde Witzleben wegen seiner Verdienste um die Stadt Charlottenburg zum Ehrenbürger ernannt und 1834 Kriegsminister von Preußen. Dieses Amt konnte er jedoch wegen seines immer schlimmer werdenden Leidens nur kurze Zeit ausüben. Bereits 1822 war Witzleben, als er den König auf einer Italienreise begleitete, in Neapel an Gelbsucht erkrankt. In den folgenden Jahren litt er beständig unter schweren Anfällen dieser Krankheit, die er aufgrund seines ausgeprägten Pflichtbewusstseins aber nie richtig auskurierte.

»*Nachdem er wiederholentlich die Heilquellen von Carlsbad und Marienbad ohne wesentlichen Nutzen gebraucht hatte, fand er sich bewogen zu Anfang des Jahres 1837 um seine Entlassung nachzusuchen.*« (→ Dorow, 1842, S. 83)

In den letzten Monaten lebte er »*nur der Pflege seiner zerrütteten Gesundheit, deren Zustand leider! in höchstem Maße bedenklich geworden war, abwechselnd in Berlin und auf seiner ländlichen Besitzung in Charlottenburg; bis am ersteren Orte den 9. Juli 1837 ein Nervenschlag seinem Leben ein Ende machte*«, heißt es in seiner Biographie. (→ Dorow, 1842, S. 84)

Grabdenkmal von Wilhelm von Witzleben auf dem Invalidenfriedhof. Foto: Fritsch

Witzlebens Grab befindet sich auf dem Invalidenfriedhof, einem der ältesten Begräbnisplätze Berlins, der bereits von Friedrich dem Großen in erster Linie für hochrangige Militärs oder andere prominente Bürger, Künstler und Wissenschaftler, angelegt wurde. Friedrich Wilhelm III. persönlich ließ ihm nach Entwürfen von Karl Friedrich Schinkel ein neugotisches Eisenkunstguss-Denkmal errichten: eine lächelnde Nike, die Flügel gesenkt, einen Palmwedel in der linken und einen Siegerkranz in der hochgereckten rechten Hand, steht unter einem gotisierenden Baldachin mit gekrönten Preußenadlern.

Da der Invalidenfriedhof in der Zeit der DDR auf dem Gebiet des Todesstreifens lag, wurden die Grabsteine, Kreuze und Eisengitter tonnenweise abgetragen, um Sicht- und Schussfreiheit zu gewinnen. Auch das völlig verrostete Denkmal Witzlebens entfernte man. Seit 1992 wird der Friedhof wieder restauriert und Witzlebens Grabdenkmal, zusammengesetzt aus noch vorhandenen Einzelteilen und durch Nachgüsse ergänzt, steht bereits wieder in neuer Schönheit da.

Durch Kabinettsorder erhielt die Besitzung zum Gedenken an den Minister am 25. Juni 1840 den Namen »Park Witzleben«. Später wurden die Witzlebenstraße und der Witzlebenplatz (1905) nach ihm benannt. Auch der neue Rundfunksender,

S-Bahnhof
Witzleben 1997, seit
2002 Messe-Nord.
Foto: Jost

der am 25. September 1925 am Scholzplatz, der späteren Masurenallee, eröffnet wurde, hieß »Sender Witzleben«, ebenso das in den 20er und 30er Jahren dort entstehende Messe- und Kongresszentrum »Funkturm-Viereck Witzleben«.

Als die nahegelegene S-Bahn-Station 1916 fertiggestellt war, erhielt sie ebenfalls den Namen »Witzleben«, allerdings nur bis zum Jahre 2002. Denn trotz massiver Proteste der Anwohner und des Bezirksparlaments wurde der Bahnhof umbenannt und erhielt die geschichtslose, rein pragmatische Bezeichnung »Messe-Nord/ICC«.

Auch der noch ältere S-Bahnhof »Eichkamp« (1896) musste seinen Namen hergeben und heißt seitdem »Messe-Süd«.

DER KUNST- UND HANDELSGÄRTNER FERDINAND DEPPE

Nach dem Tod des Generals, der kein Testament gemacht hatte, übernahm sein Kollege und Freund, Staatsminister Rother, auf dringende Bitte der Witwe die Vormundschaft über die vier noch unmündigen Kinder – zwei weitere waren bereits volljährig – und die Verwaltung des Besitzes. Rother wollte möglichst alles verkaufen, hatte aber bei dem Gelände am Lietzensee Schwierigkeiten, einen Käufer zu finden.

»Nachdem der Berliner Seidenfabrikant Heese, welcher später die Karpfenteichwiese kaufte, sich die Taxen hatte vorlegen lassen, bot Rother Ende Oktober 1839 alle Witzlebenschen Grundstücke Friedrich Wilhelm III. zum Verkauf an, erhielt aber durch Kabi-

Bebauungsplan von James Hobrecht 1862. Die zu Deppes Besitz gehörenden Grundstücke sind eingezeichnet.

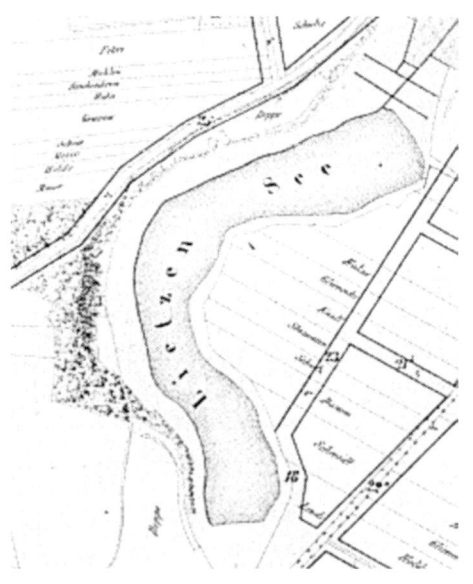

nettsordre vom 8. November den Bescheid, dass der König nur für den Fall einer drohenden Subhastation (Zwangsversteigerung, d. Verf.) als Käufer einzutreten bereit sei. Der Verkauf kam dann am 4. April 1840 mit dem Kunstgärtner Ferdinand Deppe zu-

stande, aber nur für die in der Feldmark belegenen Grundstücke
zu einem Taxpreis von 4838 Talern, 8 Groschen, 4 1/2 Pfennige.«
(→Gundlach, II, 1905, S. 433)

Aufgrund des Bebauungsplans von Berlin aus dem Jahre 1862
von James Hobrecht können wir die Ausdehnung des Deppe-
schen Besitzes ziemlich genau bestimmen. In diesem Plan, der
sich auch auf die Umgebung Berlins bezieht, sind nicht nur die
geplanten Straßen eingezeichnet, sondern auch die Grundstücke
mit den Namen ihrer Besitzer. Danach hatte der Kunstgärtner
das Gebiet am westlichen Ufer des Sees bis zum Königsweg
mit Nord- und Südzipfel, das ungefähr dem heutigen Park
entspricht, gekauft. Der Nordzipfel war allerdings bedeutend
größer als heute und beinhaltete das ganze Gelände zwischen
Königsweg, Horstweg und der Suarezstraße. Die Grundstücke
am Ostufer des Sees wurden nach und nach von anderen Besitzern erworben.

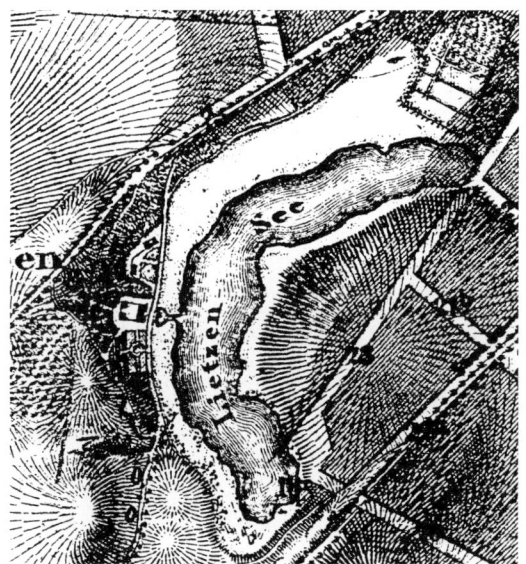

Gartenanlage
und Gebäude
an der Westseite
des Lietzensees, um
1851.
Karte: Vermessungs-
amt Charlotten-
burg-Wilmersdorf

Auf einem andern Plan aus dem Jahr 1862 ist an der Westseite
des Lietzensees eine Parkanlage mit Häusern eingezeichnet.
Man kann davon ausgehen, dass es sich hierbei um die Baulichkeiten aus der Zeit Witzlebens und Deppes handelt. Die

ganze Anlage des Parks in dieser Form hat sich vermutlich, wenn auch später stark verwildert, bis etwa um die Jahrhundertwende nicht verändert.

Ferdinand Deppe war ein bekannter Kunstgärtner, Naturforscher und Sammler. Vermutlich 1794 in Berlin geboren, erlernte er ab 1810 im königlichen Schlossgarten in Charlottenburg die Kunstgärtnerei, nahm danach von 1813 bis 1815 an den Befreiungskriegen teil und reiste anschließend auf eigene Kosten vier Jahre lang zu berühmten Gärten Europas, um sich in der Gartenkunst weiterzubilden. Als seine Barmittel erschöpft waren, kehrte er notgedrungen wieder in den Charlottenburger Schlossgarten als Gärtnereigehilfe zurück.

Hier erreichte 1823 den unternehmungslustigen jungen Mann ein interessantes Angebot: Der Direktor des im Aufbau befindlichen Zoologischen Museums, Hinrich Lichtenstein, der naturhistorische Unternehmungen nach Übersee organisierte, um Ausstellungsstücke aller Art für die königlichen Museen zu bekommen, bot ihm einen Platz als Naturaliensammler auf einer Reise nach Mexiko an. Deppe war begeistert. Er bereitete sich sorgfältig vor, lernte Zeichnen und Malen, Einsammeln und Präparieren von Pflanzen und Tieren, erweiterte seine zoologischen Kenntnisse und lernte Spanisch und Englisch. Im August 1824 verließ er Berlin und führte in den folgenden 13 Jahren ein abenteuerliches Leben auf Reisen vorwiegend in Mexiko und Amerika. Er wurde ein überaus erfolgreicher Sammler, der sich bald selbständig machte, d.h. auf eigene Kosten reiste und arbeitete. Schon seine erste Sendung, die er nach Berlin schickte, löste regelrechte Begeisterungsstürme aus:

»Sie besteht aus 3 Kisten, welche einige Affen, 17 große Vögel, 1 Krokodil, ein Gefäß mit Säugethieren, Amphibien, Fischen, Würmern und Insecten in Weingeist, 1 Schachtel mit Conchylien (Schnecken, bzw. Muscheln, d. Verf.) *und dsgl. mit Insecten, ferner 6 Pakete mit lebenden Pflanzen und mehrere Päckchen mit Sämereien enthielten. Die letzten sind sogleich an den botanischen Garten abgeliefert. Die zoologischen Gegenstände sind von besonderem Interesse, indem fast nicht ein einziges Stück*

Katzenfrett.
1826 von Ferdinand
Deppe aus Mexiko
nach Berlin
geschickt.
Aus: Bankmann
1999

sich darunter befindet, das uns in den früheren americanischen
Sendungen zugekommen wäre … « (→Bankmann, 1999, S. 567)

Deppes Sammlertätigkeit bezog sich aber nicht nur auf Natura-
lien. Im Jahr 1828/1829 schickte er z. b. den königlichen Museen
nicht nur 773 Vögel, 6450 Insekten, 719 lebende und 16 296 (!)
getrocknete Pflanzen, sondern auch 53 archäologische Objekte.
Deppe hatte nämlich von Anfang an mit großem Sachverstand
auch viele ethnographische Kunstschätze gesammelt, die heute
noch zum kostbarsten Besitz des Ethnologischen Museums
(früher Museum für Völkerkunde) zählen.

»Die kunstreichen Gewebe, Federkleidungen,
Kopfverzierungen, Korbgeflechte, Hausgeräthe
und Waffen der Indianer an der Nordwestküste
Amerikas, die bisjetzt in keiner europäischen
Sammlung anders als in unerkannten Frag-
menten vorhanden ist, wurden von ihm so voll-
ständig zusammengebracht, dass man keinen
von allen den Gegenständen, die Vancouver
und andere Reisebeschreiber erwähnen, darin
vermißt und eine genügende Vorstellung von
dem keineswegs verächtlichen Zustande dieser
Völker gewinnt … « (→Ebenda S. 572)

Maske einer Frau
mit Lippenpflock.
Indianer der Nord-
westküste Amerikas.
Gesammelt von
Ferdinand Deppe
vor 1837.
Aus: Bankmann 1999

Ende November 1837, nach einem ereignis-
reichen Leben voller Abenteuer und Gefahren

und nach einer letzen Reise rund um die Welt traf Deppe, jetzt 43jährig, wieder in Berlin ein. Er wünschte sich nun eine gesicherte Zukunft und hatte die nicht unbegründete Hoffnung eine Anstellung im Staatsdienst zu erhalten, etwa als Gärtner in einem Königl. Hof- oder Botanischen Garten oder auch als Aufseher der naturhistorischen oder ethnographischen Sammlungen in einem Museum.

Aber die Hoffnung täuschte ihn, er erhielt lediglich ein Überbrückungsgeld. Da er offenbar auch fast sein ganzes Privatvermögen durch Veruntreuung verloren hatte, musste er sich nun selbst eine neue Existenz aufbauen. So kaufte er den Park Witzleben.

»Auf einem bei Charlottenburg, unfern Berlin, belegenen kleinen Gute, Namens Witzleben, das er mit dem aus kommerziellem Schiffbruch geretteten Überreste seines Vermögens angekauft hat, lebt Deppe unter Blumen und Blüthen in Mitten heimischer und exotischer Pflanzen, die er als Handelsgärtner hegt und pflegt in Anspruchslosigkeit und Bescheidenheit, die den vielgereisten, welterfahrenen Mann charakterisieren.« (→Ebenda S. 574)

Mehrstämmige Platanen im südlichen Parkteil.

Unter seinen Händen entwickelte sich der Park zu einem wahren Schmuckstück.

Außerdem hat *»manch schönes Gewächs von hier aus unter des alten Mexikaners Leitung seinen Weg in unsere Gärten gefunden. So vor allem das Geschlecht jener gefüllten Prai-*

rierosen, die er von jenseits des Ozeans mitgebracht, hier vermehrt und weiteren Kreisen zugänglich gemacht hatte.« (→Dominik, 1883, S. 14)

Georginen

Deppe richtete eine Handelsgärtnerei für Blumen ein. Seine Spezialität wurde die Züchtung von Rosen und Dahlien, früher Georginen genannt. Die Dahlie, erst seit 1803 in Berlin bekannt, war die Lieblingsblume der Berliner geworden, ein wirkliche »Volksblume«, die durch ihre Farbenpracht und Formenvielfalt die Menschen entzückte. Deppe wurde zu einem über die Grenzen Charlottenburgs hinaus bekannter Georginen- und Rosenzüchter. Park und Gärtnerei waren stets dem Publikum geöffnet und gerade in der Zeit der Rosenblüte ein beliebter Ausflugsort für die Berliner, denn nur noch auf der Pfaueninsel, schreibt Dominik, gab es eine solche Rosenfülle. Der »Führer durch Berlin« von 1855, 1856 und 1857 empfahl das Anwesen sogar als Sehenswürdigkeit. Deppe fertigte auch eine Zeichnung seiner Gärtnerei an, das erste Bild, das wir

Park Witzleben, Zeichnung von Ferdinand Deppe. Aus: Rave/Wirth 1961

von dem Gelände am Lietzensee haben. Die Gebäude darauf sehen übrigens recht bescheiden aus.

Auch Ferdinand Deppe vermietete an Sommergäste. Der Fabrikant Werner von Siemens, der später an der Berliner Straße ein Haus kaufte und sich ganz in Charlottenburg niederließ, wollte 1857 seine Frau, die sich von einer schweren Krankheit in Südtirol erholte, dazu bewegen, den Sommer in Charlottenburg im Haus von Deppe zu verbringen. Im folgenden Brief schildert er ihr das schöne Anwesen, eine erste ausführliche Beschreibung von Lage und Aussehen des Lietzensees und dem Park Witzleben:

Werner von Siemens, Porträt.
Aus: Harenberg 1991

Berlin, den 26.2.1857

»Ich habe heute mit dem Vetter eine Promenade nach Charlottenburg gemacht und dort ein Sommerquartier gesehen. Südlich von Charlottenburg, etwa 10 Minuten vom Schlosse, wohnt außerhalb des Ortes ein Kunstgärtner, welcher durch seine Blumenzucht berühmt ist und zudem oft in der Rosen-, Hyazinthen- etc. Zeit viele Wallfahrten stattfinden. Der Garten liegt an einem mit Linden besetzten Bergabhange, ist groß, die Südseite ganz Feld. Im Norden Wasser, im Osten der Abhang und am Fuß ein Teich mit einer dazugehörigen Privatbadeanstalt. In der Mitte des Gartens stehen zwei Häuschen, von hohen Linden umgeben, wohl 15 bis 20 große Bäume, welche hübsche schattige Plätze geben. Das eine größere Haus ist von Stein, sehr solide gebaut. Das andere von Holz mit dickem Strohdach. Für Dich wäre es zu klein. Der Gärtner, ein sehr netter gescheiter Mann, will es selbst beziehen und das steinerne Haus abtreten.

Die Sache scheint mir gut. Man merkt da nichts von der Nähe eines Ortes. Alles vollständig ländlich. Der Garten soll im Sommer prachtvoll sein. Schatten da, auch ein hübscher Tempel auf Säulen ruhend, frische Luft, Bäder für die Kleinen; zu weiteren Spaziergängen bieten der nahe Schloßpark, die schönen Alleen bis zum Tiergarten, dieser selbst sowie die Feldpromenaden Gelegenheit vollauf. Der Grunewald sollte freilich näher liegen; obschon er nahe dabei zu liegen scheint, ist er doch wohl eine kleine Stunde entfernt. Die Wohnung würde passen, alles sehr solide und gut gebaut und erhalten – früher Landsitz eines Edelmannes.

Was meinst du dazu? Berge wirst du dir wohl sattgesehen haben. Im Sommer ist die Luft der Ebene frischer und angenehmer als die der Talkessel, und wenn der Himmel nur gut Wetter gibt, so könnte der Sommer für uns recht gemütlich und angenehm werden. Zu berücksichtigen ist jedenfalls die Nähe Berlins und Charlottenburgs. Alle Bedürfnisse sind leicht und gut zu beschaffen. Du würdest dich gemütlicher in den liebgewordenen Möbeln etc. finden, und wir blieben zusammen; denn ich würde natürlich der Regel nach jeden Abend hinauskommen und des Morgens zurückgehen, was mir auch nicht schlecht bekommen würde. Bei schönem Wetter und guten Kräften besuchst du uns vielleicht bisweilen in Berlin und führest zurück oder bestelltest dir den Wagen. Da auch Stallung dort ist, so würdest du überhaupt unsere Equipage häufig benutzen können.

Außerdem gehen Omnibusse zwischen Berlin und Charlottenburg, die dich stets aufnehmen können, wenn du deinen Kräften zuviel zugemutet hast. An Gesellschaft und Besuch würde es natürlich nicht fehlen, könntest auch bei gutem Wetter immer zum Grunewald fahren, um Kiefernbalsam einzuschlürfen. Die gewohnten Ärzte für dich und die Kinder zur Hand – kurz ich bin sehr wacklig geworden und werde zugreifen, wenn du gleicher Meinung bist. Der Preis – 130 Gulden pro Sommer – ist mäßig. Ich mag meinem eigenen Urteil nicht recht trauen, da ich zu sehr dabei interessiert bin, der langen Trennung ein Ende zu machen.« (→Heintzenberg, 1953, S. 140)

Tanzsaal der Villa Siemens in der Berliner Straße 34–36, 1876. Aus: Rave/Wirth 1961

Pferdebahn um 1850. Aus: Fischer 1963

Trotz der verlockenden Beschreibung lehnte Frau von Siemens einen Sommeraufenthalt am Lietzensee ab und entschied sich doch wieder für den Süden.

Im nächsten Brief vom 8.3.1857 erwähnt Siemens *»die nette Gärtnerfamilie mit so dickbackigen Kinderchen, wie ich sie selten sah«*. Also scheint Deppe auch noch eine Familie gegründet zu haben.

Sein genaues Todesdatum und die Todesursache sind unbekannt. In der »Botanischen Zeitung« vom 19.4.1861 erschien folgender Nachruf:

»Ferdinand Deppe, welcher aus Berlin gebürtig… nach Mexiko gegangen war, um dort Pflanzen und Thiere zusammeln, … und bei Charlottenburg, eine Meile von Berlin, eine Handels-Gärtnerei anlegte, ist daselbst, nachdem er dieser bisjetzt vorgestanden hatte, gestorben.« (→Bankmann, 1999, S. 575)

Nicht nur mit den von ihm gesammelten archäologischen und ethnographischen Objekten des Ethnologischen Museums in Berlin hat sich Ferdinand Deppe ein bleibendes Andenken geschaffen. Auch in der botanischen Wissenschaft ist sein Name vielfach präsent. Als Anerkennung für seine Bemühungen um die Flora Mexikos wurde bereits 1830 eine mexikanische Rubiaceen-Gattung mit seinem Namen bezeichnet, von der heute 36 Arten unterschieden werden. Auch mehr als 50 Arten anderer Pflanzengattungen wurden ebenfalls nach Deppe benannt.

ANDERE BESITZER

Im April 1861 ging der Lietzensee und der Park Witzleben für 15 000 Taler in den Besitz des »Gutsbesitzers und Holzhändlers F. Schönemann« über, der auch die Erbpacht ablöste.

Auch der Holzhändler wohnte auf der »Besitzung Witzleben«, wie das Gelände im Charlottenburger Adressbuch genannt wird, pflegte den Park sorgfältig, schmückte ihn mit verschiedenen Tempelbauten und Statuen und legte einen kleinen Wildpark an.

»Der jetzige Besitzer Schönemann hat durch alle Arten von Anlagen eine Sandscholle in einen schon jetzt ziemlich schattigen Park umgeschaffen. Namentlich zur Rosenzeit steht diese herrliche Schöpfung in ihrer Glorie und dann scheint sich alles zu vereinigen, um die großen Männer Göthe, Schiller, Mozart, Beethoven und andere, deren Brustbilder im Garten prangen, in liebender Erinnerung zu ehren. Der anmutige Lietzensee begrenzt in seiner ganzen Länge die Ostseite der Anlagen.« (→Riesel, 1869, S. 68)

»Wo die Wohnhäuser stehen, ist die Erdbildung eine sehr coupirte, an einigen Stellen zu nicht unbedeutender Höhe sich erhebend und weite Umschau gewährend. Man gewahrt Qualm und Lichterglanz des am Horizonte lagernden Spreebabels und empfindet darum den Reiz der Einsamkeit umso anmutender.« (→Dominik, 1883, S. 13)

»Ein kleiner Wildpark birgt Hirsche und Rehe; dicht am Eingang des Grunewaldes erfreut uns der so benannte Pfingstberg (ungefähr an der Stelle, an der sich heute der S-Bahnhof Westkreuz befindet, d. Verf.), *eine Anhöhe mit Belvedere, das einen hübschen Blick auf Charlottenburg und Berlin gestattet. … Anständigen Besuchern wird auf Anfrage der Eintritt gestattet.«* (→Riesel, 1869, S. 68)

Jahre später entstanden dabei aber offensichtlich erhebliche Probleme:

» … der Holzhändler Schönemann, der ebenfalls viel und erfolgreich pflanzte, mehr aber noch baute und dem Ganzen den Charakter einer eleganten Villa (gemeint ist Villenanlage) *im besten italieni-*

schen Sinne des Wortes verlieh. Auch unter seinem Regime war dem Publikum der Eintritt nie versagt. Die Grenzen des langgedehnten Terrains waren indeß schwer zu hüten. Von jeher sind die Faune Floras Feinde gewesen und haben sich Eingriffe auf ihr Gebiet erlaubt. So ward denn auch hier vielfacher Schabernack von Seiten des Charlottenburger Proletariats verübt, der dem Eigenthümer unendlichen Verdruß bereitete. Man stahl und schlachtete ihm zahme Rehe, man vergriff sich an den Anlagen und dergleichen mehr, Fatalitäten, die schließlich zu einer Besitzveränderung geführt haben.« (→Dominik, 1883, S. 12)

Ob diese Zustände wirklich den Holzhändler zum Verkauf des Parks bewogen haben, sei dahingestellt. Tatsächlich aber erwarben zehn Jahre später, im Juli 1871, die beiden Berliner Geschäftsleute Sobernheim und Pringsheim, »Banquiers«, wie

Landschaft am Lietzensee vor 1900.
Foto: Museum Charlottenburg-Wilmersdorf

es im Adressenverzeichnis heißt, die »Besitzung Witzleben bei Charlottenburg« am Königsweg für nunmehr 150 000 Taler.

Nun aber ging es mit dem Park Witzleben bergab. Nach *»höchster gärtnerischer und botanischer Blüte unter Deppe, hervorragendstem Komfort und Pflege alles Schönen unter Schönemann«* (→Dominik), folgten jetzt unter den neuen Besitzern Jahre des Verfalls.

Die beiden Geschäftsleute bewohnten den Park nicht selbst, sondern ließen ihn nur durch einen Verwalter oder Gärtner beaufsichtigen. Zeitweise scheinen auch Wohnräume vermietet worden zu sein, so sind 1896 als Bewohner noch zusätzlich ein Weichensteller und ein Landschaftsmaler eingetragen. Das Gelände war jetzt eingezäunt und begann zu verwahrlosen. Die von den früheren Besitzern errichteten Häuser, Schmuckbauten und Denkmäler verfielen. Besuchern war der Eintritt in den verwilderten Park entweder ganz verboten, oder zeitweise durch ein Eintrittsgeld möglich. Die Ufer des Sees waren an fast allen Stellen unzugänglich, morastig und mit dichtem Schilf bewachsen oder von undurchdringlichem Gestrüpp umgeben. Der See selbst glich nur noch einem flachen Tümpel und war auf dem besten Wege zu verlanden.

Auch Wilhelm Gundlach, der bedeutende Charlottenburger Chronist der Jahrhundertwende, bedauerte die Verwahrlosung und besonders die Unzugänglichkeit des Lietzensees und Park Witzleben und fährt fort: »*Nur einmal, als das Gelände für die Berliner Gewerbeausstellung des Jahres 1896 in Frage kam und annehmbar gemacht werden sollte, öffneten sich die geschlossenen Pforten; es war leider nur eine kurze Zeit, aber sie genügte, um allgemein fühlen zu machen, wieviel Naturschönheit in dem alten Park ohne Not bisher und weiterhin verborgen gehalten wurde.*« (→Gundlach, II, 1905, S. 434)

Klassizistischer Tempel im Park Witzleben vor 1900. Foto: Museum Charlottenburg-Wilmersdorf

Wenn man einigen alten Fotos von 1900 aus dem Landesarchiv Glauben schenken darf, standen möglicherweise sogar noch zu dieser Zeit in der Wildnis des Parks einige Überreste der von Witzleben und den anderen Besitzern errichteten Bauten, wie die Badanstalt, ein kleiner klassizistischer Tempel, eine Wagenremise und ein Holzhaus.

MÄRCHENWELT AM LIETZENSEE

Ein anschauliches Bild vom Lietzensee und dem Park gegen Mitte und Ende des vorigen Jahrhunderts vermitteln uns seine Besucher, in deren Erinnerungen wir viele konkrete Hinweise auf das damalige Aussehen des Parks erhalten.

Zur Vegetation im Park Witzleben schreibt Dominik:

>*Witzleben bildet eine wahre Oase im Sandlande, die um einen vielfach geschlängelten See sich lagert. Der Wuchs und die strotzende Gesundheit seiner Laubbäume und Coniferen legen Zeugnis ab von der üppigen Triebkraft des Bodens. Die Vegetation steht hier im Begriff sich zu einer Mächtigkeit zu entwickeln, welche nur sehr lange Zeit und gleiche Ungestörtheit ermöglichen können...*

>*Besonders stattlich und schön geworden sind in Witzleben die Pyramideneichen, hier mit Vorliebe gleich nach ihrer ersten Einbürgerung bei uns gepflanzt; dann Lärchen und Platanen; vor*

Berliner Ausflug, Lithographie von Franz Krüger um 1830.
Aus: Bernhard 1980

links: **Zypresse aus dem 19. Jahrhundert.**

Allem aber unter dem Nadelholz die zahlreichen und prächtigen Exemplare des canadischen Lebensbaumes (Thuya occidentalis). Ein mächtiger Stamm des sogenannten böhmischen Ölbaumes (Elaeagnus angustifolia) tupft, an die zarten Tinten der Olivenhaine des Südens mahnend, eine matt silbergraue Laubmasse zwischen gesättigteres Grün hinein...

Witzleben wird für den Berliner Pflanzenfreund nie aufhören eine klassische Stätte der Erinnerung zu sein.« (→Dominik, 1883, S. 13)

Der in Berlin geborene Bildhauer Max Kruse (1854–1942) und spätere Ehemann der »Puppenmutter« Käthe Kruse erzählt aus seiner Kindheit:

»Im Frühling und Sommer wurden viel Landpartien veranstaltet. Mutter war sehr dafür. Ein Lieblingsausflug war nach dem Witzlebenschen Park am Lietzensee. Man traf sich am Brandenburger Tor und fuhr dann per Kremser nach Charlottenburg. Torwagen sagte man damals zu diesen Vehikeln, die sich dadurch auszeichneten, dass man die meiste Zeit mit Warten zubringen mußte, ehe die ›letzte lumpige Person‹ ›die Fuhre voll‹ machte. Es war wirklich sehr idyllisch in dem verwilderten Witzlebenschen Park. Halbverfallene Statuen, umrankt von Efeu, mit Entengrütze überwucherte Weiher, auf denen sich viele Enten und Schwäne verlustierten, und Wege, die eigentlich keine genannt werden konnten, just das Milieu für verliebte Leute und solche, die es werden sollten. Und dann die Nachhausefahrt in dem dunklen, rumpelnden Kremser…«. (→Kruse, 1983, S. 82 f.)

Folgender Aufsatz aus der Feder einer alten Charlottenburgerin ist sehr gefühlvoll geschrieben und in seinen historischen Fakten nicht immer korrekt, dafür mit sehr vielen Details über den Zustand des Parks und seiner besonderen Atmosphäre.

»›Witzleben‹, eine Märchenwelt steigt vor meiner Seele auf, der heißgeliebte Schauplatz freisten Kinderglücks. Weit über Felder, mit Obstbäumen gesäumt, streckenweise durch tiefen Sand, führte der Weg zu jenem alten, verwilderten Park, von dem mein Vater sagte, er wäre nicht groß, nur kunstvoll angelegt, der uns Kindern doch so unendlich, so unerschöpflich schien, dass wir immer darauf gefaßt waren, neue wunderbare Winkel und Wege in ihm zu entdecken. Es war uns gesagt worden, dass der Garten von Friedrich Wilhelm III. angelegt worden sei und dass die Königin Luise in ihm gelustwandelt habe; Friedrich Wilhelm III. soll ihn dem Minister v. Witzleben geschenkt haben. Später geriet er in andere Hände und verwahrloste.

Mit einer Eintrittskarte bewaffnet durften wir Kinder in dem verlassenen Park spielen und schalten wie in unserm Eigentume. Hin und wieder, aber selten, sahen wir einen Maler oder eine Malerin, schlichen leise heran und sahen leise zu. Sehr selten begegneten wir anderen Menschen. Gleich hinter der Bildsäule der Polyhymnia – nie konnte ich mich an der überaus zarten, schleierartigen Gewandung sattsehen – zweigte sich ein Höhenweg ab und führte steil herauf. Nur wenige Meter trennten ihn von dem Drahtzaun, dazwischen aber schob sich so dichtes Gebüsch, dass es im Sommer eine endlose grüne Wildnis vortäuschte. Kam aber der Herbst, dann konnte der Blick immer freier hinaufschweifen über den mit Platanen bestandenen Königsweg hin auf die weite sandige Fläche, aus der sich in der Ferne das alte Charlottenburger Schützenhaus und der alte Luisenfriedhof abhoben. Nach links sah man vom Höhenweg auf das dichte Grün des Abhangs, auf seine Gartenhäuschen und Tempel herab. Das flache Dach des größten, des Dianatempels, konnte man von hier aus betreten und gewann dann einen überraschend lieblichen Blick auf den Lietzensee und auf die schönen, verwilderten Baum- und Gesträuchgruppen zu

Lietzensee,
Gemälde von Heide.
Foto: Museum
Charlottenburg-
Wilmersdorf

Familie im Park
Witzleben.
Foto: Lehmann

Füßen; unmittelbar vor dem Dianantempel entzückten verschiedene, seltene Nadelhölzer, echte Zypressen, Lärchen und, wenn ich mich recht erinnere, eine Zeder. - Aber nun hielts uns nicht länger oben; auf wunderlichen Pfaden, dunkel, versteckt, halsbrecherisch kletterten wir hinunter und suchten den alten Fuchszwinger auf, dessen äußere Mauern Bilder aus »Reinecke Fuchs« schmückten.

Ein gar herrlicher Malepartus! Du rotes listiges Füchslein, wielang mags her sein, dass du hier geschmachtet, gekratzt und auf Flucht gesonnen hast, während vornehme lustige Leute dich durch die Eisenstäbe neckten?

Ob die Königin Luise auch einmal hier gestanden hat, ob sie hier einmal gelacht hat und fröhlich war, ohne Tränen und zehrende Sorge? Immer wieder tauchte mir die lichte Gestalt der geliebten Königin in diesem Wundergarten auf. Ob sie dort einmal oben im letzten Gartenhäuschen gesessen hat, wo im Frühling die Goldjohannesbeere so süß duftete, dass die Wirklichkeit versank und willig die Seele dem Zauber der Natur stille hielt?

Dies Plätzchen wurde mir das liebste: von drei Seiten vom alten Garten noch umschmiegt, nach Westen aber mit freiem Blick in die schlichte märkische Landschaft – Heide und ein Kiefernwäldchen – in die der Garten hier übergeht. Wie lang, lang konnte man hier in den immer feuriger glühenden Abendhimmel sehen. Hier erstarkte, wenn damals auch unbewußt, die große Liebe zur Heimat – auch ein Großstadtkind braucht eine Heimat.

Im Kiefernwäldchen, da ließ sich's herrlich spielen, wir bauten Hütten aus dürren Zweigen und Laub. Dort wurde gewöhnlich das mitgenommene Vesperbrot – Obst und Semmel – verspeist. – Die sinkende Sonne mahnte zum Aufbruch. Diesmal gings den unteren Weg an den neun Musen vorbei, mitten durch Witzleben durch. Schnell noch einmal hinaufgesprungen zu »Dornröschens Schloß«, so hatten wir ein Tempelchen auf halber Höhe des Abhangs genannt, das im Grünen ganz verwachsen war. Die schmale gewundene Treppe, die steil hinaufführte, war fast gänzlich verfallen und mit japanischen Quitten überwuchert, deren leuchtend rote Blüten in ihrer reichen Fülle mir fremd und märchenhaft erschienen. Den Dianatempel ließen wir links liegen. Seine weißen Säulen schimmerten vornehm und feierlich vor dem dunklen Halbrund von pompejanischem Rot.

Rechts von uns etwas unheimlich, im Abendsäuseln lag der Lietzensee, und dieser Eindruck des Unheimlichen verstärkte sich, – namentlich im zeitigen Frühjahr und im Herbst, wenn das Laub fehlte – durch einen seltsamen, schmalen Baumgang, so schmal, dass nicht zwei nebeneinander gehen konnten, der, vom Park ausgehend, einen weiten, regelrechten Halbkreis durch den

Sumpf schnitt und der sich im Frühling zum großen Teil im Wasser spiegelte. Ich habe seitdem viele schöne alte Gärten gesehen, aber nie wieder etwas Ähnliches, so unerklärlich in seiner Anlage, so versunken in geheimnisvoller Trauer.

Hinter uns der goldene Abendhimmel, der immer wieder warm durch das dichte Geäst den sehnsüchtig rückgewandten Blick grüßte, um uns der feucht dämmernde Park, drängten wir uns immer dichter um den Vater und gaben uns mit zunehmender Dunkelheit ganz dem Zauber der lieben, weichen Stimme hin.

An langen Sommertagen bot auch der Heimweg noch allerhand Merkwürdiges für uns Kinder: einen seltenen Nachtfalter, Paradiesäpfel oder eine tote Spitzmaus. Wenn wir dann aus den nächtlichen Schatten der Bäume hinaustraten auf die noch zart und goldig übergossenen Felder, schüttelten wir leichtherzig den Bann des Zaubergartens ab und liefen voraus an den Bach, dessen Brückchen wir überschreiten mußten, um zu sehen, ob noch Blutegel und Stichlinge darin waren. Dann heimwärts über die Felder, und kaum eine halbe Stunde später umfing uns das Brausen der Großstadt.

Fast sieht es so aus, als habe die Großstadt gesiegt. Witzleben ist »von der Erde verschwunden«; zwar geht nicht der Pflug daruber hin, aber ein neuer schöner Stadtteil mit wohlgepflegten Anlagen dehnt sich dort aus, wo einst die schwarzverwitterten neun Musen von einer fernen Glanzzeit erzählten. Und doch, Witzleben ist nicht tot, in verklärter Schönheit atmet es mir lebendig entgegen aus meiner lieben Kindheit.« (→ Stein-Völkel, o.J., o.O.)

In einem anderen Bericht heißt es:

»Wir gehen nun die verlängerte Mühlenstraße entlang bis zur Schloßstraße. Hier biegen wir in den Feldweg ein, die heutige Suarezstraße, welcher an den Schinderbergen (von diesen Schinderbergen deckten wir unsern Bedarf an Streusand) und dem Lietzensee vorbei nach dem Grunewald führt. Einige Schritte hinter dem Lietzensee passieren wir das Gattertor. Gleich hinter dem Gatter liegt links im Walde die Försterei Halensee, welcher damals der Förster Letz vorstand. Wir wenden uns nun wieder nördlich und durchqueren diesen Teil des Grunewalds, um zum Ausgang am

Königsweg zu gelangen. Diesen verfolgen wir am Park Witzleben entlang und gelangen nach zwanzig Minuten zum Schützenhaus.« (→Alte, 1921, S. 21)

Die Mühlenstraße wurde zu Ehren des späteren Reichskanzlers 1867 in Bismarckstraße umbenannt.

Das in beiden Schilderungen erwähnte Schützenhaus stand seit 1850 auf dem Gebiet des späteren Kaiserdamms zwischen der Riehlstraße und der Sophie-Charlotten-Straße. Es musste 1903 verkauft und 1904 abgerissen werden für den Ausbau des Kaiserdamms. (→ vgl. S. 159)

Von dem Schützenhaus liegen uns bereits Fotografien vor, und zwar von keinem geringeren als von Heinrich Zille.

Schützenhaus.
Aus: Ranke 1975

HEINRICH ZILLE IM PARK WITZLEBEN UND AM KAISERDAMM

Der nördliche Teil des Parks, der – wenn auch noch immer ungepflegt und verwahrlost – offenbar nach der Teilung des Sees 1904 (→vgl. S. 51) nicht mehr eingezäunt und wieder der Öffentlichkeit zugänglich war, erfreute sich bei den Anwohnern großer Beliebtheit.

Ein häufiger Besucher war auch der Maler Heinrich Zille (1858-1929), ein treuer Chronist seiner Zeit. Der gelernte Lithograph war bei der »Photographischen Gesellschaft« angestellt, die ihren Betrieb zu Beginn der 90er Jahre in ein neues Haus am Reichskanzlerplatz (heute Theodor-Heuss-Platz) verlegt hatte. Um näher an seinem Arbeitsplatz zu wohnen, zog Zille 1892 mit seiner Familie in die Sophie-Charlotten-Straße 88 in den 4. Stock, wo er 37 Jahre bis zu seinem Tod 1929 lebte. Eine Gedenktafel erinnert heute an den berühmten Hausbewohner.

oben: Selbst-karikatur von Heinrich Zille. Bildunterschrift: »Frohe Arbeit – ernster Wille! Mal en Schluck in de Destille! Und en bißken Killekille – Det hält munter! Heinrich Zille.«
Aus: Flügge 1974

Nicht nur mit Malblock und Zeichenstift, sondern auch mit Stativ und Fotoapparat ging Heinrich Zille in den Jahren von 1892 bis 1910 auf Motivsuche. Für uns sind besonders interessant die Fotografien aus der Sophie-Charlotten-Straße, dem Lietzenseepark und von dem alljährlichen Rummel

Kasperletheater im Lietzenseepark.
Aus: Ranke 1975

am Schützenhaus und seine Notizen dazu. Zu der Fotografie »Blick aus dem Fenster« schreibt Zilles Sohn Hans aus eigener Erinnerung:

»Wir müssen zurückschauen in die Zeit vor 1900. Groß und hell lagen die Zimmer da. Eine beschauliche Ruhe war in der Straße. Die Sophie-Charlotten-Straße war noch lange nicht ausgebaut. Von den Fenstern der Wohnung schweifte der Blick ins Freie. Auf der anderen Straßenseite war beackerter Sandboden, in der Mitte ein großer Platz zum Trocknen der Wäsche, um ihn herum Lauben. Hinter der Ringbahn dehnte sich braches Land, zum Teil mit niedrigen Kiefern bestanden, und dahinter bildeten die ersten Bäume des Grunewaldes und die Ausläufer der Villenkolonie Westend den Abschluß … Zu linker Hand hatte man den ungepflegten Park um den Lietzensee mit seinem schönen Baumbestand. Am Ende der Straße stand das Schützenhaus, bei dem alljährlich der große Budenbetrieb aufgebaut wurde.« (→Ranke, 1975, S. 47)

Einige seiner Bilder zeigen spielende Kinder am Rande des Parks am späteren Kaiserdamm, der zu dieser Zeit noch ein kaum erkennbarer Pfad ist. So kann der Blick weit über unbebautes Land bis zur Häuserreihe an der Knobelsdorffstraße schweifen. *»Am Kaiserdamm war große Heide. Da saßen die Weiber mit ihren Kindern – hielten sie ungeniert an die Brust – oder hielten sie ab: da konnte man sie belauschen… «*, notierte der Fotograf. (→Ranke, 1975, S. 20)

links: **Zilles Wohnhaus in der Sophie-Charlotten-Straße.** Aus: Ranke 1975

rechts: **Im Park am Lietzensee, im Hintergrund die Häuser in der Knobelsdorffstraße.** Aus: Ranke 1975

DIE »TERRAIN-AKTIENGESELLSCHAFT PARK WITZLEBEN« KAUFT DAS GELÄNDE – TEILUNG DES SEES

1850 hatte Charlottenburg 9 000, um die Jahrhundertwende bereits 182 000 Einwohner. Seit der Mitte des 19. Jahrhunderts war die Stadt unaufhörlich gewachsen, besonders nach den politischen und wirtschaftlichen Veränderungen infolge des Deutsch-Französischen Krieges 1870/71. Einerseits zogen aus der überfüllten Reichshauptstadt nun vornehmlich wohlhabende Bürger in den attraktiven grünen Westen, der ihnen eine bessere Lebensqualität bot. Auf der anderen Seite wurde Charlottenburg auch Standort für mittlere und große Betriebe, vor allem der Textilindustrie, Metallverarbeitung und Maschinenherstellung, die wiederum eine Zuwanderung von Arbeitern und kleinen Angestellten aus allen Teilen des deutschen Reiches, besonders aus den östlichen Provinzen Preußens, nach sich zogen. Daher sind auch heute noch in Charlottenburg alle Wohngebiete vom

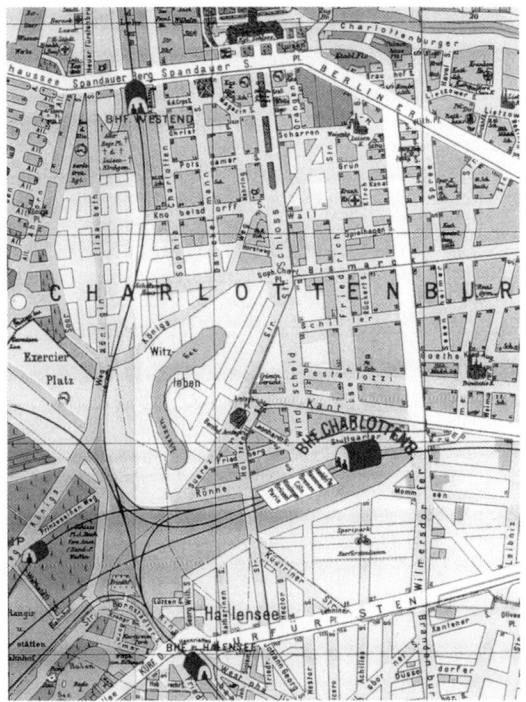

Plan vomn 1933. Der Lietzensee vor der Teilung.

Arbeiterviertel bis zur vornehmen Mietshausgegend und zur exquisiten Villenkolonie vertreten.

Nach der Verwaltungseinteilung im Jahre 1900 wurden in Charlottenburg 14 Stadtbezirke gebildet, unter ihnen auch den Bezirk »Am Lietzensee«, der durch die Bahngleise im Westen und Süden, durch den Kaiserdamm im Norden und die Kaiser-Friedrich-Straße im Osten begrenzt war. Die Bebauung war allerdings zu diesem Zeitpunkt hier noch sehr gering, lediglich in dem Gebiet Suarez-, Rönne-, Kaiser-Friedrich-, Kantstraße standen bereits Wohnhäuser, außerdem an der Kantstraße und Kaiser-Friedrich-Straße selbst.

Die Gegend um den Lietzensee aber, obwohl sie durch den bereits 1882 eröffneten Ringbahnhof Charlottenburg günstig zu erreichen war, blieb weiterhin von der Bebauung ausgeschlossen. Die Eigentümer Sobernheim und Pringsheim zeigten nur geringes Interesse, den derzeitigen Zustand zu verändern – möglicherweise auch aus Spekulationsgründen –, während die Stadt auf schnelle Erschließung drängte. Man vereinbarte einen Bebauungsplan, der u.a. auch die Verlängerung der Kantstaße vorsah bis zur »Schwarzen Brücke«, der Holzbrücke über die Stadtbahngleise, über die der Königsweg führte, die heutige Ostpreußenbrücke am Bhf. Witzleben.

Erst ein Besitzerwechsel brachte Bewegung in die stockenden Planungen. Den See und das dazugehörige Gelände kaufte im Mai 1899 die »Terrain-Aktiengesellschaft Park Witzleben«, eine der zahlreichen Baugesellschaften, die in der Gründerzeit entstanden waren, für nun bereits 5 Millionen Mark. Der hohe Preis zeigt deutlich, welche gigantische Wertsteigerung mittlerweile der Park erfahren hatte. Der Besitz der »Terrain-AG« umfasste die gesamte West- und Südseite des Sees, begrenzt durch die Bahngleise und den Königsweg, außerdem den umfangreichen Nordzipfel bis zum Horstweg.

Das ganze Ostufer, d.h. die Grundstücke am Lietzensee-ufer und an der Kuno-Fischer-Straße, war 1905 Eigentum der »Westlichen Boden Aktiengesellschaft«, später (1910) der »Boden-Aktiengesellschaft Berlin ›Nord‹«.

Die »Terrain-AG Park Witzleben« hatte ehrgeizige Pläne und schrieb noch im selben Jahr einen Wettbewerb für die Bebauung des Geländes aus, auf dem die Errichtung repräsentativer großbürgerlicher Mietshäuser vorgesehen war. In der Ausschreibung heißt es:

»Ein Wettbewerb betr. Bebauungspläne des Parkes Witzleben in Charlottenburg wird für die Mitglieder der »Vereinigung der

Berliner Architekten« und des »Archtiektenvereins« zu Berlin mit Termin zum 20. Juni 1899 ausgeschreiben. Das reizvolle Gelände ging an die Terrain-Aktiengesellschaft Park Witzleben und soll nunmehr einer vornehmen Bebauung in der Weise zugeführt werden, dass für die am See gelegenen Grundstücke die offene Bauweise, für die übrigen Grundstücke die Bebauung nach Berliner Art mit Erdgeschoß und 3 Obergeschossen angenommen wird.« (→Deutsche Bauzeitung, 1899, S. 264)

Diese Ausschreibung und ein Lageplan von 1905 machen deutlich, wie die Bebauung am Lietzensee vorgesehen war. Danach sollte das gesamte Gelände um den See vollständig bebaut werden mit nur einer schmalen »Gartenzone« direkt am Ufer. Die Pläne der »Terrain-AG« liefen also darauf hinaus, den gesamten Park Witzleben von der Landkarte verschwinden zu lassen.

Plan der Terrain-
Actien-Gesellschaft
Park Witzleben,
1908.
Museum
Charlottenburg-
Wilmersdorf

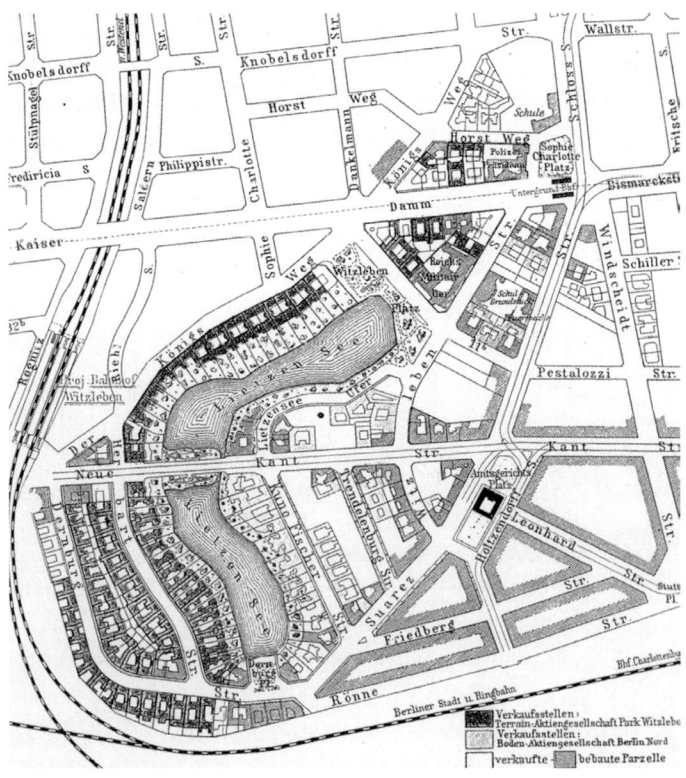

Zwischen der Stadt und der »Terrain-AG« begannen erneut langwierige Verhandlungen, infolge derer die früher geplante Verlängerung der Sophie-Charlotten-Straße über den See, die bereits in dem revidierten Hobrechtplan von 1873 eingezeichnet ist, aufgegeben wurde. Das wichtigste Ergebnis war aber die schon länger geplante Überführung der Kantstraße über den Lietzensee, wodurch das bis dahin unzugängliche Gelände jenseits des Sees erschlossen werden sollte.

Der Lietzensee musste jetzt die einschneidendste Veränderung seiner langen Geschichte hinnehmen. Von Natur aus war er ein hakenförmiger See, an dessen nach innen gekrümmter Ostseite am Amtsgericht die Kantstraße seit 1887 endete. 1904/05 wurde nun der See künstlich durch Aufschüttung eines Dammes in zwei Teile geteilt, über den dann die Verlängerung der Kantstraße, die Neue Kantstraße, führte. Der Bau einer großen Brücke, die den ganzen See überspannt hätte, wäre technisch und finanziell viel zu aufwendig gewesen und wurde offenbar gar nicht in Erwägung gezogen.

Beide Teile blieben durch einen schmalen Kanal verbunden. Über diesen führte eine noch heute guterhaltene Brücke aus

Brücke über den Lietzensee vom Süden aus gesehen, um 1912.
Foto: Jost

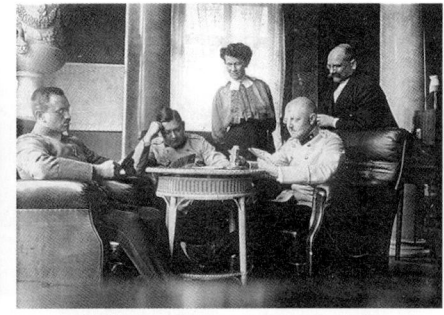

rotem Sandstein, die in schönen Jugendstilformen geschwungen und mit attraktiven gartenarchitektonischen Elementen versehen ist: auf beiden Seiten der Neuen Kantstraße befinden sich ausgebildete Brückenköpfe mit Spalieren, steinerne Sitzbänke an der Brüstung, und zur Wasserseite hin zahlreiche Reliefs von Fischen und anderen Wassertieren.

Werner Eichmann (stehend) beim Kartenspiel im Herrenzimmer, 1915.
Foto: Jost

»DIESE BRÜCKE WURDE ERBAUT IM JAHRE 1904 VON DER TERRAIN-AKTIEN-GESELLSCHAFT PARK WITZLEBEN«, heißt eine Inschrift auf der Brücke. So hat sich die Baugesellschaft trotz ihres kurzen Bestehens eine bleibende Erinnerung verschafft. Der mündlichen Überlieferung nach ließ allerdings ein wohlhabender Bürger, der Geh. Kommerzienrat Werner Eichmann, eines der sieben Mitglieder des Preisgerichtes bei dem Wettbewerb, die Brücke auf eigene Kosten errichten. Dafür überließ ihm »die verkaufende Bank, die Eigentümerin des vordem sumpfigen, unerschlossenen Seegeländes, das Grundstück zum halben Preis in Anerkennung der Verdienste des Käufers um die Schaffung des Lietzenseeviertels« (→ F. A. Jost). Hier baute Eichmann 1907/1909 ein repräsentatives Mietshaus, »Haus See-Eck« Lietzenseeufer 10. An der nördlichen Seite unterhalb der Brücke verewigte er sich übrigens in Form eines Reliefbildes, das vor einer untergehenden Sonne einen Mann neben einer Eiche darstellt. (→vgl. S. 133)

von oben:
Das Eichmann-Bild unterhalb der Brücke.
Foto: Sell

Frau Eichmann mit zwei Kindern auf der Terrasse am See, um 1912.
Foto: Jost

Südlicher Teil des Sees und Parks mit Blick auf die Neue Kantstraße. Im Hintergrund der Turm der Epiphanien-Kirche, um 1910.
Foto: Museum Charlottenburg-Wilmersdorf

Die »Terrain-Aktiengesellschaft Park Witzleben« konnte trotz
Wettbewerb und Parzellierung des Geländes ihre Bebauungspläne
– wir müssen sagen, zum Glück – nicht in dem gewünschten
Umfang realisieren, wahrscheinlich weil das Gelände zu un-
eben und abschüssig war und sich nicht verkaufen ließ. Der
Park Witzleben blieb jedenfalls unangetastet, aber auch für die
parzellierten Grundstücke an den Straßen ließen sich nur sehr
langsam Käufer finden.

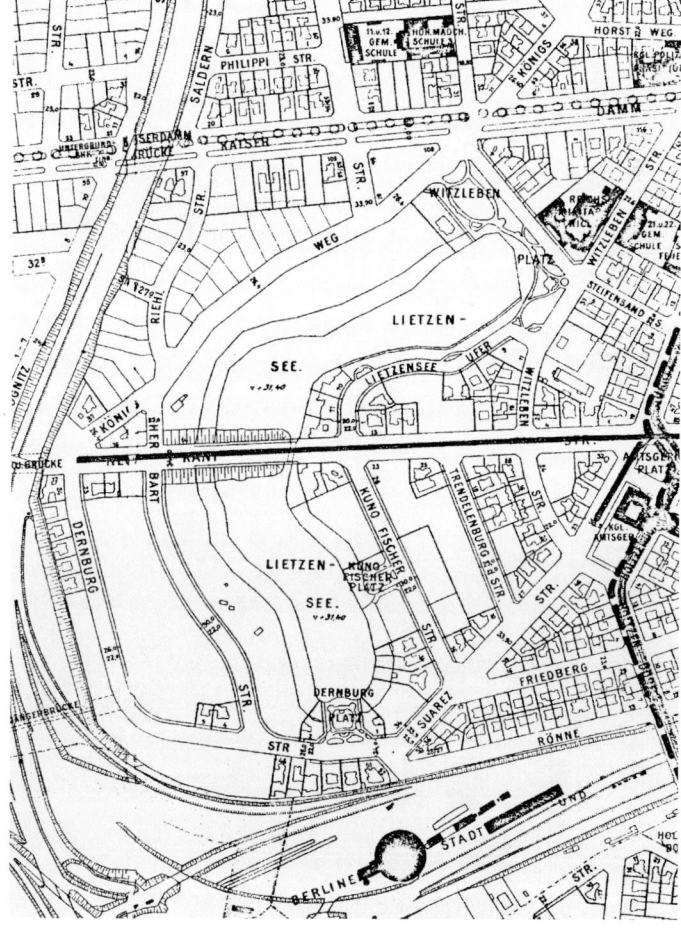

Plan von 1910.
Das Gelände am See
ist parzelliert und
teilweise bebaut.
Die Straßen haben
jetzt Namen.

STRASSEN UND HÄUSER AM LIETZENSEE

1905 wurde im Zuge der Teilung des Sees auch die Straßenführung um den See endgültig festgelegt und nach dem Ausbau der Straßen ihre provisorische Benennung nach Nummern wenig später (am 3. August 1905) durch eine endgültige Namensgebung ersetzt, vorwiegend nach Rechtsgelehrten und Philosophen:

Straße 9 d → **Neue Kantstraße**, die Verlängerung der Kantstraße

Straße 41 → **Herbartstraße**,
nach dem Philosophen Johann-Friedrich Herbart (1776–1841)

Straße 39 und Platz M → **Dernburgstraße** und **Dernburgplatz**
nach dem Rechtsgelehrten und langjährigem Charlottenburger Bürger Heinrich Dernburg (1829–1907), in der NS-Zeit hieß sie Gustloffstraße, von 1945–1947 Heinrich-von-Stephan-Straße.

Straße 18 b → **Kuno-Fischer-Straße**
nach dem Philosophen (1824–1907)

Straße 9 e → **Lietzenseeufer**

Straße 23 und Platz H → **Witzlebenstraße** und **Witzlebenplatz**
nach dem ehemaligen Besitzer des Lietzensees

Straße 27 c → **Riehlstraße** (seit dem 8.12.1906)
nach dem Kulturhistoriker und Schriftsteller Wilhelm Heinrich von Riehl (1823-1897)

Die **Suarezstraße** war schon 1887 nach dem Juristen Karl Gottlieb Suarez (1746–1798) benannt worden.

Auf den **Königsweg** an der Westseite des See werden wir an anderer Stelle noch zu sprechen kommen. (→ vgl. S. 147).

Nach Befestigung und Benennung der Straßen begann die Bebauung rund um den See. Die Akten des Bauaufsichtsamtes

links:
Haus Königsweg 25, heute Wundtstraße 54 und 54 a, um 1920.
Foto: Seidel

Charlottenburg geben Auskunft über Planung und Bau der Gebäude. Unglücklicherweise wurde ein Teil der Akten, die den Zweiten Weltkrieg überstanden hatten, bei einem Brand im Rathaus im Mai 1988 vernichtet, vorwiegend die letzten Buchstaben des Alphabets, also auch die meisten Unterlagen der Wundt- und Witzlebenstraße und des Witzlebenplatzes.

Vor dem Bau eines Hauses musste der Bauherr beim Magistrat der Stadt Charlottenburg einen Lageplan, d.h. einen Grundriss und einen Aufriss, einreichen. War dieser genehmigt, musste er anschließend noch die baupolizeiliche Genehmigung des Königlichen Polizeipräsidiums einholen. Dann erst durfte er mit dem Bau beginnen. Zwischen dem Einreichen des Lageplans und der Fertigstellung des Hauses verging in der Regel ein Jahr.

Die Wohnbebauung am Lietzensee begann am Südende des Parks. Das älteste, auch heute noch beeindruckende Mietshaus steht in der Dernburgstraße 2–4, links neben der großen Kaskade. Im Lageplan von 1905 gibt es noch keine richtige Adresse, da die Straßen erst kurz danach Namen bekamen. Das Grundstück wird beschrieben als »Straße 39, Ecke Platz M, Parzelle 1«.

Elektro-Geschäft Ulbrich Dernburgstraße/ Neue Kantstraße, 1919.
Foto: Ulbrich

Im Folgenden wird eine Übersicht gegeben, wann die einzelnen Häuser – in den Straßen direkt am See – gebaut wurden. Dabei sind Wiederholungen mit Angaben aus dem übrigen Text nicht zu vermeiden. Bei der Auflistung der Häuser der Dernburg- und der Wundtstraße wird die heutige Zählung verwendet. (→vgl. S. 147)

Wundtstraße

38	(= Sophie-Charlotte-Straße 58/60) – 1911
40–44	Frauenbundhaus Mittelteil 1923/24, Anbauten 1930/31
Wohnanlage 46, 46 a–e, Riehlstraße	1925/26,
15, 16, 17, 18	Wiederaufbau 1950 und 1953
48–50	1927 als Liebfrauen-Lyzeum, Wiederaufbau 1954 als Bischöfliches Ordinariat, nach Umbau seit 2005 Wohn- und Geschäftshaus
52	keine alten Akten, ca. 1913/14
54	1913/14, Wiederaufbau 54 und 54 a 1954
56	(= Riehlstraße 11) – 1913
58-60	1927
62 und 64	keine alten Akten, ca. 1911
66	1911
68, 70 und 72	ca. 1909
67 und 69	(= Neue Kantstraße 16) keine alten Akten, ca. 1908, Wiederaufbau 1955
65	(= Herbartstraße 15) 1908

daneben:

Neue Kant-straße 15	keine alten Akten, ca. 1908, Wiederaufbau 1958

Königsweg/
Ecke Riehlstraße,
um 1916.
Foto: Museum
Charlottenburg-
Wilmersdorf

Blick vom Funkturm,
um 1930.
Foto: Fritsch

Herbartstraße

4-6	Evangelische Kirchengemeinde am Lietzensee, 1. Bau 1922, Neubau 1959
16	(= Neue Kantstraße 20) 1911
18	»Drachenburg« 1926 (= Dernburgstraße 58)

19–22 Oberpostdirektion 1926 –1928
(= Dernburgstraße 40-54)

23 Villa 1921

24 Villa 1922, nach dem Zweiten Weltkrieg bis 1955
Gemeindehaus der St.Canisius-Gemeinde,
heute Hermann-Strauß-Pflegeheim

25 Villa 1925, heute Nachbarschaftsheim

26 keine alten Akten, Leo-Baeck-Haus, 1981

28 keine alten Akten, ca. 1910

links: Häuser am Dernburgplatz, links das älteste Haus am Lietzensee, um 1911.

rechts: Dernburgplatz mit Blick auf die Häuser Kuno-Fischer-Straße 1 und 7, um 1914.
Fotos: Museum Charlottenburg-Wilmersdorf

Dernburgstraße

2–17 zwischen 1905 und 1907

19–33 1953

1–5 keine alten Akten, ca. 1907, Neubau 1976

Suarezstraße

32–34 vor dem Zweiten Weltkrieg unbebaut,
nur das Gartenlokal und Restaurant
»Lietzenseeterrassen«, Neubau 60er Jahre
Die Häuser der gegenüberliegenden Straßenseite
waren bereits mit der Bebauung des Geländes
zwischen Friedberg- und Rönnestraße um die
Jahrhundertwende errichtet worden.

Aus dem Lageplan des Hauses Suarezstraße 31/ Kuno-Fischer-Straße 15, 1907.

Kuno-Fischer-Straße

15 (= Suarezstraße 31) – 1907
14 Lageplan 1908
13 Lageplan 1908, Einküchenhaus
12 Landhaus, keine alten Akten, wahrscheinlich 1922,
   Neubau 1968
8–11 Knappschaftshaus 1930
7 Lageplan 1911,
   heute Neubauten 60er Jahre, 7 und 7a, 6 und 6a

Den Akten des Bauaufsichtsamtes entsprechend bestand einmal die Gefahr, dass diese herrschaftliche Idylle am Lietzensee empfindlich gestört würde durch ein Vorhaben besonderer Art, nämlich durch den Bau eines großen Krankenhauses in der Kuno-Fischer-Straße, der allerdings von einer Art Bürgerinitiative erfolgreich bekämpft und verhindert wurde.

1911 waren die Grundstücke zwischen den beiden großen Wohnhäusern Kuno-Fischer-Straße 1 und 2 an der Neuen Kantstraße
und dem einem am Kuno-Fischer-Platz (= Kuno-Fischer-Straße 7)
noch nicht verkauft und daher unbebaut.

Dieses Gelände erwarb 1911 die katholische »Marienstiftung
Wohltätigkeitsanstalt Breslau« für einen Krankenhausbau. Die
Genehmigung durch den Magistrat von Charlottenburg lag bereits
vor, es fehlte nur noch die baupolizeiliche Genehmigung, die
das Königliche Polizeipräsidium erteilen musste. Der Lageplan
von 1912 zeigt ein vier Stockwerke hohes herrschaftliches Haus
im Landhausstil, mit Mansarden und Türmchen.

Gegen diesen Bau legten die drei Eigentümer der obengenann-
ten Mietshäuser beim Magistrat in einem Brief entschiedenen
Protest ein mit folgender Begründung:

Die »*einzigartige hervorragend schöne Lage des Lietzensees und
seiner sonst parkähnlichen Ufer*« würde erheblich beeinträchtigt
werden. Dabei bestünde die »*Notwendigkeit solcher Parkanlagen
in unmittelbarer Nähe der Großstadt. Der Magistrat hat jedenfalls
auch aus diesen Erwägungen heraus bereits die notwendigen Wege
eingeschlagen, um das am gegenüberliegenden Westufer des Lietzensees Parkterrain zu gewinnen und der öffentlichen Benutzung
zugänglich zu machen.*« (→Akten des Bauaufsichtsamtes)

Aber es ging den Hausbesitzern natürlich nicht nur um die
Erhaltung der Grünflächen für die Allgemeinheit, sondern mehr
noch um ihre eigenen Interessen: Ein Krankenhaus würde nicht
zu den »herrschaftlichen Wohngebäuden« passen.

»*Der Aufenthalt der Kranken und Schwestern in der wärmeren Jahreszeit im Garten, die unvermeidliche Aufstellung von Krankenstühlen,
Betten und dergleichen muß eine Beeinträchtigung in der Benutzung
der Gärten und Parkanlagen herbeiführen, abgesehen von der un-
günstigen Einwirkung in ästhetischer Beziehung.*« »*Für alle in der
Nähe wohnenden Hausbesitzer*« würden »*außerordentliche Nachteile*«
entstehen und den »*Fortzug von Anwohnern*« zur Folge haben. Der
»*häufige Verkehr von Kranken-, Desinfektions- und Leichenwagen*«
würde zu einer »*Herabminderung des Landschaftsbildes*« führen.

Dieser Brief war nicht ohne Wirkung. Nach einigem Hin und Her kamen dem Magistrat dann tatsächlich Bedenken, er machte zusätzliche Auflagen und besann sich darauf, dass er »erhebliche städtische und öffentliche Interessen zu vertreten habe«, so dass schließlich die »Marienstiftung« ihre Baupläne aufgab und zwei Jahre später das Grundstück wieder verkaufte. (Akten des Bauaufsichtsamtes)

Zurück zu den anderen Häusern an der **Kuno-Fischer-Straße**:

4 und 5 zwei Landhäuser 1923/24, Abriss und Neubau in den 60er Jahren, heute Kindergarten

3 kleines Haus am See, Daten unbekannt

1 und 2 (= Neue Kantstraße 21) keine alten Akten, ca. 1910, Neubau 1958, nach Teilung des Grundstückes Neubau Neue Kantstraße 22 – 198

Die Häuser in der Kuno-Fischer-Straße
auf der anderen Seite (von der Suarezstraße aus):

17 Lageplan 1910

18 keine alten Akten, ca. 1910/11, Neubau 1963

19 Lageplan 1911

20 Lageplan 1911

21 Zwei-Familien-Haus 1923

22 keine alten Akten, ca. 1925, zerstört, 1960 abgeräumt, nicht wiederaufgebaut

23 1925, nicht wiederaufgebaut, als Parkplatz, dann als Tummelplatz für den gegenüberliegenden Kindergarten genutzt, seit 2000 Schule

22–26 Neubau Schule 2000 (seit 2005 mit dem Namen Peter-Ustinov-Oberschule), vorher unbebaut, Kleingartenkolonie.

Lietzenseeufer

1 (= Neue Kantstraße 12/13) keine alten Akten, ca. 1909, Neubau 1954/55

2 Lageplan 1908, Wiederaufbau 2000

2 a keine alten Akten, Neubau 80er Jahre

3–5 Lageplan 1930

6 1908, Wiederaufbau 1953

7 und 8 Lageplan 1908, Fertigstellung 1910
9, 9 a und b
und Witzleben-
straße 11 sog. Lietzenseepalais 1930
10 Lageplan 1907, Fertigstellung 1909
11 keine alten Akten, ca. 1909, Neubau Hotel Seehof 1966
daneben **Neue**
Kantstraße 14 1908

Witzlebenstraße

27–29 keine alten Akten, ehemals Holzfabrik,
dann bis 1910 33. Gemeindeschule, ab 1924 Kapelle
der St. Canisius- Gemeinde, im 1.Stock ab 1925
»Gymnasium am Lietzensee«, zerstört 1943,
Neubau einer Kirche 1955, abgebrannt 1995,
Neubau 2002
30 keine alten Akten, ehemals Erich-Klausener-Haus,
60er Jahre, Abriß und Neubau eines Wohnhauses 2003
31 keine alten Akten, ca. 1910

links:
Terrasse vom Haus
See-Eck mit Blick
auf das Haus Her-
bartstraße 15, um
1912.
Foto: Jost

rechts:
Witzlebenplatz und
Kaiserdamm, um
1914.
Foto: Fritsch

Witzlebenplatz

1–2 Gerichtsgebäude, Lageplan 1908, Fertigstellung 1910,
2006 Umbau zum Wohnhaus
3 keine alten Akten, ca. 1910, Neubau eines Altersheims
1965, Abriss 2013, Bau eines Wohnhauses
4–5 und 6 keine alten Akten, 1909/1910

Zusammenfassend kann man sagen, dass die erste und größte Bauphase vor dem Beginn des Ersten Weltkrieges stattgefunden hat, die gesamte Bebauung der Straßen am Lietzensee 1930 beendet war.

Die Stadt Charlottenburg forderte von den Bauherren die Einhaltung strenger Auflagen, die ein der vornehmen Gegend angemessenes herrschaftliches Aussehen der Häuser garantierten:

»1. Auf dem Grundstück dürfen gewerbliche Anlagen, welche belästigenden Rauch, belästigendes Geräusch oder üblen Geruch verursachen, nicht errichtet werden.
2. Die dem Lietzensee zugekehrten Fassaden und Giebel der auf dem Grundstück zu errichtenden Gebäude dürfen nicht anders als architektonisch schön und würdig ausgestattet gebaut werden und zwar derart, als wenn sie Fronten an herrschaftlichbebauten Straßen bildeten.« (→ Familienarchiv Jost)

So entstand am Lietzensee ein elegantes Wohnviertel mit herrschaftlichen Mietshäusern im wilhelminischen Stil mit oft überdurchschnittlich großen und komfortablen Wohnungen. Als Beispiel für eine derartige Luxusausstattung soll noch einmal das Haus Lietzenseeufer 10 der Familie Eichmann herangezogen werden.

1943 hatte der Besitzer, nun der Sohn, Beschwerde eingelegt beim Bezirksamt – Preisstelle für Mieten und die Festsetzung einer höheren Miete für die Wohnung in der zweiten Etage gefordert, die Hermann Fegelein, ein hoher SS-Brigadeführer (und Schwager von Eva Braun, den Hitler noch kurz vor seinem Selbstmord, am 28. April 1945, wegen Verrat erschießen ließ) gemietet hatte und auch bereit war zu bezahlen. Darauf wurde über die Gegend, das Haus und die Wohnung ein Gutachten erstellt:

Grundriss der Wohnung in der 2. Etage des Hauses Lietzenseeufer 10. Aus: Weber 1974

»In wohnlicher Hinsicht handelt es sich um eine sehr gute Wohngegend herrschaftlicher Kreise.
Das dreiseitig freistehende Gebäude ist besonders gut gelegen. Hinter dem an der Hausfront kunstgärtnerisch hergerichteten Garten von rund 560 qm Größe liegt der Lietzensee. An die freistehende Giebelseite schließt sich die städtische Parkan-

lage an. Für eine Gross-Berliner Mietwohnung ist der prachtvolle Ausblick von der Wohnung zum See und die angrenzende Parkanlage etwas Einzigartiges. Zu der Wohnung gehört ein an der massiven Uferböschung errichteter Pavillon. Eine Freitreppe zum See herunter bietet Gelegenheit zu Bootsfahrten.

Bei der fraglichen Wohnung, die die gesamte zweite Etage (500 qm) des Hauses einnimmt, handelt es sich nach Lage und Ausstattung um eine Luxuswohnung von außergewöhnlichem Wert. Sie umfaßt 12 Zimmer« (Es folgt die Aufzählung der einzelnen Räume, anschließend die detaillierte Beschreibung ihrer luxuriösen Ausstattung mit den edelsten Materialien und Bildern usw.).

»Die zweite Etage war für den Eigentümer selbst bestimmt und wurde – als repräsentative Wohnung eines damals sehr wohlhabenden Mannes – baulich und in der inneren Ausstattung in einer weit über Mietwohnungen hinausgehenden Art durchgebildet … Dem Inhaber der Wohnung ist ein besonderer Teil des zum Haus gehörigen Seegartens mit dem größeren der beiden Pavillons vorbehalten.« (→ Familienarchiv Jost)

Die Beschwerde hatte übrigens Erfolg und die Miete wurde von 8.400 RM »Krisennmiete« pro Jahr auf 12.000 RM festgesetzt.

Auch die anderen Wohnungen des Hauses waren groß und ähnlich ausgestattet. Auf der Rückseite direkt am Wasser befand und befindet sich noch ein großer Garten mit Terrasse, früher auch mit Gartenpavillons. Von dem Steg am Bootshaus aus pflegte der alte Besitzer mit einer venetianischen Gondel über den See zu fahren. Das Haus befindet sich heute nicht mehr im Familienbesitz.

Die Mieter der Wohnungen am Lietzensee waren meist Angehörige des gehobenen Mittelstandes, selbständige Unternehmer, Ärzte, höhere Beamte usw. Auch Künstler aller Sparten, Schriftsteller, Komponisten, Schauspieler, Maler u.a. ließen sich hier in den folgenden Jahren nieder.

DIE STADT CHARLOTTENBURG ERWIRBT DEN LIETZENSEE UND DEN PARK WITZLEBEN

Im Jahre 1910 erfolgte wieder ein Besitzerwechsel, nun der letzte: die Stadt Charlottenburg kaufte für knapp 3 Mill. Mark der »Terrain-Aktiengesellschaft Park Witzleben« den Lietzensee und einen Teil des Parks ab.

»Wie schon bekannt hat die Stadtgemeinde Charlottenburg ein etwa 2619 qRuten großes Gelände am Lietzensee, und zwar zwischen der Neuen Kantstraße, dem Königsweg und dem nördlichen Seeufer, zum Preise von 2 881 080 Mark angekauft. Dafür dass die Stadt den See selbst übernimmt, mußte die Bodengesellschaft »Park Witzleben« an die Gemeinde eine Entschädigung von 100 000 Mark zahlen. Charlottenburg hat nun Aussicht, eine neue, schöne Parkanlage zu

Blick auf den südlichen Teil des Sees und den noch ungestalteten Park. Im Hintergrund das Haus Herbartstraße 15, um 1912.
Foto: Jost

bekommen. Etwa die Hälfte des angekauften Geländes, nämlich der unmittelbar am Seeufer gelegene Teil, eignet sich nicht zur Bebauung, da das Gelände tief unter dem Straßendamm mit ganz steilem Abfall zum Wasser hin liegt. Gewaltige Erdmassen müßten vorerst aufgeschichtet werden, was aber das Bauland derart verteuern würde, dass sich wohl schwerlich Baulustige fänden. Es verlautet nun, dass beabsichtigt ist, den unmittelbar am See gelegenen Teil zu einer Parkanlage umzuwandeln, während der zwischen der Neuen Kantstraße und dem Königsweg gelegene Rest parzelliert und zur Bebauung weiterverkauft werden soll. Da vom jetzt noch nahen Grunewald Stück für Stück geopfert wird, wäre die Durchführung des Planes nur zu begrüßen, denn sie würde der Allgemeinheit wenigstens noch die Reste der schönsten landschaftlichen Reize sichern.« (→ Der Städtebau, 1910, S. 60)

Spaziergang in dem noch ungepflegten Park Witzleben, um 1912.
Foto: Lehmann

Die Stadt hat 1910 also zunächst nur das Gelände um den nördlichen See an der Herbartstraße, der heutigen Wundtstraße und dem Witzlebenplatz erworben. Zügig trieb sie nun den Verkauf der Baugrundstücke an den Straßen voran, die Parkanlage sollte, wie oben beschrieben, erhalten bleiben.

1913 kaufte die Stadt dann auch das Westufer an der Herbartstraße. Hier sollte die Planung der »Terrain-AG«, beide Seiten der Straße zu bebauen, beibehalten werden. Nur noch ein schmaler Promenadenstreifen am Ufer wäre dann der Öffentlichkeit zugänglich gewesen. Diese Pläne wurden zunächst aufgeschoben, durch den Ausbruch des Ersten Weltkrieges verhindert und nach dessen Ende nicht wieder aufgenommen. Am südlichen Lietzensee blieb daher das Parkgelände ebenfalls erhalten und die Herbartstraße führte im Bogen herum. Nach dem Verkauf ihres gesamten Geländes löste sich die »Terrain-Aktiengesellschaft Park Witzleben« auf.

Bereits 1906 ließ der Magistrat von Charlottenburg durch die Stadbauräte Töbelmann und Bredtschneider den Witzlebenplatz und die Grünanlage am Lietzenseeufer mit öffentlichen Mitteln gärtnerisch gestalten. Zeitgenossen beschreiben im begeisterten Ton die Schönheiten der damaligen Parkanlage:

» ... der Lietzensee, in liebliche Uferanlagen gefaßt ein lichtes Geschmeide am Saume der Stadt. Über die schmalste Stelle in der Mitte führt auf roter Sandsteinbrücke die Kantstraße. Das nördliche Becken des Sees ist nur an einer kurzen Strecke bebaut und der Blick schweift ungehindert über die schimmernden Wellen, auf denen Schwäne ihre Bahn ziehen, über grüne Rasenbreiten, über Baumgruppen und Blumenbeete ... «
(→ Grüttner, 1913, S. 121)

»Ja, der Lietzensee mit seinen Ufern ist ein schönes Stück Erde in dem Häusermeer unserer Vaterstadt; dort ist gut sein, dort fühlt man sich wohl. Auch im Winter weilt man gern in seiner Nähe.

Blick auf den Witzlebenplatz vor der Umgestaltung durch Erwin Barth, um 1915. Foto: Museum Charlottenburg-Wilmersdorf

See und Tennisplätze ruhen dann unter einer blanken Eisdecke ... Der Anblick des Sees ist am Abend von der hochgelegenen Kantstraße am schönsten. Im Lichte der Bogenlampen schimmert und blitzt es überall; lange Schatten huschen hin und her, biegen und schmiegen sich im Takte der Musik. Wir glauben uns in ein Märchenland versetzt. Doch ist's Charlottenburg am Lietzensee.«
(→ Raschke, 1909, S. 15)

Die obenerwähnten Tennisplätze, auf denen im Sommer »die Damen und Herren in weißen Kleidern Tennis spielten« und von denen auch eine Ansichtskarte existiert, lagen vermutlich bis ca. 1910 an der Kuno-Fischer-Straße.

Die Tennisplätze an der Kuno-Fischer-Straße, um 1910. Foto: Museum Charlottenburg-Wilmersdorf

Berichten alter Anwohner zufolge war der südliche Parkteil weiterhin eingezäunt. Man konnte allerdings gegen Bezahlung einer Gebühr den Schlüssel für die Parktore erhalten. Die seit 1913 in der Dernburgstraße 59 wohnende Tochter des evangelischen Pfarrers Siems erzählte:

»Damals war hier alles ganz leer. Wo jetzt die Post ist, war freies Feld, später ein Laubengelände. Wir konnten den ganzen Tag auf der Straße spielen, es kam kaum ein Auto. Nur nach Ruhleben ging eine Pferdebahn. Der Teil des Lietzensees, wo jetzt die Kirche steht, war eingezäunt. Da wurden nur Leute eingelassen, die eine Pacht bezahlt hatten und den Schlüssel bekamen. Der Park war zu. Wir spielten entweder auf der Straße oder im Park, meistens »Räuber und Prinz« und hatten dann den Schlüssel um den Hals. Der andere Parkteil war nicht abgeschlossen. Wenn wir Kinder uns

irgendwie verspätet hatten, ging mein Vater auf den Balkon und pfiff unsern Pfiff. Das hörten wir bis in den Park, dann mußten wir die Beine in die Hand nehmen.« (→Gut, Interview 1984).

Unten: **Blick** von der Neuen Kantstraße auf den südlichen Teil des Sees, vor 1910. Aus: Jochens 1997

Charlottenburg   Am Lietzensee

GESTALTUNG DES PARKS
DURCH ERWIN BARTH

Erwin Barth.
Aus: Katalog 1980

Ab 1912 ließ die Stadt das neuerworbene Gelände systematisch gärtnerisch gestalten. Diese Aufgabe übernahm der gerade eingestellte, erste Gartendirektor der Stadt, Erwin Barth (1880–1933), ein äußerst schöpferischer und international hochgeschätzter Gartenarchitekt, der auch heute noch in hohen Ehren in Charlottenburg steht (→vgl. Land/Wenzel, Leipzig, 2005). So fand 2005, anlässlich der 300 Jahresfeier des Bezirks, in der Kleinen Orangerie des Schlosses die Ausstellung statt »Gartenkunst der frühen Moderne in Charlottenburg«, in der Pläne und Fotos von Erwin Barth aus den Jahren 1912–1926 gezeigt wurden (→Barth, Ausstellungskatalog 2005).

Nach der Eingemeindung Charlottenburgs in Groß-Berlin (1920) wurde Barth 1926 zum Gartenbaudirektor von ganz Berlin befördert, seit 1929 zum Professor an der Technischen Hochschule berufen, wo er der erste Ordinarius von ganz Europa für ein akademisches Studium der Gartenarchitektur war. Nach der Machtergreifung der Nazis hat Erwin Barth sich aus nicht ganz geklärten Gründen am 10. Juli 1933 erschossen. Er wurde auf dem von ihm selbst geplanten Waldfriedhof in Stahnsdorf beerdigt.

Dernburgplatz 1910
vor der
Umgestaltung
durch Erwin Barth
Foto: Fritsch

Viele Plätze in Charlottenburg hat Barth gärtnerisch gestaltet, u.a. den Klausenerplatz, Schustherus-, Brix- und Karolingerplatz und auch den Volkspark Jungfernheide.

Bei dem Park Witzleben hatte Barth die Aufgabe, ihn nicht nur gärtnerisch zu betreuen, sondern das gesamte Gelände in einen Landschaftspark zu verwandeln. Den Anfang machte Barth mit der Gestaltung des Südzipfels und entwarf 1912 die große Kaskadenanlage am Dernburgplatz (→ vgl. S. 120). Ebenso schuf er 1913 am Ostufer des Sees die Terrassenanlage am Kuno-Fischer-Platz (→vgl. S. 114). Weitere Arbeiten konnten wegen Ausbruch des Ersten Weltkrieges nicht mehr durchgeführt werden.

Nach dem Krieg wurde der Park Witzleben als eine der ersten Parkanlagen in Berlin im Notstandsprogramm von 1919/20 angelegt. Nun endlich durfte Erwin Barth seine immer wieder aufgeschobenen Pläne für einen Landschaftspark realisieren, wenn auch unter denkbar schwierigen Bedingungen, da kaum Geld und Material zur Verfügung standen. Über die Probleme, die durch die andauernden Sparzwänge entstanden, und die Lösungen, die er fand, schreibt Barth:

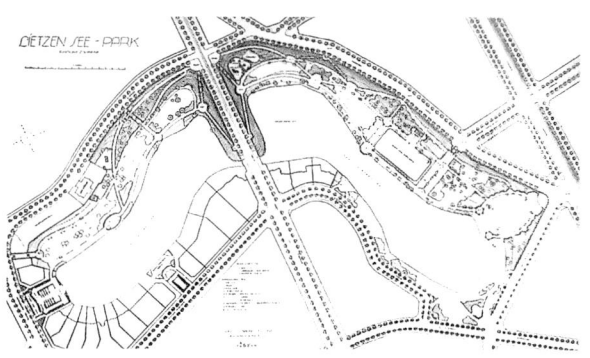

Lietzenseepark.
Zeichnung von
Erwin Barth.
Aus: Rave/Wirth 1961

»Von jeder reichen Ausschmückung durch Blumenbeete oder Gartenarchitekturen ist aus Sparsamkeitsrücksichten Abstand genommen. Wenige Gartenarchitekturen in einfacher Form konnten trotzdem ausgeführt werden, weil es gelang, das hauptsächlich hierfür erforderliche Material, wie Steine, unentgeltlich zu erhalten. Da es nicht möglich war, für diese kleinen Bauwerke, wie Eingangstore, Mauern, Brücken, Brunnen, Treppenanlagen, Unterstandshäuschen usw., zuerst den Entwurf aufzustellen und dann danach das Material zu beschaffen, sondern weil man umgekehrt gezwungen war, die Entwürfe erst nach der Beschaffung des nur teilweise ausreichenden

Blick auf den
Nordeingang am
Kaiserdamm, 1968.
Foto: Museum
Charlottenburg-
Wilmersdorf

*Materials aufzustellen, so war die Lösung dieser Aufgaben besonders
schwierig, wenn auch umso interessanter. Es ist natürlich, dass infolge
dieser Schwierigkeiten die einzelnen Gartenarchitekturen nicht so
aus einem Guß geschaffen werden konnten, wie es wünschenswert
gewesen wäre.«* (→Barth, 1921, S. 18)

Den Lietzenseepark muss man zu den gelungensten Schöpfungen
von Erwin Barth zählen.

Das eigentlich recht schmale und nur 10,2 ha große Gelände
erscheint geradezu weitläufig durch die Art und Weise, wie Barth
seine in Jugendstilformen geschwungenen und fast symmetrisch
angelegten Wege angeordnet hat. In zahlreichen runden oder
halbkreisförmigen Plätzen kommen die Wege zusammen und
gehen dann wieder in sanften Bögen auseinander. Deutlich
wird dies auch besonders in der symmetrischen Gestaltung der
Dammböschung an der Neuen Kantstraße, durch die die Hal-
bierung der Anlage betont wird. Querachsen, die die schmalen
Rasenflächen durchschneiden und mit Hecken bepflanzt waren,
schufen scheinbar tiefe Linien und vergrößerten auf diese Weise
ebenso optisch den Park. Dichtes Buschwerk und die alten Bäume
auf den Hängen verdeckten die oben entlangführenden Straßen.
Barth schreibt dazu:

»Es ist eine möglichst zweckmäßige Wegeführung unter enger An-
passung an die vorhandenen Geländehöhen und unter Schonung
des alten Baumbestandes angestrebt. Die Hauptzugänge sind
trotz Überwindung großer Höhenunterschiede so gestaltet, dass
von ihnen aus mindestens je ein Weg ohne Treppenstufen angelegt
ist, damit auch Kranken- und Kinderwagen ohne Schwierigkeit
in den Park gelangen.

Der Hauptwegezug führt dicht am Seeufer entlang, ein zweiter durch den hundertjährigen Baumbestand auf halber Höhe
der Böschung. Auf dem fast ebenen Gelände am See konnten auf
diese Weise große zusammenhängende Rasenflächen, welche nur
an wenigen Stellen durchschnitten sind, hergestellt werden. An
besonders geschützter Stelle ist ein Sandspielplatz für kleine Kinder
(Buddelplatz) mit Unterstand angelegt. Außerdem ist eine größere
mit Rasen begrünte Spielwiese vorgesehen, auf welcher Sonntags
sowie an zwei Tagen der Woche Jung und Alt sich lagern oder
zusammen mit den Kindern spielen können. Verschiedene Wege
an den Abhängen werden im Winter als Rodelbahnen benutzt.
Für Erwachsene sind sowohl am Seeufer wie auf den baumbestandenen Anhöhen schattige und sonnige Ruheplätze zahlreich
und mannigfaltig vorgesehen, um den verschiedenen Ansprüchen
Rechnung zu tragen.

Der Park ist von einem 1,5 m hohen Heckengitter umschlossen,
um dem Unfuge, namentlich der Halbwüchsigen, wirksamer ent-
gegentreten zu können. Außerdem werden die laufenden Ausgaben
für die Beleuchtung gespart.« (→ Barth, zit. bei Borowka, 1987,
S. 34)

Rekonstruiertes
Eingangstor an der
Neuen Kantstraße,
2001.

Parktor mit
Leuchten an der
Wundtstraße, 2001.

Der Park war also eingezäunt, allerdings nicht durch einen Drahtzaun wie heute, sondern durch eine Hecke, unterbrochen von unterschiedlich gestalteten Toren, die dem neuen Stil der Zwanziger Jahre entsprechend helle leichte Holzkonstruktionen waren. Die städtischen Parks wurden alle nachts geschlossen, nicht nur zum Schutz der Anlagen, sondern auch um die Kosten für die Beleuchtung einzusparen.

Beide Haupteingangsbereiche betonte Barth, wenn auch auf völlig unterschiedliche Weise: am Nordende des Parks eine große hufeisenförmige Wiese (→vgl. S. xx), am Südende die steinerne Kaskadenanlage am ehemaligen Dernburgplatz (→vgl. S. xx). Auch jeder andere Zugang zum Park hat sein individuelles Aussehen. In Barths Plan war schon ein Weg unter der Brücke vorgesehen, der beide Teile des Parks verband. Dieser wurde aber aus Kostengründen und da *»es gar nicht möglich gewesen* (wäre)*, die erforderlichen großen Mengen an Zement zu beschaffen«* (→Barth, 1921, S. 17) nicht angelegt, sondern erst sehr viel später 1956. Erwin Barth verstand seine Schöpfungen als Gesamtkunstwerk und kümmerte sich daher um alle Details. So wählte er persönlich die vier im Park aufzustellenden »Werke der Bildhauerkunst« aus, den Faun, die Mater dolorosa, den Bogenschütze und die Diana, auf die an anderer Stelle eingegangen wird, und entwarf auch sämtliche Gartenarchitekturen und das ganze Parkmobiliar wie Tore, Bänke, Beleuchtungskörper usw. selbst.

Viel Wert legte Barth auch auf eine abwechslungsreiche Bepflanzung, insbesondere durch Stauden, Schlingpflanzen und Blütensträucher. An Wegen und Plätzen ließ er als Umrahmung gezielt geschnittene Taxus-Hecken setzen. Das westliche Ufer des Sees bekam eine 6–10 m breite Uferbepflanzung mit Stauden, die aber heute auf Grund fehlender Pläne nicht mehr rekonstruiert werden kann, denn Barth pflegte die individuelle Bepflanzung erst an Ort und Stelle persönlich anzugeben. Auf Sommerblumenbeete (s. o.) musste er bei der Gestaltung des Lietzenseeparks aus Geldmangel verzichten, obwohl er schon 1913 schrieb, dass *»Blumenschmuck kein Luxus ist, wie oft angenommen wird, sondern von großer sozialer Bedeutung sein kann.«* (→Katalog, 1980, S. 11)

Die Parkanlage, seit dieser Zeit nicht mehr Park Witzleben, sondern Lietzenseepark genannt, ist heute nahezu vollständig und im Wesentlichen unverändert erhalten, wie sie Erwin Barth gestaltet hat, und erfreut sich nach wie vor größter Beliebtheit. Auch heute noch trifft das Urteil eines Kollegen und Zeitgenossen von Erwin Barth zu:

»Wir müssen neidlos anerkennen, dass mit dieser prachtvollen, tief durchdachten Schöpfung am Ufer des Lietzensees sich Gartendirektor Erwin Barth in die erste Reihe der Meister unserer schönen Gartenkunst gestellt hat, und dass er sich vor allem damit die Führung in der modernen, heutigen Berliner Richtung gesichert hat.« (→Klawun, 1922, S. 26)

Der Lietzenseepark steht auch als ein eindrucksvolles Beispiel dafür, wie in Zeiten allgemeiner finanzieller Knappheit, überwiegend mit den Mitteln der Phantasie und Kunst zu Improvisieren, ein hervorragendes Ergebnis guter Gartenarchitektur

Uferweg im nördlichen Parkteil. Im Hintergrund die Häuser am Witzlebenplatz, um 1920.
Foto: Museum Charlottenburg-Wilmersdorf

erzielt werden kann. Am Schluss seines Aufsatzes zieht Erwin Barth selbst noch einmal Bilanz:

»Es war nicht immer eine reine Freude, diese Gartenanlage als Notstandsarbeit auszuführen; aber je größer die Schwierigkeiten wurden, desto größer wurde auch die Freude am gelungenen Werke. Die ungeheuer starke Benutzung des Parkes durch die Bevölkerung beweist, dass die Arbeiten nicht umsonst ausgeführt worden sind.

Mögen die kommenden Zeiten nicht dazu zwingen, die mit soviel Mühe geschaffenen Arbeit wieder verfallen zu lassen.« (→Barth, zit. bei Lange, I, 1987, S. 79)

Allerdings fand die Neugestaltung des Lietzenseeparks nicht bei allen Charlottenburgern Anklang. Die Stadtverordnete für die USPD im Bezirksparlament, Luise Kautsky, eine enge Vertraute Rosa Luxemburgs, beschwerte sich in der Sitzung vom 18.2.1920:

»Ich möchte nur anfragen, warum der Lietzenseepark, in dieser Weise, wie es jetzt der Fall ist, zugerichtet wird. Ich möchte fragen, warum die Spielplätze so beeinträchtigt werden und warum jetzt auf die Schönheit so großes Gewicht gelegt wird; warum Bäume gefällt sind, warum die hübschen Spielgelegenheiten für Kinder beeinträchtigt werden. Es waren da so hübsche Wege, die als Rodelbahnen benutzt wurden. Es war alles so ein bißchen naturgemäß. Jetzt wird alles in einen Schmuck- und Ziergarten umgewandelt. Außerdem ist der Schmuck- und Ziergarten vorläufig nicht so schön. Natürlich ist es noch im Werden. Ich kann nicht wissen, wie die Sache aussehen wird, wenn die Sache fertig ist. Tatsache ist, dass sehr viele alte Bäume zum Opfer gefallen sind, dass viele Sträucher entfernt sind, die sich sehr gut gemacht haben. Ich weiß nicht, ob ein solches Bedürfnis bestand, alles zur Zierde und zur Augenweide zu gestalten, und ob man nicht lieber das Wilde des Parks beibehalten hätte, das vorher da war.«

Luise Kautsky wohnte mit ihrem Mann Karl Kautsky, der ebenfalls ein bekannter SPD-Politiker war, bis 1924 in Berlin, Windscheidstraße 31. Im Alter von 80 Jahren wurde sie 1944 nach Auschwitz deportiert und dort ermordet. Ein 2009 gelegter Stolperstein erinnert an die aktive Stadtverordnete.

DIE ZWANZIGER JAHRE

Die Parkanlage wurde nach ihrer Fertigstellung von der Bevölkerung intensiv genutzt und zu allen Jahreszeiten Ziel Tausender erholungssuchender Großstädter aus nah und fern.

Einen kleinen Einblick über das damalige Leben rund um den Lietzensee verschafft uns wiederum ein Gutachten über den Wert einer Wohnung des Haus Lietzenseeufer 10, diesmal aus dem Jahr 1926, in dem sorgfältig die Vor- und Nachteile des Hauses und der Wohnlage einander gegenübergestellt und abgewogen werden.

Zunächst klingt alles sehr erfreulich:

»Es steht nun allerdings fest, dass in den Jahren seit Erbauung dieses Hauses, 1909, zahlreiche Bauten um den Lietzensee herum entstanden sind, dass ferner 1916 der Bahnhof Witzleben der Ring-bahn eröffnet worden ist, dass ferner die von der Stadt ursprünglich in Aussicht genommene Randbebauung des Lietzenseegeländes in 35 m Tiefe von dem gegenüberliegenden Königsweg aus aufgegeben worden ist, und das gesamte früher wilde Parkgelände zwischen dem See und den nächsten Straßen (Königsweg und Herbartstraße) im Jahre 1921 zu einem Park ausgestaltet worden ist, der mit seinem alten Baumbestand besonders für die am gegenüberliegenden Seeufer gelegenen Häuser einen sehr reizvollen Anblick gewährt, und dass endlich die früher sehr häufig störenden Ausdünstungen des Wassers durch eine bessere Regulierung des Zu- und Abflusses stark vermindert worden sind. Alles dies ist richtig. Aber die Eröffnung des Bahnhofs Witzleben stand bereits seit Jahren in bestimmter Aussicht. Die Verhandlungen darüber, insbesondere über die Zuschußleistung zu einer Anlage mit der Terrain-Actien-Gesellschaft Park Witzleben waren bereits im Jahre 1910 zum Abschluß gebracht worden und haben naturgemäß bei allen Mietsverhandlungen um das Jahr 1914 herum bereits eine entscheidende Rolle gespielt. Der Bahnhof liegt zudem für das streitige Haus noch so weit ab und kommt für den Verkehr von und zu ihm weniger in Betracht als der nur wenig weiter abgelegene Stadtbahnhof Charlottenburg mit seinem viel

stärkeren Verkehr, wird auch als Verkehrsmittel gegenüber der bereits damals bestehenden näher gelegene Untergrundbahn (Haltestelle Sophie-Charlotte-Platz) und gegenüber der den Mietern solcher Prachtwohnungen zuzumutender Benutzung von Autos weniger in Betracht gezogen zu werden brauchen«.

Andererseits, befindet das Gutachten, entstehen durch den Lietzenseepark auch genug Probleme und Ärgernisse für die Anwohner, die zu einer erheblichen Verminderung der Lebensqualität beitragen. Viele davon übrigens, Überfüllung des Parks, Lärm bis tief in die Nacht, Rowdytum und überforderte Angestellte, kennen wir auch aus der heutigen Zeit:

»Den anderen Verbesserungen stehen aber nach Ansicht des M.E.A. (Mieteinigungs-Amt), von dessen Mitgliedern der Vorsitzende und ein Beisitzer seit Jahren aus unmittelbarer Nachbarschaft die Verhältnisse genau kennen und des Sachverständigen, der

Kreuzung Wundtstraße/ Neue Kantstraße/ Dernburgstraße. Auf der Neuen Kantstraße fährt schon die Straßenbahn, um 1925.
Foto: Museum Charlottenburg-Wilmersdorf

ebenfalls seit Jahren in der nach dem Lietzensee ausmündenden Riehlstraße wohnt, Nachteile gegenüber, durch welche die Vorteile aufgehoben werden.

Die im Jahre 1914 bestehenden Verkehrsverbindungen haben sich verschlechtert. Von den durch die Neue Kantstraße führenden Straßenbahnlinien ist die eine, die Nr. 33, gänzlich eingegangen, auch die Linien 80/81, die in geringer Entfernung durch die Suarezstraße führten und ebenfalls, wie die 33, den Berkehr unmittelbar in die Stadt hineinvermittelten, sind inzwischen in Fortfall gekommen.

Die bauliche Erschließung der Gegend ist durch den Krieg und die Nachkriegszeit unterbrochen worden. Daher sind in den größten Teilen mit hochherrschaftlichen Häusern bebauten Randstraßen sehr große und häßliche Baulücken geblieben, von denen eine der größten und häßlichsten sich schräg gegenüber dem streitigen Grundstück zwischen Lietzenseeufer und Neue Kantstraße befindet, so dass, wie die Besichtigung ergeben hat, von dem Prachtzimmer der Wohnung aus, insbesondere auch von dem an der Ecke gelegenen Herrenzimmer, die Aussicht auf eine riesige Brandmauer geht. (→ Diese Baulücke wurde 1930 mit dem Bau der Wohnungsanlage 3–5 geschlossen. D. Verf.)

Die Herstellung und Erschließung des Parkes hat ferner neben der Schönheit des Anblicks eine sehr starke Unruhe mit sich gebracht, da der Park täglich von ungezählten Menschen aufgesucht wird, die sich nach Schließung des eigentlichen Parks am Abend

in dem nicht abschließbaren Teil der Anlagen aufhalten und die Unsicherheit der Gegend verstärken. Diese Unruhe wird für die unmittelbaren Anwohner des Lietzensees noch verstärkt und häufig an schönen Abenden bis zur Unerträglichkeit gesteigert durch den ausgedehnten Ruderbetrieb, der seit einigen Jahren von der Stadt auf dem See zugelassen worden ist. Wie wenig die Stadt selbst in der Lage ist, den dadurch hervorgerufenen Störungen der Anwohner zu steuern, beweist das von der Mieterseite vorgelegte Schreiben der

Nördlicher Lietzensee mit Bootshaus und Ruderbooten. Das Gerichtsgebäude heißt nun Reichswirtschaftsamt, um 1925. Foto: Fritsch

Charlottenburger Deputation für Siedlungs- und Wohnungswesen vom 31. Mai 1924: ›Die Stadt ist nicht in der Lage vor 11 Uhr abends den Ruderbetrieb dem Pächter zu verbieten.‹ und die Unsicherheit ist gerade auf der Seite des Lietzenseeufers in unmittelbarer Nachbarschaft des streitigen Hauses, so groß, dass neben den nicht ausreichenden städtischen Wächtern die Anwohner privatim noch einen besonderen Wächter angestellt haben.«

Das Gutachten kommt demnach zu dem ernüchternden Schluss: *»Unter Würdigung aller dieser Umstände, hat das M.E.A. einen mieterhöhenden Einfluss der Veränderung der ganzen Gegend für das streitige Objekt verneint.«* (→ Familienarchiv Jost)

SPAZIERGÄNGE UM DEN LIETZENSEE

DIE »SCHILLERWIESE«

Eine große hufeisenförmige Wiese, an den Seiten von hohen Bäumen eingerahmt, empfängt den Spaziergänger, der den Park im Norden vom Kaiserdamm aus betritt. Dieser Eingangsbereich hat sich im Laufe der Jahre nur unwesentlich verändert und beeindruckte schon vor rund 80 Jahren nach Eröffnung des Parks die ersten Besucher:

»Gleich vorn am Kaiserdamm eröffnet sich ein sanft abfallendes Rasenparterre als erstes Entree in den Park, das mit großem Geschick den Wanderer vom Straßenverkehr auf eine oblonge (längliche) *Plattform überleitet, von wo er über saftiges Grün einen tiefen, diagonalen Einblick in den Park und auf die Wasserfläche gewinnt. Der Schöpfer, Erwin Barth, hat es verstanden mit feinem Takt gerade dieses erste Entree ganz diskret ohne lauten Blumenschmuck und ohne die kräftigen Akkorde seiner Steinarchitekturen zu behandeln, um so die*

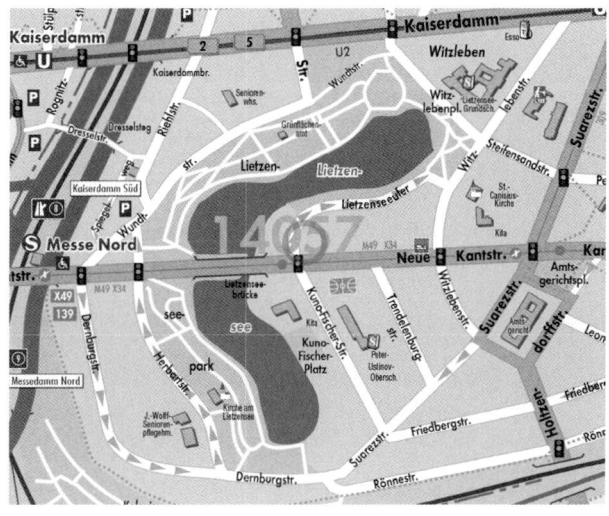

Plan vom Lietzensee, 2005.

eigentlichen Effekte nicht vorwegzunehmen. Nur die beiden hohen Pappelgruppen, die als wuchtige grüne Säulen zu beiden Seiten dieses Rasenparterre flankieren, lassen erkennen, dass hier eine wichtige Dominante des Parkes betont werden soll.« (→Klawun, 1922, S. 25)

Heute wird die große Wiese noch häufig »Schillerwiese« genannt, ein Name, der Nichteingeweihten unerklärlich sein dürfte. Tatsächlich hat aber lange Zeit, nämlich von 1952 bis 1985, ein Denkmal des Dichters Friedrich Schiller (1759–1805) auf dem unteren Teil der Wiese, umgeben von einem Birkenkranz, gestanden, das wohl künstlerisch wertvollste im ganzen Park. Der bekannte Berliner Bildhauer des 19. Jahrhunderts Reinhold Begas (1831–1911) hatte dieses Marmordenkmal geschaffen. Es stand ursprünglich seit 1871 vor dem Schauspielhaus am Gendarmenmarkt, der Sockel war umgeben von vier allegorischen Gestalten: Lyrik, Drama, Philosophie und Geschichte. 1935 wurde die ganze Anlage nach der Umgestaltung des Platzes abgetragen und kam auf einen Abstellplatz der Stadt, dabei gingen die vier Figuren verloren. Da von dem Denkmal Gipsabdrücke gemacht worden waren, konnte eine Kopie – allerdings aus Bronze – angefertigt werden. Diese steht seit 1941 im Schillerpark im Wedding. Die originale Marmorstatue hat den Krieg überdauert und wurde

Schiller verlässt den Amerikanischen Sektor, 1986.
Fotos: Museum Charlottenburg-Wilmersdorf

nach ihrer Restaurierung am 9. Mai 1952, anlässlich des 147. Todestages des Dichters, im Rahmen einer kleinen Feier mit Charlottenburger Schulkindern im Lietzenseepark auf einem neuen, schlichten Sockel wiederaufgestellt.

Das Schillerdenkmal stand bis 1985 auf der Wiese, wurde dann ein Jahr später im Rahmen des Austauschprogramms von Kulturgütern zwischen Berlin-West und der DDR dieser überlassen. Seitdem steht Schiller wieder auf seinem alten Platz auf dem Gendarmenmarkt, umgeben von vier neuen Kopien der allegorischen Damen.

Vor dem Zweiten Weltkrieg schmückte ein anderes Kunstwerk diesen Nordeingang in den Park: oben auf dem Plateau stand seit 1921 die Bronzestatue »Bogenschütze« des Bildhauers Hugo Lederer (1871–1940), den Barth ursprünglich innerhalb der kleinen Kaskade aufstellen wollte. Noch eine zweite Bronzeplastik von Lederer, die »Diana«, befand sich seit 1925 in diesem Teil des Parks, am Ende des Mittelweges am See. Wie viele andere Kunstwerke aus Bronze, vor allem, wenn sie nicht dem Geschmack der Nationalsozialisten entsprachen, wurden auch diese beiden Plastiken im Krieg (1943) entfernt und eingeschmolzen. Die beiden leeren Sockel im Park wurden erst in den 50er Jahren abgeräumt.

Der »Bogenschütze« von Hugo Lederer am Nordeingang des Parks am Kaiserdamm, um 1924. Foto: Born

Die »Diana« von Hugo Lederer. Aus: Rave/Wirth 1961

Park-Restaurant am Witzlebenplatz, um 1914. Foto: Fritsch

Auf dem unteren Teil der großen Wiese direkt am See befand sich übrigens seit 1909 ein großes Restaurant und Café im Blockhausstil, das im Zuge der Neugestaltung des Parks durch Barth 1919 entfernt und auf dem Gelände der Waldvolksschule am Bhf. Heerstraße als Schulpavillon wieder aufgebaut wurde. Als im Jahr 2011 der Eingangsbereich zum Park am Kaiserdamm von Grund auf saniert und nach alten Plänen neugestaltet werden sollte, wurde die Restaurierung der Schillerwiese und der umgebenden Wege erheblich erschwert durch Massen von Schutt und Steinblöcken, die dort in der Erde lagerten. Nach dem Zweiten Weltkrieg hatte man die Trümmer der zerstörten Häuser rund um den Lietzensee in den von Bombentrichtern zerwühlten Wiesen des Parks vergraben, die nun nach mehr als sechzig Jahren zum Vorschein kamen und in wochenlanger Arbeit abtransportiert werden mussten, bevor die eigentliche Sanierung des Nordeingangs zum Park beginnen konnte.

Entfernung der Kriegstrümmer bei der Sanierung der »Schillerwiese«

Ein Jahr zuvor gab es ähnliche Probleme, als die Erneuerung der Uferbefestigung des Sees anstand.

In einer »aktuellen Anwohnerinformation, Juni 2010«, des Bezirksamtes heißt es: »*Bei Beginn der Bauarbeiten wurden erhebliche Mengen an Trümmerschutt im Uferbereich des Lietzensees aufgefunden, die entgegen der ursprünglichen Planung entsorgt und durch unbelasteten Boden ersetzt werden müssen. Stichproben ergaben, dass dies entlang der gesamten Uferkante der Fall sein kann. Menge und Beschaffenheit des Aushubs machen eine grundsätzliche Änderung der Arbeitsabläufe notwendig, ... «*

Die schließlich erfolgte Erneuerung der Uferbefestigung weist allerdings so erhebliche Mängel auf, dass sie wiederholt zu Anfragen und Beschwerden der Anwohner beim Bezirksamt führte.

BOOTSHAUS, FISCHE
UND DIE SANIERUNGEN DES SEES

Wendet der Spaziergänger sich nun nach Norden, hat er nach rechts schauend einen herrlichen Blick über den See auf den über Häuser und Bäume ragenden Funkturm, seit 1979 auch auf den ICC-Koloss, und kommt dann zu dem schöngelegenen, im Sommer immer gut besuchten Café mit dem Namen »Bootshaus am Lietzensee«.

An seiner Stelle stand seit 1924 ein ebenfalls von Erwin Barth entworfenes echtes Boots- und Kassenhäuschen. Dieses erste Bauvorhaben im Park nach der Inflation sollte helfen, die Kassen der Stadt zu füllen:

»Um die Mittel für die dringend erforderliche Verbesserung des Wassers im Lietzensee zu gewinnen, wurde ein Ruderbetrieb ein-

Das Café am See, ein beliebter Treffpunkt, 2009.

gerichtet und verpachtet. Hierzu mußte ein 50 m langer Bootssteg angelegt und ein Häuschen mit Kassen- und Unterkunftsraum für den Pächter errichtet werden.« (aus: Verwaltungsbericht der Stadt Berlin, 1924–27, Berlin 1928).

Sommerlicher Bootsverkehr, 1980. Foto: Museum Charlottenburg-Wilmersdorf

Durch das Bootshaus konnte man auch noch bis in die 50er Jahre im Winter, wenn der See zugefroren war, gegen Eintrittsgeld ein kleines Eislaufparadies betreten. Dieser Teil des Lietzensees wurde dann von einem Zaun umgeben, die Eisfläche sorgfältig gefegt und die Schlittschuhläufer zogen ihre Bahnen zu Walzer- oder anderen Klängen, bei Dunkelheit besonders stimmungsvoll im Lichte der Laternen.

Bis Mitte der 80er Jahre gab es hier auch noch Anlegestege für die Ruderboote, die man sich für eine Kahnpartie auf diesem Teil des Sees ausleihen konnte. Der Bootsverleih wurde aber aus Rentabilitätsgründen eingestellt. Außerdem hatte der Pächter nur noch Ärger, weil viele Leute einfach irgendwo am Ufer ausstiegen und die Boote nicht mehr zurückbrachten, bzw. auch stahlen.

Das alte Bootshaus hatte zwar den Krieg überstanden, fiel aber 1973 einem Brandanschlag zum Opfer und musste abgeräumt werden. Der anschließend errichtete provisorische Neubau wurde schließlich 2008 durch das neue, ebenfalls »Bootshaus« genannte Gebäude ersetzt, das in Anlehnung an das historische Vorbild gestaltet wurde.

Eislaufvergnügen auf dem zugefrorenen See, um 1955.
Fotos: Museum Charlottenburg-Wilmersdorf

Bootshaus, um 1925.

An dieser Ecke des Lietzenseeparks wurden auch – einmal und nie wieder – Anfang der 20er Jahre Fische aus dem Lietzensee verkauft. Ein alter Bewohner erinnert sich:

»Einmal haben wir Fisch bekommen aus dem Lietzensee, die wurden dort gefischt, solche Burschen, Karpfen, Aale – die wurden verkauft. Meine Mutter hat auch gekauft, einen wunderbaren Karpfen. Der wurde dann zubereitet – und dann hat die Wohnung gestunken!

Dieser Modergeruch! So hat der Karpfen dann auch geschmeckt, nach Moder, wir haben nicht ein Stück gegessen, wir mußten die Kochtöpfe und Pfannen, in denen der Karpfen zubereitet war, wegschmeißen. Man hat den Geruch nicht mehr rausgekriegt, meine Mutter hat geschruppt, wir haben geschruppt, es war nichts zu machen!« (→Interview Alfred Ulbrich, 2001)

Wie viele und wie große Fische sich im Lietzensee befanden, erfuhr der überraschte Spaziergänger nach einem harten Winter im März 2010. Als nämlich das Eis geschmolzen war, schwammen tonnenweise tote Silberkarpfen, Hechte, Welse und Zander an der Wasseroberfläche. Die Fische waren unter der dicken Eisschicht an Sauerstoffmangel verendet und mussten nun eingesammelt und beseitigt werden. Keine leichte Aufgabe für die Mitarbeiter des Gartenbauamtes. Die Karpfen wogen im Schnitt 20 bis 30 kg. Die ungefähr 2 m langen Welse wurden einzeln in einer Schubkarre abtransportiert.

Tonnenweise tote Silberkarpfen, 2010.

Doch da Fische für das Ökosystem von Seen notwendig sind, versprach die Chefin des Fischereiamtes »Neubesatz«. *»Unsere eigene Hechtzucht wirft genügend Tiere ab. Da könnte ich mir schon vorstellen, sie auch wieder in den Lietzensee zu entlassen«,* meinte sie und ließ im Spätsommer tausend Junghechte in den See aussetzen.

Wenige Schritte weiter endet der Park an einem Spielplatz an der Witzlebenstraße. Am Lietzenseeufer säumt dann nur noch ein schmaler Grünstreifen den See. An diesem Nordende des Sees an der Witzlebenstraße schmücken seit 2003 zwei große Edelstahl-Skulpturen des Berliner Bildhauers Volkmar Haase (→vgl. S. 143) die beiden Parkausgänge: »Anfang und das Ende« und »Versuch einer Balance«.

Neben dem Spielplatz fällt dem aufmerksamen Beobachter ein kleines Steinhäuschen am Weg auf. Dieses ist der Zugang zu einem unterirdischen Pumpwerk, Teil einer großen Wasserumwälzanlage. Sie war 1913 zur Sanierung des Sees gebaut worden. Zu ihr gehörten außerdem noch fünf Tiefbrunnen am Witzlebenplatz, fünf Rohrleitungen in den See und ein weiteres Pumpwerk an den Kaskaden am ehemaligen Dernburgplatz.

Wie bereits erwähnt, drohte zu Beginn des Jahrhunderts der Lietzensee durch den natürlichen Reifungsprozess (Eutrophierung) zu verlanden. Um 1900 betrug die Wassertiefe nur noch 20 cm. Daher wurde er 1904 bis zu einer Tiefe von 2 m wieder ausgebaggert. Bald stellte sich aber heraus, dass die nährstoffreiche Faulschlammschicht bei der Ausbaggerung nicht vollständig beseitigt war, so dass die Algenproduktion des Sees immer weiter stieg und die Anwohner sich über den üblen Gestank beschwerten. Eine totale Sanierung von Grund auf schien unumgänglich. Mit dieser wurde Prof. Richard Kolkwitz betraut, einem Privatdozenten der Botanik und wissenschaftlichen Mitglied der Königlichen Landesanstalt für Wasserhygiene. 1908 ließ dieser zunächst 270 Kahnladungen grünen Algenbreis aus dem See entfernen und in Erdlöchern am Ufer vergraben.

In den Jahren 1912–1914 wurde dann unter seiner wissenschaftlicher Leitung der Lietzensee, wahrscheinlich als erster See

Zwei Skulpturen von Volkmar Haase, 2003.

Pumpwerk der alten Sanierungsanlage, 2001.

in der Welt überhaupt, vollständig künstlich erneuert, und zwar durch »Aushungerung«, d. h. die Nährstoffe wurden durch Ausspülen der Schlammschichten mit nährstoffarmen Grund- und Leitungswasser entfernt. In einem komplizierten Verfahren wurde das Wasser je sechsmal umgewälzt und vollständig ausgetauscht mit Trinkwasser, Grundwasser oder Seewasser. Der Wasserüberschuss floss über den verrohrten Lietzenseekanal, dem ehemaligen »Schwarzen Graben«, in die Spree. Mit dem restlosen Austausch des Seewassers war die Sanierung erfolgreich abgeschlossen.

Die Anlagen der Sanierungsmaßnahmen wurden zum großen Teil im Krieg zerstört.

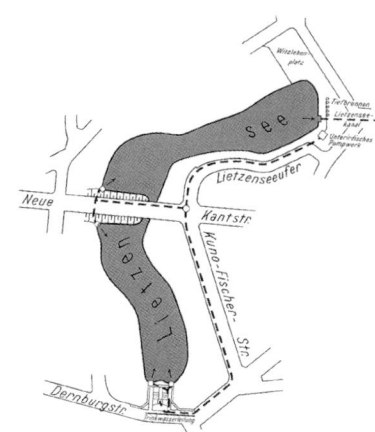

Bauliche Maßnahmen zur ersten Sanierung des Sees 1913–1914.
Aus: Kloos 1973

Im Laufe der Jahrzehnte hatte sich jedoch im Lietzensee mittlerweile wieder dieselbe dicke sauerstoffverzehrende Faulschlammschicht am Boden gebildet. 1985 wurde dem See vorübergehend mit einem mobilen Anreicherungsgerät der nötige Sauerstoff zugeführt, aber eine totale Sanierung war wieder notwendig geworden. Da ein Austausch des Seewassers durch Trinkwasser aber heutzutage zu kostspielig ist, wurden ab 1989 aus dem Lietzensee vier Jahre lang mit großem Aufwand über 60 000 m³ Schlamm ausgebaggert und abtransportiert.

Sanierung des Sees, 1992.
Foto: Seidel

Die Gefahr, dass die Faulschlammschicht wächst, besteht immer. Einen kleinen Beitrag dazu, das Wasser sauber zu halten, tragen auch die »Bürger für den Lietzensee« bei, ein Verein, von dem an anderer Stelle noch die Rede sein wird (→ S. 152). Zur Freude und Überraschung der Parkbesucher holen sie regelmäßig in ehrenamtlicher Arbeit mit Harken und Netzen nicht nur Äste, Laub und Dreck aus dem See, sondern auch Parkbänke oder Einkaufswagen.

DIE SCHULE
IN DER WITZLEBENSTRASSE

Wenn der Parkbesucher vom Spielplatz aus in Richtung Kaiserdamm in die Witzlebenstraße schaut, kann er gleich zwei eindrucksvolle Gebäude der Jahrhundertwende bewundern: die Lietzensee-Grundschule auf der rechten Seite und ihr gegenüber an der Ecke Witzlebenplatz das Gerichtsgebäude.

Um 1900 war Charlottenburg nach Wiesbaden die reichste Stadt des Deutschen Reiches. Durch den Zuzug wohlhabender Bürger seit Ende des 19. Jahrhunderts war das Steueraufkommen stark gestiegen, so dass die Stadt sich teure, repräsentative öffentliche Gebäude leisten konnte. Rathaus, Schulen, Hochschulen, Gerichte, Kirchen – alle diese Bauten der wilhelminischen Ära sind noch heute Zeugen des damaligen Wohlstands der Stadt. Auch die Zahl der schulpflichtigen Kinder hatte mit dem Wachstum Charlottenburgs ständig zugenommen, allein in den Jahren zwischen 1876 und 1896 war sie um das Sieben-

Die Lietzensee-Grundschule, damals noch 21./22. Volksschule, um 1912.
Fotos: Mueum Charlottenburg-Wilmersdorf

fache gestiegen (von 1656 auf 12 655). 1903 standen für 20 000 Schüler 20 Gemeindeschulen zur Verfügung. Dennoch waren weitere Schulbauten nötig.

Die Schule an der Witzlebenstraße, errichtet nach einem Entwurf der Stadtbauräte Bratring und Walter, wurde am 11. Oktober

1904 eingeweiht. Es war eine Doppelschule, die 21./22. Gemeindeschule für Knaben und Mädchen, wie es heute noch an der Fassade zu lesen ist, und auch an diesem Neubau wurde nicht gespart. Selbst für damalige Verhältnisse war die Ausstattung hervorragend. Neben 39 Klassenräumen gab es schon Räume für den Fachunterricht – Physik für die Jungen, Handarbeit für die Mädchen –, eine Turnhalle, Aula, ein Arztzimmer und sogar im Keller Brausebäder. Bisher besuchten die Schulkinder einmal in der Woche die öffentliche Badeanstalt in der Krummen Straße, um sich einer gründlichen Reinigung zu unterziehen. Diese Gänge konnten nun entfallen. Ein großer Fortschritt bedeutete auch die Einrichtung der »Klosettanlagen« innerhalb und nicht außerhalb des Schulgebäudes, wie es damals üblich war.

Die Schule war für insgesamt 1900 Schüler und Schülerinnen vorgesehen, das bedeutet eine durchschnittliche, damals selbstverständliche Klassenstärke von knapp 50 Kindern.

»Das für die Schule verwendete Grundstück hat einen Flächenraum von 4700 qm, bebaut sind 1400 qm, so dass 3300 qm für den Hof verbleiben. Die Hauptfront der Schule liegt an der noch nicht eröffneten Straße 23. Der nach der Suarezstraße zu belegene, für

Zeichnen nach der Natur auf dem Schulhof, um 1910.

andere Zwecke wertvolle Teil des Grundstückes ist 1900 qm groß und durch eine Mauer vom Schulgrundstück abgetrennt. ... Der Eingang zur Schule ist vorläufig von der Suarezstraße aus und zwar so lange, bis die Straße 23 dem Verkehr übergeben ist. Es ist für einen gutgepflasterten ungefährlichen Zugang über den Schulhof gesorgt, nach welchem vier Ausgänge führen.« (→Fritsch, 1979, S. 13)

Physikunterricht in der Knabenschule, um 1910
Fotos: Museum Charlottenburg-Wilmersdorf

Der Eingang der Schule lag also bis 1905 in der Suarezstraße, da der sandige Feldweg Nr. 23 erst in diesem Jahr ausgebaut und Witzlebenstraße genannt wurde. Auf dem obenerwähnten restlichen Teil des Grundstückes an der Suarezstraße steht seit 1907 die dritte Feuerwache von Charlottenburg, nach denen in Alt-Lietzow und in der Rankestraße. Diese neue moderne Feuerwache war nicht mehr für Pferdefuhrwerke, sondern bereits für motorisierte Wagen eingerichtet worden.

Die Fassade des Schulgebäudes zieren zahlreiche, sich auf das Leben von Schulkindern beziehende Reliefs, die man noch heute betrachten kann.

Nach seinem Umzug aus Polen nach Berlin besuchte für ein paar Monate des Jahres 1929, bis zu seinem Übergang an das Gymnasium, der bekannte Literaturkritiker Marcel Reich-Ranicki (1920–2013) als 9-Jähriger die Knabenschule. Er schreibt in seinen Erinnerungen:

Turnunterricht, um 1910.

»Als meine Mutter mich an meinem ersten Berliner Schultag abholte, sah sie Tränen in meinen Augen. Nein, man hatte mir in

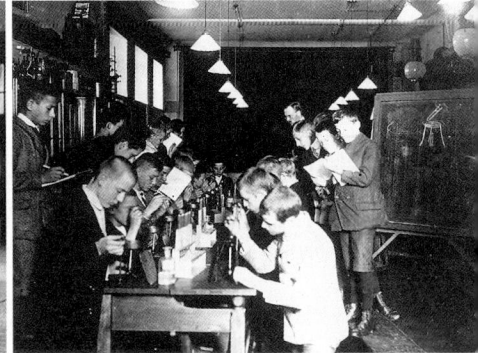

Naturkundeunterricht in der Knabenschule, um 1910.
Fotos: Museum Charlottenburg-Wilmersdorf

der Volksschule in Berlin-Charlottenburg, Witzlebenstraße nichts angetan. Nur war ich Zeuge eines kleinen, mir bisher unbekannten Vorfalls gewesen.

Ein Schüler, der etwas ausgefressen hatte, wurde von unserm Lehrer, Herrn Wolf, nach vorne gerufen. Sogleich war ein kurzes Kommando zu hören: »Bück dich!« Der kleine Missetäter befolgte

*es gehorsam und ruckartig – und bekam mit einem Rohrstock,
der zu diesem Zweck in der Ecke des Klassenzimmers gestanden
hatte, einige kräftige Hiebe. Dann durfte das weinende Kind auf
seinen Platz zurückkehren. Es war, wie ich mich später überzeugen
konnte, ein ganz alltäglicher Vorfall: Niemand in der Klasse war
verwundert oder gar erschrocken – bloß ich, der Fremdling. Denn
in Polen hatte ich derartiges noch nie erlebt.«* (→ Reich-Ranicki,
1999, S. 30)

Über Leben und Arbeiten in der Mädchenschule, der rechten
Seite der Doppelschule, sind wir besonders gut informiert dank
einer Schulchronik, die seit der Gründung der Schule von den
Rektoren geschrieben wurde. Jahr für Jahr berichteten sie nicht
nur über die wichtigsten Schulereignisse, sondern ebenso über
die Auswirkungen der politischen und gesellschaftlichen Veränderungen auf das Schulleben. Der Erste Weltkrieg, das Leben
in den 20er Jahren mit Inflation und Weltwirtschaftskrise, die
Nazi-Zeit – alles spiegelt sich in dieser Schulchronik wider.

Bis 1920, bis zum Bau der Kirche der evangelischen Gemeinde
am Lietzensee diente die Schulaula sonntags auch als Kirchsaal.

Zeichnen nach der
Natur auf
dem Schulhof, um
1910.
Foto: Museum
Charlottenburg-
Wilmersdorf

Nach Beginn des Zweiten Weltkrieges, am 18. Oktober 1939,
mussten die Schulen ihr Gebäude räumen, da kein Luftschutz-
keller vorhanden war. Die Klassen wurden in andere Schulen
ausgelagert, in das Haus zog bis zum Kriegsende das Wirtschaftsamt des Bezirks ein, nach dem Krieg für einige Zeit auch ein
Theater (→ vgl. S. 219). Wegen beträchtlicher Kriegsschäden

Erster Schultag 1948,
im Hintergrund der
Lietzensee.
Foto: Brunner

dauerte es noch rund zwei Jahre bis die Klassen 1947 wieder ihr angestammtes Gebäude beziehen konnte.

Da nach Ende des Zweiten Weltkrieges in ganz Berlin die Koedukation eingeführt wurde, nahmen seit 1948 beide Schulen auch Kinder des jeweils anderen Geschlechtes auf.

Die ehemalige Mädchenschule trägt seit 1954 den Namen des Sees, in dessen Nähe sie gelegen ist: Lietzensee-Grundschule. Die Jungenschule wurde nach dem Widerstandskämpfer Erwin-von-Witzleben genannt und zog 1960 nach Charlottenburg-Nord, nachdem dort die neue Wohnsiedlung gebaut war. Anschließend belegte den verlassenen Gebäudeteil vorübergehend die Reinfelder-Sonderschule für Schwerhörige bis zum Einzug in ihr neues Schulhaus in Eichkamp (1975). Seitdem gehört der Lietzensee-Grundschule das Gebäude allein.

Im Jahre 2004 feierte die Schule ihr hundertjähriges Bestehen mit einem Festakt in der Aula, bei dem die Schüler mit Musik und Tanz die vergangenen Jahrzehnte darstellten, und einem großen Schulfest am Nachmittag. (→Festschrift: Hundert Jahre Lietzenseegrundschule 2004)

In der NS-Zeit gab es schon einmal eine Lietzenseeschule. Die Königin-Luise-Schule, ein Lyzeum in der Danckelmannstraße, wurde 1938 so umbenannt. Heute befindet sich in ihrem inzwischen erweiterten Gebäude das Oberstufenzentrum Wirtschaft und Verwaltung-Recht.

»Seeschule« hieß auch die 33. Gemeindeschule in der Witzlebenstraße 27, die im Gebäude einer ehemaligen Holzfabrik untergebracht war. Diese Schule, die heutige Reinhold-Otto-Grundschule, zog 1910 in ein neues Gebäude zwischen Leistikowstraße und Kastanienallee. Später richteten die Jesuiten der inzwischen gegründeten St.Canisius-Gemeinde in demselben Fabrikgebäude zuerst eine Kapelle, dann auch noch das »Gymnasium am Lietzensee« ein (→vgl. S. 106).

DAS GERICHTSGEBÄUDE AM WITZLEBENPLATZ

Gegenüber dem Gebäude der heutigen Lietzensee-Grundschule an der Ecke Witzlebenplatz steht der große Bau des früheren Reichsmilitärgerichtes, zu dem 1909 der Grundstein gelegt wurde. Dazu heißt es in der oben erwähnten Chronik der gegenüberliegenden Gemeindeschule:

»Der Unterricht wurde unterbrochen, und die Schülerinnen durften von den Klassenfenstern aus die Vorgänge bei dem festlichen Akt beobachten. Als Vertreter S. Majestät wohnte der Kronprinz der Feier bei; er wurde bei seiner Ankunft und bei seiner Abfahrt mit jubelnden Zurufen begrüßt.« (→Fritsch, 1979, S. 12)

Reichs-Militärgericht, um 1912.
Foto: Museum Charlottenburg-Wilmersdorf

Die Einweihung des großen Hauses, entworfen von Heinrich Kayser und Karl von Großheim, die auch die beiden Hochschulen an der Hardenbergstraße gebaut haben, fand dann ein Jahr später, am 2. September 1910, in Anwesenheit des Kaisers statt. Der Gebäudekomplex in neubarockem Stil mit vielen klassizistischen Elementen, wie die Halb- und Dreiviertelsäulen oder die Dreiecksgiebel mit Reliefs, war ursprünglich in zwei Teile gegliedert: am Witzlebenplatz das zweigeschossige Wohnhaus des Präsidenten mit den Gesellschaftsräumen, die später ebenfalls für Dienstzwecke genutzt wurden und an der Witzlebenstraße das dreigeschossige Dienstgebäude mit dem mächtigen Hauptportal, über dem noch heute »Reichsmilitärgericht« in Stein gehauen steht.

Der Kopf der Justitia mit verbundenen Augen schmückt das Eingangstor. Beide Teile des Gesamtkomplexes werden durch zwei Zwischentrakte verbunden.

Das Reichsmilitärgericht war oberster Militärgerichtshof und sollte die Einheitlichkeit des militärischen Strafrechts gewährleisten. Es war Revisionsinstanz gegen die Urteile der Kriegsgerichte

Gerichtssaal im 2. Stock, in dem die Prozesse gegen die Widerstandskämpfer stattfanden.
Foto: Museum Charlottenburg-Wilmersdorf

und entschied über Wiederaufnahmeverfahren. So befasste es sich 1916 auch mit dem Revisionsantrag von Karl Liebknecht, der gegen seine Verurteilung wegen erschwerten Ungehorsams im Felde, Widerstand gegen die Staatsgewalt u.a. Einspruch erhoben hatte. Sein Revisionsantrag wurde aber verworfen und er mußte seine vierjährige Zuchthausstrafe antreten.

Nach dem Ende des Ersten Weltkrieges wurde das Reichsmilitärgericht aufgelöst und das Gebäude vom Reichswirtschaftsamt (1922 bis 1939) und vom Kartellgericht (1923 bis 1939) genutzt. In der Nazi-Zeit zog ab 1936 das Reichskriegsgericht ein, die höchste Instanz der Wehrmachtsjustiz, und wurde Schauplatz zahlreicher Prozesse gegen fahnenflüchtige Soldaten, Kriegsdienstverweigerer und Widerstandskämpfer. Vermutlich wurden hier mehr als 1400 Todesurteile ausgesprochen.

1942 standen hier 76 Mitglieder der über hundert Personen umfassenden Widerstandsgruppe um Harro Schulze-Boysen und Arvid Harnack, der sogenannten »Rote Kapelle«, vor Gericht. In zahlreichen geheimen Prozessen wurden die meisten von ihnen wegen Hochverrat, Landesverrat und Wehrkraftzersetzung zum Tode verurteilt. Die Mitglieder dieser Widerstandsgruppe waren ihrer Herkunft und Weltanschauung nach verschieden, es waren Künstler, Wissenschaftler, Angehörige der Polizei und Wehrmacht, die eines verband, nämlich der Kampf gegen die nationalsozialistische Gewaltherrschaft. Auffallend war der hohe Anteil an jungen Frauen. *»Zwei Babys, die im Gefängnis zur Welt kamen, blieben nach wenigen Monaten nicht nur vaterlos, sondern auch mutterlos zurück. Sie erinnern an die vielen jungen Frauen – Liane Berkowitz, Maria Terwiel, Eva Maria Buch, Erika von Brockdorff, Oda Schottmüller, Cato Bontjes van Beek, Hilde Coppi, Ilse Stoebe sind einige der Namen –, die zur ›Roten Kapelle‹ gerechnet, tapfer in den Tod gingen.«* (→Boveri, 1976, S. 198)

Zu den aktivsten Mitgliedern der Gruppe gehörten auch der Schriftsteller und Dramaturg Adam Kuckhoff und seine Frau Greta. Beiden wurden – nach ihrer Verhaftung im September 1942 – mit acht anderen Angeklagten im Reichskriegsgericht im Februar 1943 der Prozess gemacht unter dem Vorsitz des härtesten und regimetreusten Militärrichters Manfred Roeder.

Greta Kuckhoff sah hier ihren Mann zum erstenmal seit ihrer Verhaftung wieder.

Arvid Harnack, Mitglied der »Roten Kapelle«.
Aus: Harenberg 1986

Harro Schulze-Boysen, Widerstandskämpfer.
Aus: Harenberg 1986

»*Ich sah meinen Mann nicht in der ›grünen Minna‹, die uns vom Alexanderplatz zur Witzlebenstraße fuhr… .Erst bei der Ankunft im Hof des Reichskriegsgerichtes wurden drei vergitterte Zellen, Käfigen gleich, innerhalb des Wagens – ich hatte sie nicht einmal bemerkt – aufgeschlossen. Aus dem einen trat mein Mann… Man erlaubte uns eine Begrüßung in dem Warteraum, in den wir geführt wurden… Mein Mann war in dieser Gruppe der Hauptangeklagte und ging als erster in den Raum, wo das Gericht tagte. Natürlich unter Ausschluß der Öffentlichkeit… Ich nahm jedes Detail des Raumes in mich auf, die Justitia, die große Hitlerbüste, den etwas erhöhten Sitz des Anklägers, die Barriere, die Angeklagte und Richter trennte, die Kluft hin zum Offizialverteidiger, mit dem es keinerlei Beratung gab, keine Fragemöglichkeit nach der Bedeutung dieses oder jenes Paragraphen… Es war ein harter Kampf, der im Gerichtssaal vor sich ging. Man brauchte alle Kraft und Geistesgegenwart…*«*

Am nächsten Tag wurde das Urteil gesprochen.

»*Wir warteten lange. Und das war gut so, denn wir waren miteinander. Wie es schien, machten die Urteile und ihre Begründungen dem Senat doch mehr Mühe, als vorauszusehen war. Wir alle acht waren in zwei knappen Tagen angeklagt, vernommen, verteidigt und mit dem ›letzten Wort‹ eines jeden gehört worden… Dann war es soweit. Man führte uns in einen kleineren, feierlich wirken sollenden Saal. Zum Tode verurteilt wurden: Adam Kuckhoff, Greta Kuckhoff, Wilhelm Guddorf, Eva Maria Buch.*« (→ Kuckhoff, 1974, S. 362 ff.)

Greta Kuckhoff wurde nach dem Prozess bis zur Vollstreckung des Todesurteils zusammen mit den anderen sogenannten TKs – Todeskandidaten –, unter ihnen auch die erst 22jährige Künstlerin Cato Bontjes van Beek, in das Gefängnis in der Kantstraße gegenüber dem Amtsgericht verlegt. Alle zum Tode verurteilten Mitglieder der »Roten Kapelle« wurden hingerichtet, allein Greta Kuckhoffs Prozess wurde noch einmal aufgerollt und die Todesstrafe in eine zehnjährige Zuchthausstrafe umgewandelt.

Später waren auch ungefähr 50 Verfahren gegen Generäle anhängig, die sich geweigert hatten, Befehle auszuführen, weil sie sie für militärisch sinnlos hielten und hohe Verluste zu befürchten waren. Das Reichskriegsgericht wurde 1943 nach Torgau verlegt.

Viele Gedenktafeln befinden sich an und in dem Gebäude. An den Widerstand aus den eigenen Reihen erinnert eine Gedenktafel für Karl Sack am Eingang Witzlebenplatz, die an seinem 40. Todestag angebracht wurde. Eine weitere ist dem österreichischen Kriegdienstverweigerer Franz Jägerstätter gewidmet, *»mit ihm gedenken wir allen, die wegen einer Gewissensentscheidung Opfer von Kriegsgerichten wurden«*, heißt es auf der Tafel, auch in englischer Sprache.

Die jüngste Gedenktafel wurde anlässlich des 50. Jahrestages des Beginns des Zweiten Weltkrieges vor dem Eingang in der Witzlebenstraße aufgestellt:

ZUM GEDENKEN – IN DIESEM HAUSE, WITZLEBENSTRASSE 4 – 10, BEFAND SICH VON 1936 BIS 1943 DAS REICHSKRIEGS-GERICHT. DIE HÖCHSTE INSTANZ DER WEHRMACHT-JUSTIZ VERURTEILTE HIER ÜBER 260 KRIEGSDIENSTVER-WEIGERER UND ZAHLLOSE FRAUEN UND MÄNNER DES WIDERSTANDS WEGEN IHRER HALTUNG GEGEN DEN NATIONALSOZIALISMUS UND KRIEG ZUM TODE UND LIESS SIE HINRICHTEN.«

Seit dem Jahr 2002 befindet sich an der Ecke Witzlebenplatz und -straße ein dem Gebäude zugewandter Verkehrsspiegel, aufgestellt von der Künstlerin Patricia Pisani. Er verweist auf eine Spiegelinstallation, die sie in Ruhleben zur Erinnerung an dort hingerichtete Kriegsdienstverweigerer errichtet hat. (→Heesch u. Braun, Berlin 2003, S. 145 ff.)

Nach dem Ende des Zweiten Weltkrieges bezog das Bezirksamt Charlottenburg bis zur Wiederherstellung des stark zerstörten Rathauses den Gebäudekomplex, der nur leichte Kriegsschäden erlitten hatte. Seit dem Jahre 1951 beherbergte das Haus provisorisch das Berliner Kammergericht und seit 1952 den Fünften Strafsenat des Bundesgerichtshofes. Das angestammte Gebäude des Kammergerichtes am Kleistpark in Schöneberg wurde nach

dem Zweiten Weltkrieg Sitz des Alliierten Kontrollrats für
Deutschland und der Alliierten Luftsicherheitszentrale für Berlin.

Am 10. November 1974, einen Tag nach seinem 64. Geburtstag, wurde Günter von Drenkmann, der damalige Präsident
des Kammergerichtes, zugleich der höchste Richter in Berlin
(West), in seiner Wohnung in der Bayernallee vor den Augen
seiner Frau bei einem Entführungsversuch von RAF-Terroristen

Der Kammer-
gerichtspräsident
Günter von Drenk-
mann in seinem
Dienstzimmer, das
am 4. April 1970
durch einen Bran-
danschlag zerstört
wurde.
Aus: Harenberg 1986

Tagesspiegel-Foto
vom 28.11.1979

Stacheldraht statt Eisengitter. Die Begrenzungsmauer des Kammergerichts am Witzlebenplatz, die normalerweise ein schmiedeeisernes Gitter trägt, ist abgesackt. Ursache ist vermutlich der dortige morastige Untergrund am Ufer des Lietzensees. Während der Erneue-
rungsarbeiten wird das Kammergericht durch Stacheldraht gesichert.   Foto: v. d. Becke

erschossen. Seit dieser Zeit stand das Gerichtsgebäude unter
ständiger polizeilicher Bewachung. Bereits im April 1970 war
ein Brandanschlag auf sein Arbeitszimmer im Kammergericht
verübt worden, der erhebliche Schäden verursachte. Zur Er-

innerung an den Ermordeten wurde eine Gedenktafel in der Eingangshalle in der Witzlebenstraße angebracht.

Nach der Wiedervereinigung und dem Abzug der Alliierten aus Berlin 1994 zog das Kammergericht 1997 wieder zurück in sein ursprüngliches Haus in der Elsholzstraße.

Die Nutzung des Gerichtsgebäudes am Witzlebenplatz war jahrelang ungewiss. Zwischenzeitlich vermietete man es für verschiedene Zwecke, z.B. an die Bundesbaubehörde für Ausstellungen oder an viele Filmgesellschaften als Kulisse (→ vgl. S. 273). Da das Gerichtsgebäude in den letzten Jahrzehnten der Öffentlichkeit nicht zugänglich war und seit dem Auszug des Kammergerichtes gänzlich geschlossen war, hatte der Zuschauer in diesen Filmen einmal die Möglichkeit das Innere des alten Gebäudes zu sehen, besonders den Großen Sitzungssaal im 2. Obergeschoss, in dem nicht nur die Prozesse im Film, sondern auch die historischen Prozesse stattfanden, wie die gegen die Widerstandskämpfer.

Schließlich wurde das große Gerichtsgebäude verkauft. Nachdem das Bezirksamt Pläne des ersten Käufers, das Haus in ein Luxushotel umzuwandeln, wegen der »verkehrlichen Belastung« in der Wohngegend vereitelt hatte, hat der neue Besitzer, ein niederländischer Investor, nach 10jährigem Leerstand das Haus gekauft und ab 2006 saniert. Er ließ das Gerichtsgebäude zu einem großen Mietkomplex umbauen mit Wohnungen gehobenen Standards in unterschiedlicher Größe. Die historische Fassade wurde originalgetreu beibehalten.

DIE KATHOLISCHE PFARRGEMEINDE ST. CANISIUS

Am Nordende des Lietzensees an der Witzlebenstraße liegt seit 2002 einer der jüngsten Kirchenbauten von Berlin, der Neubau der St. Canisius-Kirche. Denn die frühere große Hallenkirche aus dem Jahre 1955 war nach vierzig Jahren durch einen Brand vollständig zerstört worden.

»30. April 1995, ein schwarzer Tag in der Geschichte der Canisius-Gemeinde. Es war ein Sonntag und wie so oft schon spielten Kinder auf dem Gelände des Kinderhortes neben der Kirche. Dabei entzündeten sie auch an einer windgeschützten Stelle ein Feuer direkt neben der Treppe zum hinteren Seiteneingang der Kirche. Die Hitze der Flammen muß durch die Kupferhaut der Außenverkleidung nach innen geschlagen sein und die Holzver-

Die durch einen Brand völlig zerstörte St. Canisius-Kirche.
Aus: St. Canisius 1996

schalung in Brand gesetzt haben. Denn als unser Kirchenmusiker Martin Kondziella am Nachmittag gegen 17 Uhr in die Kirche kam, bemerkte er Brandgeruch im Kirchenraum. Er informierte sofort den Pfarrer, der umgehend die Feuerwehr alarmierte. Trotz sofortiger Löschmaßnahmen – die Feuerwache Suarezstraße liegt ja in unmittelbarer Nachbarschaft der Gemeinde – gelang es nicht die Katastrophe zu verhindern … Erst nach über 5 Stunden verzweifelten Kampfes mit dem Feuer, bei dem vier Feuerwehrleute verletzt wurden, gelang es am späten Abend, den Brand unter Kontrolle zu bringen … Die Kirche war bis auf die Grundmauern niedergebrannt.« (→Chronik von St. Canisius, 1996, S. 110)

Die Trümmer mussten abgeräumt, der Glockenturm am 2. September wegen Einsturzgefahr gesprengt werden. Das war das traurige Ende eines interessanten, wegen seiner Architektur allerdings nicht unumstrittenen Kirchengebäudes.

Der Baubeginn für eine neue Kirche war schon für Mitte 1997 geplant, verzögerte sich aber wegen langwieriger Streitigkeiten zwischen den Architekten und dem Pfarrgemeinderat, so dass erst im Mai 2000 der Grundstein gelegt werden konnte. Das neue Gotteshaus aus weißem Sichtbeton, ergänzt um viele Bauteile aus Lärchenholz, das nach den Plänen des Büros Büttner Neumann Braun (BNB) gebaut wurde, besteht aus zwei

gleichgroßen Würfeln, die ein gemeinsames Dach überspannt: der eine ist wie ein Platz gestaltet und nach vorne und hinten offen, der andere ist geschlossen und birgt den eigentlichen Kirchsaal. Dieser bietet ca. 300 Gläubigen Platz, halb so viel wie der alte. Nach Einschätzung des Kirchenvorstands ist er aber ausreichend für die 5000 Gemeindemitglieder. Ein Ort des

Neubau der St. Canisius-Kirche, 2002

Rückzugs ist die ganz mit Lärchenholz getäfelte Marienkapelle neben dem Eingang. 2014 konnte auch der Einbau einer Orgel abgeschlossen werden.

Während der siebenjährigen Planungs- und Bauzeit, wurden die Sonntagsgottesdienste im Pfarrsaal gehalten und einmal im Monat das Hochamt in der benachbarten evangelischen Kirche Am Lietzensee, mit der die St. Canisius-Gemeinde schon seit Jahrzehnten in ökumenischer Verbundenheit und Freundschaft zusammenarbeitet.

Die Kirche St. Canisius, 1955 entworfen und gebaut von Reinhard Hofbauer war eine große, bogenförmig, vorwiegend aus Stahl, Beton und Glas konstruierte Hallenkirche. Das große Eingangsportal schmückte ein Relief von Ludwig Gabriel Schrieber: »Der Allherrscher Christus, umgeben von dem hl. Bonifatius und dem hl. Petrus Canisius«, ein Betonguss von 9 m Länge und 2,50 m Höhe. Dieses Relief konnte aus dem Brand gerettet werden.

Neubau der
St. Canisius-Kirche,
eingeweiht 1955.
Aus: St. Canisius
1996

Der neue Kirchbau fand damals nicht überall Zustimmung, wurde vielmehr Zeit seines Bestehens kritisiert. Wegen der Ähnlichkeit mit den Nissenhütten aus Wellblech, die in der ersten Nachkriegszeit als Notunterkünfte für Flüchtlinge und Vertriebene gebaut worden waren, hatte die Kirche schnell ihren Spitznamen: St. Nissen, der obendrein noch ähnlich wie St. Canisius klang.

Aufgrund von Materialfehlern musste die St. Canisius-Kirche allerdings bereits wieder am 13. August 1961 geschlossen werden. Bis 1965 dauerten die langwierigen und komplizierten Umbauten und Reparaturarbeiten.

Die St. Canisius-Gemeinde hatte seit dem Mauerbau die Funktion einer Hauptkirche für die Katholiken im Westteil der Stadt übernommen, da die Bischofskirche von Berlin, die St. Hedwigs-Kathedrale, sich in Ost-Berlin befand. Auch die gemeinsame Fronleichnamsprozession aller Westberliner Katholiken fand viele Jahre vor der St. Canisius-Kirche, im Lietzenseepark und den umliegenden Straßen statt. Nach der Wiedervereinigung fielen die zusätzlichen Funktionen wieder an die Bischofskirche zurück.

Die Pfarrei St. Canisius, benannt nach dem Jesuiten und Kirchenlehrer Petrus Canisius (1521–1597), war 1921 auf dem Grundstück zwischen der Neuen Kantstraße 2 und der Witzlebenstraße 27-29 von Jesuiten gegründet worden. Initiator für die Gründung war der spätere Dompropst Bernhard Lichtenberg

Blick auf die Gebäude der Pfarrgemeinde St. Canisius. Links neben der Kirche das Erich-Klausener-Haus, in der Steifensandstraße das helle Peter-Lorenz-Haus, hinter der Kirche das Wilhelm-Weskamm-Haus, an der Neuen Kantstraße das Ignatiushaus. Rechts das »Lietzenseepalais«, 1966. Foto: Museum Charlottenburg-Wilmersdorf

(1875–1943), der 1996 im Berliner Olympiastadion von Papst Johannes Paul II. wegen seines unerschrockenen Widerstandes gegen das Nazi-Regime seliggesprochen wurde. Auch die israelische Gedenkstätte Yad Vaschem in Jerusalem zeichnete ihn 2005 aus, indem sie ihn als einen »Gerechten unter den Völkern« ehrt.

1913 hatte Lichtenberg seine Tätigkeit als Pfarrer in der damals einzigen katholischen Pfarrei in Charlottenburg, der Herz-Jesu-Gemeinde in Alt Lietzow, begonnen.

Kirchliches Leben in Charlottenburg bedeutete viele Jahrzehnte nur evangelisches Leben. Katholiken gab es lange Zeit in der Stadt gar nicht – der erste katholische Gottesdienst fand 1845 statt – und unter den Protestanten waren sie immer, auch heute noch, eine Minderheit.

Die Herz-Jesu-Gemeinde, die Lichtenberg 1913 übernahm, umfasste zu diesem Zeitpunkt ca. 36 000 Mitglieder. Da seine Kirche aber nur 467 Sitzplätze hatte, ging er sofort daran, Standorte für fünf neue Gemeinden festzulegen. Trotz unüberwindlich erscheinender finanzieller Schwierigkeiten gelang es ihm, das notwendige Geld zu beschaffen, u.a. auch dadurch, dass er Ordensgemeinschaften für die Übernahme der Kuratien gewann. So erwarb Lichtenberg auch das große Grundstück am Lietzensee, auf dem der Jesuitenorden dann am 1.11.1921 die St. Canisius-Gemeinde gründete. Da Geld für einen Kirchbau fehlte, richteten die Patres 1924, nachdem mehrere Jahre lang eine Parterrewohnung im Haus Neue Kantstraße 2 als Gemeindesaal gedient hatte, in dem bereits erwähnten ehemaligen einstöckigen Fabrikgebäude an der Witzlebenstraße 27 eine Kapelle ein, die »Kellerkirche«. Sie hieß so, weil der Fußboden im Erdgeschoss zum Keller durchbrochen wurde, so dass der Raum 2 m unter der Erde lag. Teile des Erdgeschosses waren zu »Emporen« umgebaut. Die Kapelle hatte Platz für 1000 Gläubige, die Hälfte davon waren Sitzplätze. Bernhard Lichtenberg verfolgte noch eine andere Absicht, als er die Jesuiten ansprach. Er vereinbarte mit ihnen die Gründung eines katholischen Gymnasiums, das das erste in Berlin sein würde. So eröffneten die Jesuiten ein Jahr später, 1925, ein humanistisches Gymnasium für Jungen, das ebenfalls im Haus Witzlebenstraße 27 über der Kapelle im 1. Stock untergebracht war.

Der von den Jesuiten gewünschte Schulname »Canisius-Kolleg« wurde von dem »Provinzial Schulkollegium der Provinz Brandenburg und von Berlin« abgelehnt mit folgender Begründung:

»Der Herr Minister (für Wissenschaft, Kunst und Volksbildung) hat es im Interesse des konfessionellen Friedens und zur Vermeidung unnötiger Beunruhigung als erwünscht bezeichnet, dass bei der Wahl des Namens für die neue Schule auf die Empfindungen der evangelischen Bevölkerung Rücksicht genommen wird. Da nach einer Mitteilung des Herrn Fürstbischöflichen Delegaten an den Herrn Minister seitens der Gründer kein ausschlaggebender Wert auf die Bezeichnung »Canisius-Kolleg« gelegt wird, legen wir im Auftrag des Herrn Ministers nahe, bei der Wahl des Namens diesem Gesichtspunkt Rechnung zu tragen. Wir ersuchen, uns den neuen, für die Schule in Aussicht genommenen Namen mitzuteilen.« (→Unsere Schule, 1965, S. 5)

Dieser war dann, wie gewünscht ganz unprovokant, »Gymnasium am Lietzensee«. Die Schule, die sich schnell einen guten Ruf erwarb und bald über 500 Schüler zählte, wurde 1937, wie alle konfessionellen Schulen, von den Nationalsozialisten zum stufenweisen Abbau gezwungen und 1940 ganz geschlossen. Am 16. Dezember 1943 schlug eine Bombe ein und verwandelte Schule, Kapelle und die übrigen kirchlichen Gebäude, ebenso die Wohnhäuser in der Umgebung in einen brennenden Trümmerhaufen. Der kleine Esssaal des Frauenbundhauses in der Wundtstraße diente seitdem als Notkirche.

Das Gymnasium am Lietzensee, im Hintergrund die Brandmauer des Hauses Witzlebenstraße 26, 1936. Foto: St. Canisius 1996

Das gleich nach dem Krieg von den Jesuiten wiedereröffnete »Gymnasium am Lietzensee«, vorläufig noch an verschiedenen Stellen der Stadt untergebracht, bezog 1947 als neues Schulhaus die ehemalige Krupp-Villa in der Tiergartenstraße, wo es sich heute noch befindet, nun unter seinem ursprünglichen Namen »Canisius-Kolleg«.

Die Gottesdienste der St. Canisius-Gemeinde fanden seit Kriegsende bis zum Bau der neuen Kirche in der zu einer Kapelle umgestalteten Turnhalle des Liebfrauen-Lyzeums (→vgl. S. 150) im Frauenbundhaus statt, ebenso in der Zeit ihrer Sanierung von 1961 bis 1965.

Im Laufe der Jahre sind auf dem Gelände der St. Canisius-Gemeinde noch verschiedene Bauten der Gemeinde und des Bistums hinzugekommen: 1956 in der Suarezstraße das katholische Wilhelm-Weskamm-Studentenheim, das heute als Ernst-Lemmer-Institut (ehem. Bundesminister für gesamtdeutsche Fragen) ebenfalls Studenten beherbergt.

1957 wurde das Ignatiushaus in der Neuen Kantstraße 1 mit u.a. Wohnmöglichkeiten für die Jesuitenpatres gebaut, mit Kapelle. Wohnheim und einer Ladenzone. Das Ensemble steht als typisch für die 50er Jahre unter Denkmalschutz. Seit 2003 stehen die Gebäude leer. Die Jesuiten hatten sie verkauft und zogen in den Neubau in der Witzlebenstraße neben der Kirche.

Ein weiterer Bau der kath. Kirche in den 60er Jahren in der Witzlebenstraße 30 war das Dr.-Erich-Klausener-Haus, benannt nach dem früheren Ministerialdirektor im Reichsverkehrsministerium und Leiter der Katholischen Aktion seit 1928, der in seinem Dienstzimmer von den Nationalsozialisten ermordet wurde. Das Haus beherbergte verschiedene kirchliche Institutionen und 18 Jahre lang auch ein Jugendzentrum mit einem großen Angebot für Kinder und Jugendliche. Im Sommer 2000 musste das Zentrum schließen, das Haus wurde verkauft und abgerissen. An dessen Stelle befindet sich seit 2003 ein moderner Neubau mit Eigentumswohnungen.

Seit Ende der 60er Jahre befand sich in der Steifensandstraße 8 das Peter-Lorenz-Haus, ursprünglich ebenfalls ein Haus für kirchliche Einrichtungen, bzw. für die CDU. Nach dem Tod des CDU-Politikers erhielt es 1987 seinen Namen. Auch dieses Haus wurde von der katholischen Kirche verkauft.

Peter Lorenz (1922–1987) war über Berlin hinaus bekannt geworden, weil er am 27. Februar 1975 als Spitzenkandidat seiner Partei kurz vor den Wahlen zum Berliner Abgeordnetenhaus Opfer einer spektakulären Entführung wurde. Terroristen der

»Bewegung 2. Juni« wollten mit dieser Gefangennahme die Freilassung von sechs inhaftierten Komplizen erpressen. Lorenz wurde morgens auf dem Weg in sein Büro in seinem Dienstwagen überfallen und in ein anderes Auto gezerrt. Die Täter flüchteten mit ihrem Opfer über die Avus in Richtung Lietzensee. In dem vom »Tagesspiegel« (28.2.) zitierten Polizeibericht heißt es:

»Beide Fahrzeuge wurden bereits kurz nach 13 Uhr von der Polizei aufgefunden. Der Ford Consul stand in der Trendelenburgstraße in Charlottenburg in der Nähe des Lietzensees, der Dienstwagen von Lorenz wurde in einer Tiefgarage in der Neuen Kantstraße 8 gefunden. Diese Tiefgarage liegt der Einmündung der Trendelenburgstraße in die Neue Kantstraße gegenüber. Die Fundorte beider Autos sind nur rund 200 m voneinander entfernt. Die Täter versahen beide Fahrzeuge mit gefälschten Kennzeichen.«

Fahndung nach den RAF-Terroristen.
Foto: Tagesspiegel
vom 28.02.1975

In einer Garage in der Neuen Kantstraße 8 wurde der Dienstwagen von Peter Lorenz gefunden. Das Foto zeigt die Kriminalpolizei bei der Spurensicherung. Foto: stark-otto

Die Terroristen ließen Peter Lorenz am 5. März wieder frei, nachdem ihre Forderungen erfüllt und die sechs Häftlinge mit Heinrich Albertz als Bürgen nach Aden ausgeflogen worden waren.

LIETZENSEEUFER

Geht man nun am Ostufer des Sees auf dem Lietzenseeufer entlang, an dem nur ein schmaler Grünstreifen die Straße vom See trennt, zieht zunächst das sogenannte Lietzenseepalais, das Eckhaus Nr. 9, 9 a – b, gebaut 1930, mit seinen breiten Fensterfronten die Aufmerksamkeit auf sich. In diesem Gebäude im Stil der Neuen Sachlichkeit wohnten in den 30er Jahren und im Zweiten Weltkrieg viele Künstler, vor allem Regisseure, Opernsänger und Schauspielerinnen, unter ihnen so bekannte wie Luise Ullrich, Agnes Straub und Anna Damann, auch Ralf Benatzky, der Komponist der Operette »Im weißen Rössl«.

Im weiteren Verlauf der Straße kann man einige schöne Beispiele der Mietshausarchitektur der Jahrhundertwende betrachten. Besonders ins Auge fallen die Häuser Nr. 7 und Nr. 8, letzteres vor allem auch durch seinen eigenwilligen Dachausbau, der eindeutig die Handschrift des bekannten Berliner Architekten Hinrich Baller trägt, der in Berlin schon über hundert Bauten entworfen hat. Baller hat in den 90er Jahren das Dach gekauft und wohnt und arbeitet seitdem hier:

»Die Wohnung in einem Dachgeschoß am Lietzensee in Charlottenburg ist gleichzeitig Büro, das Wohnzimmer, Besprechungsraum und die Küche erhöhter Beobachtungsposten über den Köpfen der Arbeitenden … Im Raum liegen Zeichnungen verstreut – Chaos. Er sei von seiner Arbeit besessen, sagt Baller. Das klingt angesichts der Papierberge im Wohnzimmer glaubhaft.« (→»Was andere von seinen Häusern halten, ist ihm egal«, Berliner Zeitung, 11.7.1999).

Im Haus Nr. 7 lebte seit 1937 bis zu seiner Verhaftung Paul Lejeune-Jung (1882–1944), der dem Widerstandskreis um Claus von Stauffenberg (1907–1944) angehörte und nach einem erfolgreichen Staatsstreich als Wirtschaftsminister der neuen Regierung vorgesehen war. In seiner Wohnung fanden Treffen statt mit Jacob Kaiser, Wilhelm Leuschner, Fritz-Dietlof von der Schulenburg u.a. Lejeune-Jung wurde mit den anderen Wider-

standskämpfern des 20. Juli vom Volksgerichtshof unter Vorsitz
von Roland Freisler zum Tode verurteilt und am 8. September
1944 in Plötzensee hingerichtet. (→Leber, Berlin-Frankfurt/M.
1957, S. 205 f.)

Das Haus Nr. 2, jahrzehntelang eine hässliche Ruine, wurde
endlich im Jahr 2000 wieder aufgebaut und sorgfältig renoviert.
Gegenüber bildet das bereits erwähnte Haus Lietzenseeufer 10 den
nördlichen Abschluss der Bebauung an der Seeseite dieser Straße.
Neben dem »Haus See-Eck« liegt der
eingangs erwähnte gewaltige Findling,
eines der Naturdenkmäler von Berlin.

Im Haus Lietzenseeufer 1 (heute ein
Neubau) lebte von 1933 bis zu seinem
Tod Arthur Eloesser (1870–1938), ein in
den 20er Jahren sehr bekannter Essayist,
Schriftsteller und Literaturwissenschaft-
ler, der viele Jahre auch Theaterkritiker
und Feuilletonredakteur der »Vossischen
Zeitung« und Mitarbeiter der »Weltbühne« war. Als einer der ersten »Berliner
Flaneure« am Anfang des 20. Jahrhunderts
schrieb er unvergleichliche Essays über
seine Spaziergänge durch die Straßen und
Wege der Stadt und ihre Veränderungen
durch die industrielle Entwicklung. Er
war ein Meister der kleinen Form, sein
umfangreiches Werk ist aber heute fast

vergessen. Allein seine Berliner Skizzen »Die Straße meiner
Jugend« wurden in den 80er Jahren wieder aufgelegt. Nach
der Machtübernahme durch die Nazis weigerte sich Eloesser
zu emigrieren und wurde einer der Initiatoren des Jüdischen
Kulturbundes. Er starb 1938. Seine Frau Margarete musste kurze
Zeit später die Wohnung am Lietzenseeufer verlassen und in
ein »Judenhaus« ziehen. Sie wurde 1942 nach Riga deportiert
und umgebracht.

Arthur Eloesser (li.)
und Heinrich Mann,
1931 beim Empfang
zu Heinrich Manns
60. Geburtstag.
Aus: Eloesser 1987

   Zum Gedenken an das Ehepaar Eloesser erhielt 2011 der
Platz an der Windscheid/Ecke Gervinusstraße den Namen

»Margarete und Arthur-Eloesser-Platz«. Kurz zuvor wurde für Margarete Eloesser vor ihrem Wohnhaus auch ein Stolperstein verlegt.

Auf der anderen Straßenseite Lietzenseeufer 11 befindet sich seit 1966 das Hotel Seehof, das im Laufe der Jahre schon viele prominente Gäste beherbergte. Seit 1980 schmücken zwei jetzt schon etwas verblichene Wandbilder »Südliche Landschaft« mit Palmen von Gert Neuhaus die Seitenwände der großen Hotelterrasse zum See hin.

Hotel Seehof, 1997

KUNO-FISCHER-STRASSE UND -PLATZ

Jenseits der Neuen Kantstraße beginnt die Kuno-Fischer-Straße. An der Ecke steht ein weiterer Neubau von 1958, das von
Helmut von Lülsdorf 50 m hohe Hochhaus am Lietzensee mit
84 Ein-Zimmer-Wohnungen in 15 Stockwerken. Es war das
erste Hochhaus in Berlin nach dem Krieg, das im freifinanzier-
ten Wohnungsbau für gutverdienende Einzelpersonen gebaut
wurde mit relativ teuren Mieten. Schon vor geraumer Zeit sind
die Appartments in Eigentumswohnungen umgewandelt und
verkauft worden.

1981 wurde auf dem ehemaligen Parkplatz vor dem Hochhaus
ein weiterer Neubau mit sieben Stockwerken errichtet.

Gegenüber an der linken Seite der Straße erstreckte sich ein
großes Kleingartengelände bis hinüber zur Trendelenburgstraße.

Blick über die
Kuno-Fischer-Straße
mit dem Hochhaus.
Gegenüber das
Kleingartengelände,
1971
Foto: Museum
Charlottenburg-
Wilmersdorf

Erst von der Mitte an war die Kuno-Fischer-Straße auf dieser Seite mit Mietshäusern bebaut. Gegen den heftigen Widerstand der Kleingärtner musste dieses Gelände 1993 geräumt werden, weil hier der Neubau einer Schule und einer großen Mehrzweck-Sporthalle geplant war. Nach fünfjähriger Bauzeit im Dezember 1998 konnte die Schule eingeweiht und bezogen werden, die Halle im Mai 2000. Im Jahr 2005 erhielt die Schule den Namen des Schauspielers und Schriftstellers Peter Ustinov.

Auf der rechten Seite der Kuno-Fischer-Straße befanden sich bis Anfang der 60er Jahre zwei 1923/24 gebaute Landhäuser mit großen Gärten. Sie hatten zwar mit nur geringen Schäden den Krieg überstanden, mussten dann aber in den 60er Jahren dem Neubau einer Kindertagesstätte weichen. Anstelle des total zerstörten und abgeräumten Wohnhauses Nr. 7 wurden ebenfalls vier Neubauten (6, 6a, 7, 7a) errichtet.

Lietzenseepark mit Kuno-Fischer-Platz nach dem Bau des Knappschaftshauses, 1930

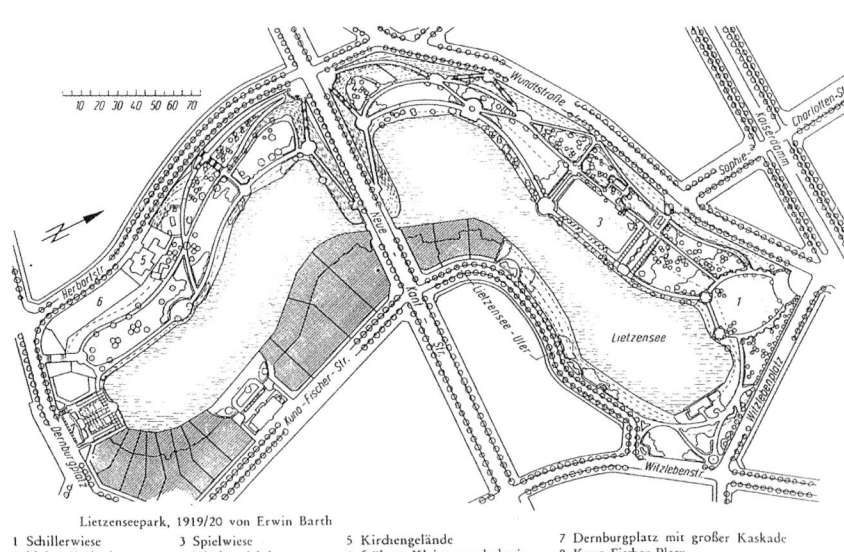

Lietzenseepark, 1919/20 von Erwin Barth

| 1 Schillerwiese | 3 Spielwiese | 5 Kirchengelände | 7 Dernburgplatz mit großer Kaskade |
| 2 kleine Kaskade | 4 Kinderspielplatz | 6 frühere Kleingartenkolonie | 8 Kuno-Fischer-Platz |

Auch das gleichfalls noch guterhaltene Landhaus Nr. 12 auf der anderen Seite des Knappschaftshauses wurde abgerissen und 1968 durch einen Neubau mit Penthouse ersetzt.

In der Mitte der Straße zum See hin liegt der Kuno-Fischer-Platz. Obwohl dieser mit dem übrigen Park nicht verbunden ist, wurde

er dennoch 1912 miteinbezogen in das Gelände, das Erwin Barth
für die Stadt Charlottenburg neugestalten sollte. Barth hatte
eine dreigeteilte Anlage geschaffen, die sich terrassenförmig zum
See hin erstreckte. Oben legte er eine Rasenterrasse mit Rosen-
rabatten und Goldregen an, etwas tiefer eine weitere halbrunde
Terrasse, auf der er inmitten eines Blumenbeetes die Plastik aus
Muschelkalk (von Gerhard Janensch) »Faun, einen Knaben das
Flötenspiel lehrend« aufstellen ließ. Diese befindet sich, schon
etwas verwittert, auch heute noch auf dem Platz, allerdings ist
sie kaum mehr sichtbar an eine andere Stelle gerückt. Sie ist
übrigens das älteste Denkmal im Park und das einzige erhaltene
von den vier Denkmälern, die Barth noch persönlich im Park
aufgestellt hat. Zum See hin schloss eine Wiese an, die man
über zwei seitliche Treppen erreichte.

Der »Faun« von
G. Janensch, 1989

Diese schöne Gartenanlage des Kuno-Fischer-Platzes bestand
aber noch nicht einmal zwanzig Jahre. Er musste 1928–30 völlig
umgestaltet werden, weil die Knappschafts-Berufsgenossenschaft
(für Bergleute) auf der oberen Gartenterrasse an der Straße ein
Verwaltungsgebäude baute. Die Reliefs mit Bergwerksmotiven
an den Türseiten zeugen noch heute von der ursprünglichen

Kuno-Fischer-Platz
in der Gestaltung
von Erwin Barth,
um 1925.
Foto: Museum
Charlottenburg-
Wilmersdorf

Bestimmung dieses Hauses. Der Kuno-Fischer-Platz hat seit
dieser Zeit sein Aussehen, wie wir ihn heute kennen. Er ist
zwar bedeutend kleiner, aber durch den Bau des Hauses auch
abgeschlossener und ruhiger geworden. Die Umgestaltung des
Platzes nahm nicht mehr Erwin Barth selbst vor, sondern sein
Nachfolger Felix Buch. Die neue Anlage senkt sich wieder in drei

Kuno-Fischer-Platz,
2001

Stufen zum See hinunter. Als Ausgleich für die bebaute obere Terrasse wurde der verbleibende Garten auf etwa das Doppelte verbreitert. Zwei schmale Zugänge führen am Haus vorbei zur Terrasse, hier schließt sich ein Staudengarten mit Stützmauer und Bänken an, dahinter die Wiese am See, auf deren rechter Seite nun der »Faun« steht.

Nach dem Krieg mietete die Stadt Berlin das Knappschaftsgebäude, das nur leichte Schäden aufwies, und brachte dort verschiedene Dienststellen des Senats unter. Das klingt harmlos und uninteressant und doch stand dieses Haus einmal im Licht der Weltöffentlichkeit, denn eine Dienststelle aus den 50er Jahren wurde weltbekannt.

Der rote Klinkerbau war die »Meldestelle für das Notaufnahmeverfahren« für Flüchtlinge, die aus der SBZ (Sowjetische Besatzungszone, später DDR) nach Westberlin geflohen waren. Nach Kriegsende war der Strom derer, die den sowjetisch besetzten Teil Deutschlands verließen, von Jahr zu Jahr mehr angeschwollen. Von 1949 bis Ende 1952 kamen rund 675 000 Personen, davon ungefähr ein Viertel über Berlin, in den Westen.

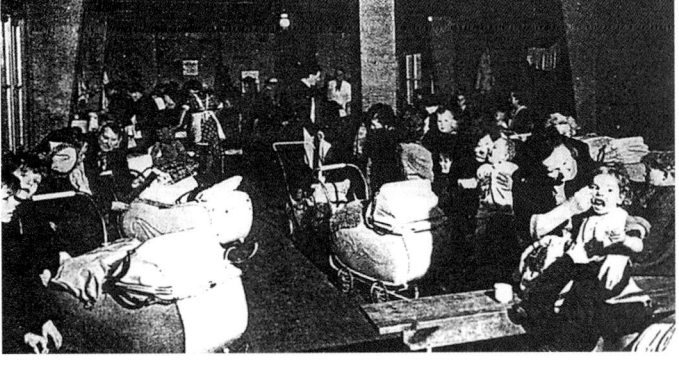

Flüchtlings-
meldestelle, 1953.
Aus: Ferber, Bd. 2
1988

Die zunehmende Abriegelung der Grenze nach Westdeutschland durch die sowjetzonalen Behörden hatte aber zur Folge, dass immer mehr Menschen den Fluchtweg über Berlin wählten. So kam es, dass bereits 1953, als nach dem Aufstand am 17. Juni eine Massenflucht einsetzte, sich über 90 % der 330 000 Flüchtlinge in den Notaufnahmelagern in Berlin meldeten. Viele führte der Weg in die Kuno-Fischer-Straße. In einer langen Schlange,

die manchmal bis zur Neuen Kantstraße reichte, standen die
Flüchtlinge und warteten auf ihre Abfertigung.

*»Das zweistöckige Haus aus Klinkern liegt abseits der Kantstraße
in der stilleren Gegend am Lietzensee. Aber seit Weihnachten
(1952) ist diese Kuno-Fischer-Straße zur belebtesten Straße Berlins
geworden. Ein fahrbares Klosett, es sieht aus wie ein Zirkuswagen,
steht neben dem Bürgersteig als drastisches Zeichen des massenhaften
Andranges, der hier herrscht. An der Haustür hängt eine Traube
Menschen. Polizisten halten Ordnung. Nur wer mit seiner Nummer
dran ist, darf eintreten.*

*Wir kennen die Zahlen: 1800 Flüchtlinge waren es gestern,
1200 sind es heute, und so wie vor der Haustür stehen die Leute vor
jeder der vielen Türen auf den Fluren in Knäueln.«* (→ Tumler,
1953, S. 28)

Einer der Wartenden, damals noch ein 10jähriger Junge, war
der Redakteur und Schriftsteller Dieter Zimmer. In seinen
Kindheitserinnerungen an Flucht und Neubeginn heißt es:

*»Als er jetzt vom Kiosk zurücktrabte zur Mutter, da war ihm ein
bißchen trostlos zumute. Schlange stehen, dachte er, genau wie zu
Hause. Dort stand man nach Äpfeln oder Fahrradreifen an, hier
nach Stempeln auf einem Stück Papier, das sich ›Laufzettel für das
Notaufnahmeverfahren für Flüchtlinge aus der SBZ‹ nannte. Alle
Flüchtlinge mußten hier antreten, in dem zweistöckigen braunroten
Backsteinhaus in der Kuno-Fischer-Straße. Früher war sicher mal
etwas anderes in dem Haus gewesen, denn den Eingang zierten
gekreuzte Bergmannshämmer und Reliefs von Kumpels und Pferde-
loren unter Tage … Sie rückten sehr langsam voran in der Schlange
und hatten noch mindestens 300 Meter bis zu dem Eingang unter
den gekreuzten Hämmern.«* (→Zimmer, 1980, S. 309)

Die vorläufige Unterbringung und soziale Betreuung so vieler
Menschen, unter ihnen auch sehr viele Kinder, brachte erhebliche
Probleme, die aber dank der Hilfsbereitschaft und Solidarität der
Westberliner Bevölkerung und der offiziellen Stellen gelöst werden
konnten. Das Haus am Kuno-Fischer-Platz war bereits 1950 in den
Akten des Bauaufsichtsamtes als »Ostflüchtlingsstelle« eingetragen
und wurde nach dem Ausbau des Dachgeschosses als offizielle

»Flüchtlingsfürsorge« am 14.3.1951 eröffnet. Als bei dem Ansturm der Flüchtlinge der Platz nicht mehr ausreichte, errichtete man 1952 (bis 1954) »zur Behebung der Raumnot vorübergehend 3 transportable Baracken für die dortige Flüchtlingsdiensstelle«, eine am See, eine auf der linken Seite des Gebäudes und eine auf der Terrasse. Im Laufe der Zeit wurden viele Flüchtlingslager in allen Stadtteilen eröffnet. In Charlottenburg dienten u.a. dafür die Messehallen, die sich mit dicht an dicht gestellten Betten in riesige Schlafsäle verwandelt hatten. Die Kirchengemeinde Am Lietzensee war ganz besonders zur Hilfe herausgefordert, da das Haus in der Kuno-Fischer-Straße auf ihrem Gebiet lag. Eine »kirchliche Betreuung der Flüchtlinge« kam zwar nicht zustande, aber die Absicht »auf dem freien Platz neben dem Flüchtlingsamt schnellstens ein Zelt aufzustellen, in dem Kinder und Alte betreut werden können« konnte dagegen verwirklicht werden.

»Für die Betreuung der Flüchtlingskinder in der Kuno-Fischer-Straße beim Flüchtlingsmeldeamt hat unser Kirchenkreis ein Zelt aufgestellt. Nach vielfachen Verhandlungen ist es unserm Superintendenten Sudrow gelungen, den Platz für das Zelt zu bekommen. Dieses Zelt ist wochentags geöffnet und wird von einer Diakonissin und Helferinnen aus unseren Charlottenburger Gemeinden betreut ... Wer die Freundlichkeit hat mitzuhelfen, melde sich bei seinem Pfarramt.« (→ Kirchl. Nachr., 1952)

Der Flüchtlingsstrom riss nicht ab, bis zum 13. August 1961 hatten weit über 3 Millionen das Gebiet der DDR verlassen. Nach dem Bau der Mauer zogen verschiedene Dienststellen in das rote Klinkerhaus am Kuno-Fischer-Platz ein, das der Senat kurz vor der Wende der Knappschaft abkaufte.

Nach mehrjährigem Leerstand erwarb im Jahre 2000 der Journalist Ulrich Meyer das Haus. Dieser richtete zunächst in dem unter Denkmalschutz stehende Gebäude nach sorgfältiger Renovierung ein »medienhaus« ein, das er selbst und andere Film- und Fernsehproduktionsfirmen nutzten. 2013 verkaufte er das Haus an die Deutsche Krebsgesellschaft.

Seit 2007 erinnert eine Gedenktafel an die ehemalige Notaufnahmestelle.

DER SÜDLICHE TEIL DES PARKS

An der Ecke Kuno-Fischer-/Suarez-/Friedbergstraße wurde der kleine Platz an der Straßenkreuzung im Sommer 2005 in einer Gemeinschaftsaktion von Anwohnern gereinigt und neugestaltet. Dabei erhielt auch das in der Mitte stehende verwahrloste Trafo-Häuschen ein neues Aussehen, das ein junger Künstler mit verschiedenen Lietzensee-Motiven bemalte.

Wenn man nun nach rechts abbiegend die Suarezstraße entlangwandert, versperren alte, schön renovierte Mietshäuser den Blick zum See. An dem Eckhaus erinnert seit Dezember 2013 eine Gedenktafel an die frühere Bewohnerin Elfriede Scholz, eine Schwester des Schriftstellers Erich Maria Remarque, die 1943 wegen regimekritischer Äußerungen denunziert und in Plötzensee hingerichtet wurde.

Danach folgt, in der Suarezstraße 32–34 ein großer Neubaukomplex aus den 60er Jahren. Dieses Grundstück war vorher nie bebaut, nur das Garten- und Versammlungslokal »Lietzenseeterrassen«, eine bessere Holzbaracke mit Terrassen am See, befand sich nach dem Ersten Weltkrieg auf diesem Gelände.

Nach 1933 war das Lokal »Sturmlokal« der SA. Ein alter Lietzensee-Anwohner erinnert sich: »*Nach der Machtergreifung waren die SA-Männer zu Hilfspolizisten avanciert und bewaffnet worden. Ich kann mich noch genau erinnern, wie die Karabiner der SA-Männer an der Garderobe hingen. – Auch Joseph Goebbels hat einmal im Lokal eine Rede gehalten. Weil er so klein war, ist er damals auf einen Tisch gestiegen und hat von dort aus gesprochen.*« (→ Mitteilung Horst Biedermann)

Dieses Restaurant wurde im Krieg zerstört und später abgeräumt.

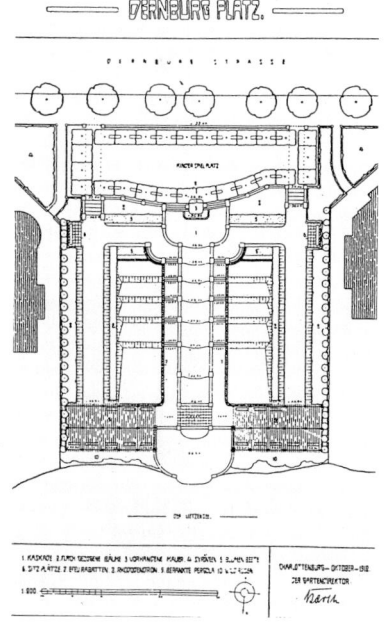

Kaskadenanlage am Dernburgplatz von Erwin Barth, 1912

Erst am Platz an der Großen Kaskade, der bis zum Ende des Zweiten Weltkrieges Dernburgplatz hieß, heute jedoch namenslos ist, erreicht der Spaziergänger den Lietzenseepark wieder und zwar seinen südlichsten Zipfel. Noch großartiger als den Nordeingang hat Erwin Barth 1912 diesen Zugang zum See gestaltet und ihm mit der großen Kaskadenanlage ein fast südländisches Aussehen gegeben.

Die Anlage beginnt mit dem Platz an der Straße, ein Schmuckplatz, den Barth in seine Planung übernommen hat, ebenso wie die diesen Platz abschließende Mauer. Barth plante, ihn als Kinderspielplatz anzulegen.

Dann folgt die streng symmetrische Kaskadenanlage, die vom oberen Platz in mehreren terrassenförmigen Stufen bis zum Südende des Sees abfällt und dabei die 7 m Höhenunterschied überwindet. Zu beiden Seiten kann man auf gleichmäßig angeordneten Treppen hinuntergehen, vorbei an Sitzplätzen,

Kaskadenanlage
am Dernburgplatz
von Erwin Barth,
1930.
Foto: Museum
Charlottenburg-
Wilmersdorf

steinernen Blumenkästen, Rasenfeldern und Hecken. Rechts und links gehen zusätzlich schräge Wege zum See hinunter, die Barth mit Rhododendronbüschen eingefasst hatte.

Das Wasser entspringt in der obenerwähnten Mauer aus rotem Sandstein – ein schöner Kontrast zum weißen Beton der Kaskadenanlage –, gelangt zunächst in ein Becken und springt dann über sieben Stufen und unter einer Brücke hindurch in ein weiteres Becken, das in den See überleitet. Zu beiden Seiten des unteren Beckens befindet sich eine Pergola.

Die rein architektonischen Teile dieser Anlage stammen von dem Stadtbaurat Heinrich Seeling (1852–1932).

Nach mehreren kleineren Restaurierungen in den vergangenen 50 Jahren wurde im Januar 2005 mit einer umfassenden Grundsanierung der Großen Kaskade mit Unterstützung der »Stiftung Denkmalschutz Berlin« begonnen, die April 2006 abgeschlossen war.

Zur Zeit besteht allerdings schon wieder Sanierungsbedarf, vor allem bei der am See gelegenen Pergola.

Die Große Kaskade erfüllt nicht nur ihre Aufgabe als beeindruckende Schmuckanlage, sondern hat mit ihrer Wasser-Umwälzanlage auch die wichtige Funktion, das Seewasser sauber zu halten.

Gegenüber dem Platz in der Dernburgstraße 9 wird durch eine Gedenktafel an den Luftfahrtindustriellen und Erbauer von

links: **Plansch-vergnügen in den Kaskaden, 1952.** Foto: Museum Charlottenburg-Wilmersdorf
rechts: **Große Kaskade nach der Sanierung, 2006**

Stromlinienfahrzeugen Edmund Rumpler erinnert, der hier von 1934 bis zu seinem Tod 1940 wohnte.

Wenige Schritte weiter fallen die Häuser Dernburgstraße 19–23 aus den 50er Jahren auf, in deren obersten Stockwerken sich weithin sichtbare Atelierwohnungen befinden, die ursprünglich nur an Maler vermietet wurden. Heute sind die drei Häuser aber auch, wie viele am Lietzensee, in Eigentumswohnungen umgewandelt worden und stehen für jedermann zum Verkauf.

Zu den dort lebenden und arbeitenden Malern gehörte auch Christopher Lehmpfuhl. (→vgl. S. xx)

Der Spaziergang verläuft jetzt weiter an der Westseite des Lietzensees. Wo sich bis zum Ende des Zweiten Weltkrieges an der höher gelegenen Herbartstraße ein großes Laubengelände befand, tummeln sich seit 1954 Kinder auf einem Spielplatz. Neben Buddelkasten und verschiedenen Klettergerüsten steht ein kleiner Trinkbrunnen aus Muschelkalk, allerdings ohne Wasser, entworfen von Wilhelm Scharfenberg. Bis 1976 war der Spielplatz noch erheblich kleiner, denn an seinem südlichen Ende befand sich ein Café. Neben dem Spielplatz, halb im Park versteckt, liegt die evangelische Kirchengemeinde Am Lietzensee.

»Sandalenbinden-
der Jüngling«, 1991.

Direkt unterhalb der Kirche sieht man ein in den Hang hineingebautes kleines altes Lagerhaus, den sogenannten »Eiskeller«. Die Herkunft dieses Häuschens liegt nahezu im Dunkeln. Aus verschiedenen Indizien kann man schließen, dass es der älteste Bau im Park ist. Wahrscheinlich war er Teil eines alten Wirtschaftsgebäudes aus der Zeit Witzlebens oder Deppes, möglicherweise die bereits erwähnte Remise. Der Anbau auf der rechten Seite wurde in neuerer Zeit angefügt. Auf der anderen Seite neben dem Gemeindehaus der Kirche ließ 1929 die Parkverwaltung ein zweites Parkwächterhaus (→vgl. S. xx) errichten, das im Zweiten Weltkrieg völlig zerstört und nicht wieder ersetzt wurde.

Unterhalb der Kirche steht seit 1962 im Park auf einem ovalen Platz am See der »Sandalenbindende Jüngling«, eine Bronzestatue von Fritz Röll (1879–1956). Dieser erhielt für die Figur, die als sein Hauptwerk gilt, 1909 den Großen Staatspreis. Der Jüngling wurde der Stadt Berlin 1961 aus dem Nachlass geschenkt.

Beim Spaziergang kann man sich immer wieder an den alten Bäumen erfreuen, die einzeln oder in Gruppen auf den großen Rasenflächen prachtvoll zur Geltung kommen. Nach ein paar Schritten gibt es eine weitere gartenarchitektonische Leistung Erwin Barths zu bewundern: den Zugang in den Park von der Herbartstraße aus. Von oben führt durch einen Hohlweg eine

Treppe hinunter an den See, darüber verläuft über eine Brücke ein Querweg. Leider hat man bei der letzten Instandsetzung die ganze Anlage ziemlich verunstaltet, da die brüchig gewordenen originalen flachen Natursteinstufen der Treppe durch einfallslose, industriell gefertigte ersetzt wurden und die Treppe – wie andere Treppen und Wege im Park – mit unansehnlichen Eisengeländern versehen wurde.

Hohlweg, 2006.

DIE EVANGELISCHE KIRCHENGEMEINDE AM LIETZENSEE

Der katholischen St. Canisius-Kirche an der Ostseite des nördlichen Lietzensees steht an der Westseite des südlichen Sees die evangelische Kirche gegenüber. Auch sie ist ein Nachkriegsbau der 50er Jahre, auch sie wurde an der Stelle der ersten, durch den Krieg zerstörten Kirche gebaut.

Die Kirchengemeinde Am Lietzensee wurde 1913 gegründet, in einer Zeit, als das Wachstum der Stadt Charlottenburg immer noch nicht zum Stillstand gekommen war. Über 150 Jahre lang hatte eine einzige – evangelische – Kirche, die Luisenkirche am Gierkeplatz, gebaut 1716, die religiösen Aufgaben für die wenigen Bewohner der noch kleinen Stadt erfüllen können. Aber aufgrund des sprunghaften Bevölkerungszuwachses gegen Ende des 19. Jahrhunderts waren mehr Kirchen notwendig geworden.

Die erste evangelische Kirche am Lietzensee, eine Holzkirche, um 1926.
Foto: Born

Daher wurden in rascher Folge um die Jahrhundertwende drei Tochtergemeinden der Luisenkirche gegründet, unter ihnen 1906 die Epıphanienkirche an der Knobelsdorffstraße, zu deren Sprengel auch das Gebiet der heutigen Lietzenseegemeinde gehörte. Aber bereits 1913 musste, da der Zuzug in diese Gegend kein Ende nahm, aus Epiphanien eine neue Gemeinde ausgegliedert werden.

Zunächst sollte die neue Kirche auf der anderen Seite des Sees auf dem Kuno-Fischer-Platz stehen, dort, wo später das Knappschaftsgebäude gebaut wurde.

»Als Kirchengrundstück für eine zu errichtende Kirche mit Gemeindehaus, wurde der Kirchengemeinde das Grundstück Kuno-Fischer-Straße 8 am Lietzensee, seitens der Berliner Stadtsynode überwiesen. Bis zur Fertigstellung der Kirche hielt die Kirchengemeinde ihre Gottesdienste in der Aula der 21. und 22. Gemeindeschule in

der Witzlebenstraße 34/35 ab; die Taufen, Konfirmationsfeiern und Trauungen dagegen fanden während dieser Zeit in der Mutterkirche (Epiphanien) statt.« (→ Lagerbuch, 1932, S. 2)

1914 beschloss der Gemeindekirchenrat, beim Königlichen Konsistorium der Provinz Brandenburg den Namen »Kirchengemeinde Am Lietzensee« für die neue Gemeinde zu beantragen. Die Antwort war positiv: *»Nachdem Seine Majestät der Kaiser und König allerhöchstlich mit der Beilegung des Namens ›Evangelische Kirche am Lietzensee‹ für die in der Epiphanien II (Südost)-Kirchengemeinde in Charlottenburg zu errichtende evangelische Kirche einverstanden zu erklären geruht haben, hat diese Kirchengemeinde fortan den Namen ›Kirchengemeinde am Lietzensee‹ zu führen.«* (→ Lagerbuch, 1932, S. 3)

Bald stellte sich aber nach genauer Untersuchung heraus, dass der vorgesehene Bauplatz ungeeignet war. Dennoch hatte die Gemeinde Glück und brauchte ihren Namen nicht zu ändern, denn es gelang ihr 1915, durch ein Tauschgeschäft mit der Stadt ein anderes Grundstück am Lietzensee, in der Herbartstraße 4–6, zu bekommen. Die Ausführung des Planes, *»einen der großen Seelenzahl entsprechenden stolzen Kirchbau mit Gemeindehaus und Pfarrwohnungen zu erstellen«*, wurde durch den Ersten Weltkrieg verhindert.

Neben dem Gemeindehaus steht 1950 auf dem Kirchplatz nur noch der Glockenturm.
Aus: Ferber, Bd. 2
1988

Nach Kriegsende empfand man es aber als einen unhaltbaren Zustand, dass eine Gemeinde von 50 000 Seelen sich noch immer damit begnügen musste, ihre Gottesdienste in einer kleinen Schulaula feiern zu müssen. Dem energischen und tatkräftigen geschäftsführenden Pfarrer Siems gelang es 1919/1920 trotz Geldmangel und beginnender Inflation, Mittel für einen Kirchbau zu beschaffen. Dieser wurde nun aber, den Notzeiten entsprechend, ein eher bescheidener Fachwerkbau mit Holzverschalung im Stil der skandinavischen Stabholzkirchen mit einem Schieferdach, der sich harmonisch in die gerade von Erwin Barth neugestaltete Parklandschaft einfügte. Der Entwurf stammte von dem Architekten Erwin Blunck (1872–1950), Professor an der Technischen Hochschule in Charlottenburg. Nach halbjähriger Bauzeit wurde die Kirche, die 800 Personen Platz bot, am 22. Februar 1922 eingeweiht. 1929 kam noch ein Glockenturm hinzu und 1931 das Gemeindehaus, das heute noch steht. Beide wurden nach den Plänen von Heinrich Straumer errichtet, der auch der Architekt des Berliner Funkturms war.

Am 16. Februar 1944 brachte eine im Park niedergegangene Luftmine die Kirche, den Kirchturm und den Ostflügel des Gemeindehauses zum Einsturz. Nach Kriegsende wurde die Ruine der Kirche abgeräumt, während das schwer beschädigte Gemeindehaus wieder aufgebaut werden konnte. Nach dreijähriger Bautätigkeit wurde 1949 der provisorisch hergerichtete Gemeindesaal als Notkirche eingeweiht. In der Zwischenzeit fand der Gottesdienst wieder – wie in der Zeit nach dem Ersten Weltkrieg – in der Aula der 22. Volksschule in der Witzlebenstraße statt.

Der Neubau der evangelischen Kirche, Blick in den Park, 1960. Aus: Ferber, Bd. 2 1988

An der Stelle der alten Holzkirche entstand dann von 1957–59 eine neue Kirche, eine der schönsten Berlins, entworfen von dem renommierten Berliner Architekten Paul G.R. Baumgarten (1900–1984, nicht zu verwechseln mit P. Baumgarten d.Ä.), von dem auch der Neubau der Hochschule für Musik in der Hardenbergstraße stammt. Baumgarten gelang es vortrefflich, die Landschaft des Parks, ein zum See abfallender Hang, in seine Planung einzubeziehen. Die Kirche hat einen fünfeckigen Grundriss, die beiden die Spitze des Fünfecks bildenden Seiten sind dem Park zugewandt und mit Milchglas völlig verglast, so dass dem Kirchenbesucher der Blick auf die Natur freigegeben ist. Wände und Decken des Kirchenraums, mit Lärchenholz verkleidet, sind zeltförmig gestaltet. Durch die Hanglage war auch der Ausbau des Untergeschosses mit mehreren Kinder- und Jugendräumen möglich. Während die Kirche zum Park hin offen erscheint, ist sie zur Straße hin durch eine mit wildem Wein berankte Mauer abgeschlossen. Auf einen Glockenturm hat der Architekt ausdrücklich verzichtet, die drei Glocken hängen nebeneinander in einem Glockenkammerbereich über dem Eingang der Kirche. Anlässlich des 100jährigen Bestehens der Lietzenseegemeinde 2013 erschien eine detaillierte Chronik ihrer Geschichte.

100 Jahre „Am Lietzensee"

Der Weg einer evangelischen Kirchengemeinde 1913–2013

ANDERE BAUTEN
IN DER HERBARTSTRASSE

Seit 1980 hat auch die Jüdische Gemeinde ein Zentrum am Lietzensee. Auf einem Gelände zwischen der Dernburgstraße und Herbartstraße wurde am 14. Mai 1980 ein jüdisches Seniorenheim, das Jeanette-Wolff-Heim, an der Dernburgstraße eröffnet. Es wurde benannt nach der Berliner SPD-Abgeordneten und Stadtältesten (1888–1976), die nach Kriegsende mit anderen führenden Persönlichkeiten der Berliner Gemeinde, die die Vernichtung durch die Nazis überlebt hatten, unter großen Anstrengungen den Neuaufbau der Jüdischen Gemeinde betrieb. Ein Jahr später kam ein Seniorenwohnheim in der Herbartstraße 26 hinzu, das den Namen des bedeutenden jüdischen Theologen und Berliner Rabbiners Leo Baeck (1873–1956) trägt. In diesem Haus befindet sich auch eine Synagoge. Dieser erste Synagogen-Neubau in Berlin nach dem Krieg wurde am 11. Juni 1981 mit einem Festgottesdienst eingeweiht. In jüngster Zeit eröffnete

Einweihung der Synagoge in der Herbartstraße, 1981.
Foto: Tagesspiegel, 1928

die Jüdische Gemeinde noch in dem Haus Herbartstraße 24 das Pflegeheim »Hermann Strauß«, benannt nach dem ehemaligen Direktor der inneren Abteilung des jüdischen Krankenhauses in Berlin, der 1944 in Theresienstadt zu Tode kam.

Infolge der Zuwanderung russisch-sprachiger Juden aus dem Osten Europas, die auch einen großen Teil der Bewohner der drei Häuser ausmachen, ist die Jüdische Gemeinde Berlin stetig gewachsen. Im Jahr 2013 zählte sie ca. 10 000 Mitglieder, von denen Zweidrittel aus der ehemaligen Sowjetunion stammen.

Hinter dem Hof des Leo-Baeck-Hauses stand seit den 30er Jahren bis zur vollständigen Bebauung des Grundstücks (ca. 1985) ein hohes Gipfelkreuz mit Kruzifix, das der Bergsteiger und Filmschauspieler Luis Trenker hier aufstellen ließ, der in einem im Krieg zerstörten Haus in der Dernburgstraße 28 (früher 6) gewohnt hatte.

Ein alter Berliner erinnert sich: »*Wir haben ihn ja vergöttert, ein richtiger Kerl, und dann habe ich ihn mal bei uns im Laden gesehen, das war ja so ein kleines Männchen, der wurde immer von unten fotografiert, damit er größer wirkt. Der war eigentlich unscheinbar, aber er lief immer in seiner Tiroler Tracht herum.*« (→A. Ulbrich, Interview 2001)

Luis Trenker, 1937.
Aus: Beyer 1992

Nach Verkauf des Grundstücks hat der letzte Besitzer das imposante Kreuz in seine Heimat nach Bayern mitgenommen.

Neben dem Leo-Baeck-Haus befinden sich in der Herbartstraße noch drei Landhäuser aus den 20er Jahren. Das erste baute sich 1925 der damals sehr bekannte Berliner Architekt Prof. Paul Baumgarten d.Ä, der auch die Villa von Max Liebermann in Wannsee entworfen hat (nicht zu verwechseln mit dem anderen Paul Baumgarten, der die Kirche am Lietzensee gebaut hat). Bis 1969 wurde diese Stadtvilla privat genutzt, dann kaufte sie das Bezirksamt Charlottenburg und richtete dort zunächst ein Seniorenzentrum ein. Seit 2005 betreibt der Verein »Nachbarschaftshaus am Lietzensee e.V.« in dem Haus ein gutbesuchtes Stadtteilzentrum mit zahlreichen Angeboten aller Art.

Schließlich folgt der große Bau der ehemaligen Oberpostdirektion, der sich auf dem Gelände zwischen Herbart- und Dernburgstraße erstreckt. Bis 1922 lag auch hier zwischen beiden Straßen ein großes Kleingartengelände, das die Post erwarb. Die

Inflation verhinderte zunächst den Baubeginn, daher erfolgte die Grundsteinlegung der neuen Oberpostdirektion, erbaut von Willy Hoffmann, erst 1926, die Einweihung 1928. Die große vierflügelige Anlage, deren Hof von einem Mittelbau unterteilt wird, hat neben dem Haupteingang an der Dernburgstraße auch noch einen kleineren Eingang mit Treppen an der Herbartstraße. An beiden Straßen befinden sich noch zwei kleinere Flügel. In dem an der Herbartstraße waren die Dienstwohnung des Präsidenten der Oberpostdirektion und Repräsentationsräume untergebracht, in dem an der Dernburgstraße weitere Büroräume. Diesem Flügel angeschlossen ist noch ein wie ein Rundbau wirkendes Vierzehneck. Das Äußere des Baus ist einfach gestaltet, hellverputzte Fassaden mit Terrakotta-Verzierungen, die dem Bau eine gewisse Leichtigkeit verleihen. Das teilweise zinnenartig verzierte Dach gibt dem Gebäude fast den Charakter eines Schlosses, der durch die nächtliche Beleuchtung noch verstärkt wird. Dem Architekten ist es gelungen, den großen Bau den vorhandenen viergeschossigen Wohnhäusern und niedrigen Landhäusern am Lietzensee anzugleichen. Die Oberpostdirektion

Oberpostdirektion
Foto: Museum
Charlottenburg-
Wilmersdorf

Berlin-Charlottenburg. Lietzensee mit Oberpostdirektion und Funkturm

wurde 1934 in eine Reichspostdirektion umgewandelt. Ab 1945 beherbergte das nur leicht beschädigte Gebäude die Abteilung Post- und Fernmeldewesen beim Magistrat von Groß-Berlin. Im Zusammenhang mit der Spaltung der Stadt und der Blockade wurde hier 1948 auch noch ein Postscheckamt für die Westsektoren eingerichtet. 1953 wurde die Senatsabteilung Post- und

Fernmeldewesen in eine Landespostdirektion umgewandelt, die dem Bund unterstellt ist.

Nach der Wiedervereinigung bezogen mehrere Abteilungen der Telekom-AG das Haus, außerdem die Strabag und andere Immobilienfirmen. Aus Datenschutzgünden herrscht höchste Geheimhaltungsstufe in dem großen Postgebäude. Weder darf es besichtigt werden, noch werden Telefonnummern von Abteilungen oder Mitarbeitern oder ihre Namen preisgegeben.

Neben dem Gebäude der Post folgt an der Herbartstraße ein dunkelrotes Wohnhaus und dahinter ein weiteres bis zur Dernburgstraße, deren Bauherr der »Verein der Post- und Telegraphenbeamtinnen« in Berlin war. Es war das erste »Wohnheim« des Vereins mit eigentlich drei Gebäuden für ledige Postbeamtinnen. Diese drei Häuser, 1924/25 gebaut und im Volksmund »Drachenburg« genannt, hatten insofern eine bemerkenswerte Architektur, als immer zwei 1-Zimmer-Wohnungen, mit Koch- und Bettnische, eine Einheit bildeten. Gemeinsam war

Präsidentenwohnung, 2006.

beiden Wohnungen die Eingangsdiele und Toilette. Diese enge Verbindung zweier Wohnungen war in der Absicht geschaffen, dass immer ein älteres erfahrenes und ein noch junges, häufig vom Lande kommendes »Postfräulein« zusammenwohnten. »Dadurch könnte man jenen Lockungen, wie sie eine Großstadt mit sich bringt, am ehesten entgegenarbeiten« (FFBIZ, 1989, S. 17).

Die Ältere sollte also der Jüngeren zur Seite stehen bei allen die Arbeit und das Großstadtleben betreffenden Problemen.

Im Zweiten Weltkrieg wurde eines der Häuser, das in der Dernburgstraße, zerstört und abgeräumt. An seiner Stelle wurde 2014 ein wenig in die denkmalgeschützte Umgebung passender Neubau von exklusiven Eigentumswohnungen errichtet. Die beiden anderen Häuser gehören heute nicht mehr der Post, auch die Grundrisse entsprechen schon lange denen von normalen Wohnungen.

»DIE WELTBÜHNE«
VON SIEGFRIED JACOBSOHN

Mittlerweile hat sich der Spaziergänger dem Ende des südlichen
Parkteils und der Neuen Kantstraße genähert, die auf einem
hochgelegenen Damm den See überquert. Um in den anderen
Parkteil zu gelangen, sollte er aber den schmalen, zwischen
Wasser und Hang 1956 angelegten Uferweg wählen, denn er
hat nun eine gute Gelegenheit, die Brücke über die Neue Kantstraße auch von unten zu betrachten, die hier mit vielen Reliefs
von Wassertieren und Fabelwesen geschmückt ist. Auch das
Eichmann-Bild ist von hier aus gut zu erkennen (→vgl. S. 52).
Im nördlichen Parkteil sieht der Besucher bald nach einigen
Schritten, Jugendliche in einem »Drahtkäfig« Fußballspielen
auf einem Platz, wo sich bis in die 70er Jahre der einzige von
Erwin Barth eingerichtete Kinderspielplatz befand. Hier stand
bis zur Umwandlung in den Fußballplatz ein kleines Unterstandshäuschen mit einem hölzernen Dachaufbau, von dem
heute nur noch die hintere Grundmauer erhalten ist.

Oberhalb des Fußballplatzes lugt durch die Bäume neben einem
Neubau ein großes Mietshaus vom Anfang des Jahrhunderts,
das Eckhaus Herbartstraße 15/Wundtstraße 65.

Der Laden, in dem
sich von 1921 bis
1927 die Redaktion
der »Weltbühne«
befand.
Foto: Fritsch

In den 20er Jahren war dieses Haus eine
der wichtigsten Adressen für das kulturelle
und intellektuelle Berlin. In dem Eckladen
nämlich wurde in der Weimarer Zeit eine
der bedeutendsten Zeitschriften hergestellt,
»Die Weltbühne«, eine »Wochenschrift für
Politik, Kunst, Wirtschaft«, herausgegeben
von Siegfried Jacobsohn (1881–1926). Heute kennen »Die Weltbühne« nur noch wenige. In der Zeit ihres Bestehens aber war sie
überregional bekannt und galt als das einflussreichste Sprachrohr
linksliberaler, pazifistischer Kräfte der Weimarer Republik. Für
junge aufstrebende Dichter, Literaten und Publizisten war es ein
begehrtes und nicht leicht zu erreichendes Ziel, irgendwelche
noch so kleinen Beiträge gelegentlich in der »Weltbühne« zu

veröffentlichen. Die Autorenliste umfasst fast alle bekannten Namen dieser Zeit, allen voran Kurt Tucholsky (1890–1935), der außer unter seinem eigenen Namen noch unter vier Pseudonymen schrieb. Begründer, Herausgeber und Herz der »Weltbühne« war S. J., wie Siegfried Jacobsohn seinen Namen selbst meistens abkürzte. 1881 in Berlin geboren und von Beruf und Neigung her ein leidenschaftlicher Theaterkritiker – neben Alfred Kerr der wichtigste seiner Zeit – gründete Jacobsohn 1905 im jugendlichen Alter von 25 Jahren seine eigene kritische Theaterzeitschrift »Die Schaubühne«. Diese wurde bald inhaltlich erweitert durch politische, wirtschaftliche und satirische Beiträge und schließlich 1918 in »Die Weltbühne« umbenannt.

Siegfried Jacobsohn auf einer Glückwunschkarte, die er Kurt Tucholsky zum Geburtstag geschickt hat:

Verlag und Redaktion dieser Zeitschrift befanden sich seit 1910 in der Dernburgstraße 25 (heute Nr. 57), in der Wohnung seiner Eltern, wo S. J. ebenfalls bis zu seiner Hochzeit 1915 wohnte.

»In Treue fest! Der beste Brotherr dem schlechtesten Mitarbeiter zum, Gott behüte, dreiunddreißigsten Geburtstag. 9.1.1923.« Aus: Schulz 1966

Als es in der elterlichen Wohnung zu eng wurde, zogen Jacobsohn und seine Mitarbeiter im Februar 1921 mit Sack und Pack ein paar Häuser weiter: in den Eckladen am Königsweg 33, heute Wundtstraße 65. Das erste Heft, das hier herausgebracht wurde, war eine Faschingsnummer.

Der Eckladen mit einer danebenliegenden Wohnung hat eine wechselvolle Geschichte hinter sich. In den 50er Jahren war er eine Fleischerei, lange Zeit dann Teil eines großen Uhren- und Schmuckgeschäftes, das sich in dem ganzen Häuserblock ausgebreitet hatte. Zur Zeit befindet sich dort das »Metaforum Deutschland«, ein Institut, in dem Seminare, Workshops und mehr für Coaches, Führungskräfte u. a. angeboten werden.

Damals war hinter geweißten Fenstern Verlag und Redaktion der »Weltbühne« untergebracht mit Vorzimmern, Arbeitszimmern, Buchhaltung, Expedition, Archiv usw. Alles sehr eng, aber auch sehr effektiv. Und mitten drin an seinem Schreibtisch saß Siegfried Jacobsohn *in dem engen Nest aus Büchern, Zeitungen,*

Manuskripten und Briefpapier – es machte den Eindruck, als wäre aus der ursprünglich kompakten Masse etwas Raum für den kleinen Mann freigeschaufelt worden – saß er wie ein Alchimist in seiner Bude, glücklich-geheimnisvoll beschäftigt, eingeschaltet in den Stromkreis der Arbeit, die ihn glühen machte, hingegeben der schwarzen Kunst und der Leidenschaft des Redigierens. Da war er ganz daheim, wirklich chez lui...« (→ A. Polgar, zit. bei Madrasch-Groschopp, 1983, S. 151)

Auch in einem ironischen Essay zählt der Wiener Alfred Polgar seinen Freund S. J. zu den immer rastlos beschäftigten Berlinern.

»Alle Einwohner Berlins sind intensiv mit ihrer Beschäftigung beschäftigt. Alle nehmen sie und sich furchtbar ernst, was ihnen einen leicht komischen Anstrich gibt. Auch die Müßiggänger gehen nicht schlechthin müßig, sondern sie sind damit beschäftigt, müßig zu gehen ... Während mein Freund Siegfried Jacobsohn, der gefürchtete Theaterkritiker, ruhevoll in den sanften Spiegel des Lietzensees blickt, schreibt sein Unterbewusstsein Kritik über das matte Spiel der Wellen ...« (→ A. Polgar, zit. bei Bluhm/Nitsche, 1993, S. 62)

Ein anderer von Jacobsohns Autoren berichtet von der ersten Begegnung mit ihm:

»Die Redaktion befand sich am Lietzensee. Ich betrat einen großen Parterreraum; er war – es war noch Winter – nur schlecht geheizt; am Schreibtisch, der neben dem Fenster stand, saß in Decken eingewickelt der kleine schmächtige Mann. Jeden Aufsatz überprüfte er mit Sorgfalt, keine stilistische Nachlässigkeit ließ er durchgehen, er merzte sie mit eigener Hand aus. Der Inhalt seiner Wochenschrift sollte stilistisch und nach Möglichkeit auch inhaltlich unanfechtbar sein.« (→ Niekisch, 1958, S. 117)

Kurt Tucholsky.
Aus: Schulz 1966

»Für Besucher war die Zeit genau bemessen. Schwätzer hatten keine Chance, ihn ein zweitesmal zu stören. Für Hilfesuchende hatte er immer Zeit und für junge Talente, die Tucholsky irgendwo aufgespürt hat.« (→ W. Zucker, zit. bei Madrasch-Groschopp, S. 153)

Jacobsohn war der ideale Herausgeber vor allem für junge, noch unausgereifte Autoren, wie wir bei Kurt Tucholsky an vielen Stellen nachlesen können. An seinem 23. Geburtstag 1913 erschien Tucholskys erster Artikel in der Schaubühne (»Ich platzte vor Stolz: S. J. ließ mich kommen.«), es war der Anfang einer lebenslangen fruchtbaren Zusammenarbeit und tiefen Freundschaft. Jacobsohn, obwohl nur neun Jahre älter als Tucholsky, wurde sein Mentor, sein Maßstab, sein väterlicher Freund, seine Stütze in den Zeiten tiefer Depression.

S. J. war ein lebhafter, witziger, überaus geistreicher und, wie Tucholsky behauptete, der glücklichste Mensch, da er hat sein Leben lang nur getan, was ihm Freude gemacht hat. Sein Tod passt in dieses Bild: Jacobsohn starb ganz plötzlich 1926 mit

Carl von Ossietzky.
Aus: Schulz 1966

45 Jahren an einem Gehirnschlag, von allen tief betrauert. Sein Freund Arthur Eloesser, der seit 1924 ständiger Mitarbeiter der »Weltbühne« war, hielt bei der Trauerfeier die Gedenkrede.

Tucholsky wurde Jacobsohns Nachfolger als Herausgeber, aber diese Arbeit lag ihm nicht, er wollte schreiben, nicht redigieren. So übernahm auf seinen Vorschlag Carl von Ossietzky (1889–1938) diesen Posten, der seit 1926 Mitarbeiter der »Weltbühne« war. Da die Räumlichkeiten der Redaktion im Königsweg mittlerweile viel zu eng geworden waren, zog die Redaktion – wie es Jacobsohn schon geplant hatte – am 1. April 1927 in eine 6-Zimmer-Wohnung in der Kantstraße 152 (Gedenktafel), wo sie sich bis zum Verbot durch die Nazis am 13. März 1933 befand. Tucholsky nahm sich 1935 in Schweden das Leben, Ossietzky starb 1938 an den Folgen seiner langen KZ-Haft.

Zur Erinnerung an »Die Weltbühne« und ihre drei Herausgeber wurde 2010 an dem Eckladen eine Gedenktafel angebracht, acht Jahre zuvor, 2002, auch an Jacobsohns Haus in der Dernburgstraße.

HANS SCHOLZ
GEORG HEYM
MARGRET BOVERI

Jahrzehnte später, seit 1971, wohnte ein anderer bekannter Berliner Schriftsteller im 3. Stock des Hauses Herbartstraße 15, Hans Scholz (1911–1988). Er hatte ursprünglich Kunstgeschichte und Malerei studiert und war seit 1935 als freier Künstler tätig. Nach Krieg und Gefangenschaft wandte er sich dann mehr der schriftstellerischen Arbeit zu.

Bekannt geworden sind seine Veröffentlichungen, über Berlin und Brandenburg, besonders sein erster Roman »Am grünen Strand der Spree« (1955). Als nach 1972 aufgrund der Ostverträge wieder eine Einreise in die DDR möglich war, begann Hans Scholz auf Fontanes Spuren die Umgebung Berlins systematisch zu erkunden und hielt die Erlebnisse seiner »Wanderungen und Fahrten in der Mark Brandenburg« in auch – oder gerade – heute noch lesenswerten 10 Bänden fest (1973–1984).

Die Wanderungen begannen, wie sollte es anders sein, in der Herbartstraße mit einem Blick aus dem Fenster in den Lietzenseepark. Scholz schreibt z.B., bevor er sich auf den Weg nach Frankfurt/Oder machte:

Hans Scholz.

»Schön frühstücken. Etwas mehr als sonst. Den Kaffee stärker. Lang hin bis zur nächstmöglichen Mahlzeit. Ankunft am Ziel erst in fünf Stunden. Wenn alles klappt. Alle Amselhähnchen des Lietzenseeparks beim musikalischen Morgenopfer. Die Mauersegler niedrig. Die Sonne gelbverhangen in Ostnordost. Zwei Wolkenformationen übereinander. Sieht nicht nach gut Wetter aus. Welche Luft auch! Verdächtig weich. Fehl am Platze. Venetianische Frühlingsnacht. Nichts von norddeutschem Maimorgen.« (→ Scholz, 1974, S. 5)

Hans Scholz starb 1988. Er hat den Fall der Mauer nicht mehr erlebt.

Schräg gegenüber, im Königsweg 31 (heute Wundtstraße 72), lebte bei seinen Eltern von 1911 bis zu seinem Tod der Jurist und Dichter Georg Heym (1887–1912).

Vorher wohnte die Familie knapp zwei Jahre, von 1909 bis 1911, in der Neuen Kantstraße 12. Das Haus wurde im Krieg zerstört, eine Gedenktafel an dem 1954 errichteten Neubau erinnert heute noch an den Dichter.

Dieser zornige junge Mann hatte zwar dem Wunsche seines Vaters, eines Staatsanwaltes am nahegelegenen Reichsmilitärgericht, entsprechend Jura studiert, aber dennoch Zeit seines Lebens gegen die ihn einengenden bürgerlichen Konventionen in Wort und Tat rebelliert: *»Mein Gott – ich ersticke noch mit*

Georg Heym (oben Mitte) und sein Freund Ernst Balcke (rechts), um 1909.
Aus: Heym 1987

meinem brachliegenden Enthusiasmus in dieser banalen Zeit«, schreibt er 1911 in sein Tagebuch und verbrannte nach seinem ersten juristischen Staatsexamen 1911 seine Lehrbücher auf dem unbebauten Grundstück gegenüber der elterlichen Wohnung an der Kuno-Fischer-Straße. Heym hatte schon früh angefangen, Gedichte zu schreiben und war Mitglied des »Neopathetischen Cabarets«, eines Kreises junger Dichter, zu dem u. a. auch Else

Lasker-Schüler, Jacob van Hoddis und Kurt Hiller gehörten. Hier hatte er seine ersten Erfolge. Seine Lyrik, in der strengen Form eines Sonetts geschrieben, handelt von Verfall, Tod und der Sinnlosigkeit des menschlichen Daseins. Er beschwört in düsteren Bildern die Dämonie und Gnadenlosigkeit der Großstadt, die fürchterliche Einsamkeit des Menschen in der Volksmasse und in der Steinwüste der Städte und entwirft in grellen Farben Visionen von kommenden Kulturkatastrophen. Der Verleger Ernst Rowohlt, der die große Begabung des jungen Dichters erkannte, brachte 1911 seinen ersten Gedichtband »Der ewige Tag« heraus, posthum noch weitere. Denn Georg Heym starb bereits mit 24 Jahren. Er ertrank am 16. Januar 1912 in der Havel, als er versuchte, seinen beim Eislaufen eingebrochenen Freund Ernst Balcke zu retten. Unter Literaturwissenschaftlern gilt Georg Heym als einer der bedeutendsten frühexpressionistischen Dichter, der den Expressionismus stofflich und stilistisch entscheidend beeinflusst hat.

»Mein Fenster«, Zeichnung Georg Heyms mit Blick auf den Lietzensee, 1910. Aus: Heym 1987

Am Ende des Zweiten Weltkrieges wohnte eine andere bemerkenswerte Persönlichkeit in diesem Teil der Wundtstraße, die Journalistin und Schriftstellerin Margret Boveri (1900–1975). Nach dem Studium der Politik und Zeitungswissenschaften in Berlin war sie an mehreren wichtigen Zeitungen politische Redakteurin, zuletzt seit 1943 Auslandskorrespondentin an der

»Frankfurter Zeitung«, nach deren Verbot freie Journalistin. Da sie das Kriegsende voraussah, war sie aus dem »Bedürfnis, durch alle bevorstehenden Katastrophen hindurch an den Quellen der Information zu bleiben«, im März 1944 nach Berlin zurückgekehrt. Von November 1944 bis Juli 1945 wohnte sie im vierten Stock des Hauses Wundtstraße 62, in den drei Zimmern einer Wohnung, deren Mieter, der Forstmeister Bier, evakuiert war. Von Februar bis Dezember 1945 notierte sie in einer Art Tagebuch ihre Gedanken und Erlebnisse während der letzten Kriegstage, des Zusammenbruchs und der Zeit des beginnenden Wiederaufbaus, die dann als »Tage des Überlebens« 1968 zum ersten Mal als Buch erschienen und seitdem mehrmals wieder aufgelegt wurden. Sie erhielt übrigens 1969 dafür den Literaturpreis der Deutschen Kritiker. Margret Boveris Buch handelt von Bomben, Tod, Hunger, Vergewaltigungen, aber auch von der Kunst und dem Glück zu überleben, von kleinen privaten Triumphen über die Widrigkeiten des Kriegsalltags, z. B. von der Freude, fachmännisch das zerbombte Dach zu reparieren oder sich ein Stück Pferdefleisch zu ergattern, interessante Gespräche beim Anstellen nach Wasser zu führen oder das Heranrücken der Russen vom Balkon aus zu beobachten. Die »Tage des Überlebens« sind besonders interessant, weil sich die beschriebenen Ereignisse genau in dieser Gegend hier am Lietzensee abspielen, auf den Straßen und Plätzen, im Park, an und in den Häusern der näheren Umgebung.

Margret Boveri, 1970.
Aus: Boveri 1977

Und außerdem ist es – man wagt es kaum zu sagen bei diesem Thema – sehr unterhaltsam zu lesen, wie eine so intelligente, couragierte und mit einem trockenen Humor ausgestattete Frau wie Margret Boveri das Leben und Überleben gemeistert hat. (→vgl. S. 201)

DENKMÄLER
UND SEEKONZERTE

Langsam schlendert jetzt der Spaziergänger den Uferweg entlang, vorbei an einer 1955 aufgestellten Seehundgruppe, einer hübschen Plastik aus rotem Sandstein der Bildhauerin Rosemarie Henning. Beim Weitergehen schaut schon der »Stehende Jüngling mit Speer« durch die Büsche. Die zierliche, 1,75 m hohe Bronzestatue, von Bernhard Bleeker geschaffen und 1940 zuerst auf der Großen Deutschen Kunstausstellung in München gezeigt, steht seit den 50er Jahren an dieser Stelle im Lietzenseepark. Der wiederholt abgebrochene und gestohlene Speer des Jünglings wurde schließlich nicht mehr ersetzt.

An demselben Platz befand sich bis zum Ende des Zweiten Weltkrieges das »Leonoren«-Denkmal von Rudolf Pohle, auch die »Die Verzweiflung« oder »Mater Dolorosa« genannt, eine große Frauengestalt, die in einem wehenden Gewand mit erhobenen Kopf ihren Schmerz pathetisch zum Ausdruck brachte. Der Künstler hatte dieses Standbild aus Marmor 1899 der Stadt Charlottenburg zur Aufstellung auf der Promenade der Schloßstraße geschenkt. Da es angeblich den Blick auf das Schloss versperrte, holte Erwin Barth es 1920 in den Lietzenseepark. Nach dem Krieg wurde die Figur aus nicht geklärten Gründen entfernt, bzw. ging verloren.

In der Nähe des »Jüngling« stand seit 1973 zehn Jahre lang direkt am See ein anderes, modernes Kunstwerk, die 2,55 m hohe »Skulptur mit Kern Rot/Blau« aus Edelstahl von Volkmar Haase (1930–2012).

»Jüngling mit Speer«

»Mater Dolorosa«, 1920.
Aus: Rave / Wirth 1961

links: »Seehunde«

Das »Gespaltene Dreieck« Skulptur von Volkmar Haase.

1983 wurde von demselben Bildhauer das »Gespaltene Dreieck« als Dauerleihgabe auf der benachbarten Wiese aufgebaut. Da diese große, scharfkantige Stahlplastik drehbar gelagert war, stellte sie für spielende Kinder eine erhebliche Gefahr dar und wurde nach knapp vier Wochen wieder entfernt. In diesem Zusammenhang versetzte man auch die erste Plastik auf den Erwin-Barth-Platz zwischen dem Kaiserdamm und der Wundtstraße (Spielstraße).

2003 wurden, wie bereits erwähnt, zwei weitere Skulpturen von Volkmar Haase am Eingangsbereich des Parks an der Witzlebenstraße aufgestellt. (→vgl. S. 88)

In früheren Jahren war der nördliche Teil des Lietzenseeparkes mehrmals Schauplatz stimmungsvoller Sommerkonzerte. Außer zu Konzerten auf der großen Wiese am Parkhaus lud das Kunstamt Charlottenburg auch zweimal zur »Wassermusik auf dem Lietzensee« ein.

»Die Lietzensee-Schwäne guckten sauer. Nicht nur, dass ganze Kohorten von Schaulustigen in ihren Park einfielen – auch ihr Teich war von menschlichen Pinguinen okkupiert. So mußte sich jedenfalls aus ihrer Optik Rainer Koelbles ›Amati Big-Band‹, die auf einem 80 Quadratmeter-Ponton mitten im See schwamm, ausnehmen. Die ›Pinguine‹ musizierten aus Leibeskräften. Doch gegen die fröhlich plaudernd flanierenden Massen, gegen auf den Wiesen herumtollende Kinder, kläffende Hunde und die verzweifelt nach einem Parkplatz suchenden und somit den Lietzensee mehrfach umrundenden Autos hatten sie akustisch nicht viel zu bestellen bei dieser fackelilluminierten Musikdarbietung anläßlich des Kongresses ›Wasser Berlin 77‹.« (→ Wagner, 1977, S. 177)

Das Orchester spielte 1977 die »Wassermusik« von Händel und ein Jahr später seine »Feuerwerksmusik«, der sich dann ein echtes Feuerwerk anschloss. Außerdem fand die Uraufführung einer allegorischen Szene »Der Trunk des Poseidon« von Wilhelm Dieter Siebert statt, in der der Gott der Meere über die Verschmutzung des Wassers klagt und zu sorgsamerem Umgang mit den Gaben der Natur mahnt. Tausende von Besuchern saßen und standen an den lauen Sommerabenden an den Uferhängen und lauschten der Musik, die über den See scholl. Nach Einbruch der Dunkelheit sorgten Fackeln für eine romantische Beleuchtung. Leider wurde die so erfolgreiche Konzertreihe aus Kostengründen wieder eingestellt.

Der Spaziergänger lässt den Speerwerfer hinter sich und wählt für seinen weiteren Gang durch den Park nun den Mittelweg. Links sieht er an der Böschung eine große Anlage: das Kriegerdenkmal für die Soldaten des Königin-Elisabeth-Garde-Grenadier-Regiments Nr. 3, die in den Kriegen 1864, 1866, 1870–71 und 1914–18 gefallen sind. Die Enthüllung des Denkmals fand 1925 im Beisein zahlreicher Regimentsangehöriger statt. Die Kaserne dieses Regiments lag in der Königin-Elisabeth-Straße. Nach schweren Kriegsschäden wurden ihre Reste 1958 abgetragen, heute befindet sich dort das Arbeitsamt.

In der Mitte der Denkmalsanlage von Eugen Schmohl stand ursprünglich ein schreitender Jüngling mit einem erhobenen Schwert aus Bronze von Wilhelm Gerstel. Auch dieser Jüngling wurde im Zweiten Weltkrieg ein Opfer der Einschmelzaktion. Auf seinem Sockel ist heute eine Gedenktafel angebracht mit dem Wappen des Regiments und dem lateinischen Leitspruch »Per aspera ad astra« (Durch Mühsal zu den Sternen). An dem überhöhten Mittelpfeiler des Denkmals stehen unter einem großen Adler in Stein gehauen die Anzahl der Gefallenen und die Orte der Schlachten, bei denen sie starben.

Gefallenen-Denkmal, 1928.

Charlottenburg   Heldendenkstein am Lietzensee

HÄUSER IN DER WUNDTSTRASSE

Oberhalb dieses Denkmals kann man durch die Bäume die Häuser in der schon mehrfach erwähnten Wundtstraße erkennen. Diese Straße, die früher Königsweg hieß, ist eine der ältesten Straßen Charlottenburgs und die älteste am Lietzensee, heute mehr als 300 Jahre alt. Sie war wirklich ein »Weg der Könige«, nämlich ein vielbenutzter Fuß- und Reitweg, der die beiden Schlösser Charlottenburg und Potsdam verband, parallel zu ihm wurde später die Avus gebaut. Der Königsweg trug ursprünglich auf der gesamten Strecke seinen Namen. Erst später wurden einzelne Teile umbenannt, z.B. ein Teil in Kronprinzessinnenweg, oder ein anderer 1936 in Eichkampstraße, der Teil am Lietzensee 1938 in Wundtstraße, nach dem Philosophen und Psychologen Wilhelm Wundt (1832–1920). Nach dem Krieg hieß die Straße wieder Königsweg, ab 1952 endgültig Wundtstraße. Auch die Nummerierung der Häuser hatte sich 1938 geändert. Normalerweise werden die Straßen in Berlin bis zu ihrem Ende auf der einen Seite durchgezählt, dann geht es auf der anderen Seite wieder zurück. Diese sehr starre und unpraktische Zählweise verwirrt oft nichtortskundige Besucher. Auch die Straßen am Lietzensee werden so nummeriert. Allein die Dernburgstraße und der Königsweg wurden 1938 »berichtigt« und werden seitdem in der in anderen Städten üblichen Weise mit geraden und ungeraden Zahlen auf rechter und linker Straßenseite nummeriert. Dabei gab es nicht unerhebliche Adressenveränderungen, so würde die Adresse der »Weltbühne« heute statt Königsweg 33 Wundtstraße 65 heißen.

links: Hauseingang in der Wundtstraße. oben: Detailansicht.

Auf der Wundtstraße sehen wir vom Park aus ein hellverputztes Gebäude, das ehemalige katholische St.Otto-Haus, benannt nach dem Patron des Bistums Berlin (gest. 1139), in dem vor der Wiedervereinigung der Teil des Bischöflichen Ordinariates des Bistums Berlin untergebracht war, der für Westberlin zuständig war. Das Haus, gebaut 1927, war ursprünglich das Schulgebäude des katholischen Liebfrauenlyzeums. Im Krieg schwer beschädigt, nahm es 1955 nach Wiederaufbau und Umbau das Ordinariat auf. Die Schule, die zunächst provisorisch untergebracht war, bezog 1958 ein neues Gebäude in der Ahornallee. Nach der Wende und der Wiedervereinigung der Ost- und Westgemeinden zog dieser Teil des Ordinariats nach Berlin-Mitte neben die St.Hedwigskathedrale, der Haupt- und Bischofskirche der Berliner Katholiken. Das Gebäude an der Wundtstraße wurde von der katholischen Kirche verkauft und 2004 in ein Wohn- und Geschäftshaus umgebaut.

Direkt an das ehemalige Ordinariat schließt östlich mit einer großen Gartenanlage die Wohnsiedlung Wundtstraße 46 an, eine aus insgesamt 13 Häusern bestehende fünfgeschossige Baugruppe, die sich bis in die höhergelegene Riehlstraße erstreckt. Eine breite Treppe stellt die Verbindung zwischen den beiden Straßen her. Die »Gemeinnützige Beamten-Siedlungsgesellschaft m.b.H.« baute 1925/26 nach den Plänen des Architekten Peter Jürgensen diese erste und bis in die Nachkriegszeit einzige im sozialen Wohnungsbau errichtete Wohnanlage am Lietzensee.

Nach dem Ersten Weltkrieg hatte der Berliner Baustadtrat Martin Wagner angesichts des Mietskasernenelends die Errichtung

Liebfrauenschule, 1929. Foto: Museum Charlottenburg-Wilmersdorf

Wohnsiedlung zwischen der Wundt- und Riehlstraße nach dem Wiederaufbau 1953. Aus: Rave/Wirth 1961

moderner Großwohnsiedlungen vorangetrieben. Als Lösung des Wohnungsproblems sah er nur eine totale und radikale Erneuerung des Bauens: eine neue funktionale, auf den Menschen bezogene Architektur, Wohnanlagen ohne Hinterhäuser in luftiger sonniger Lage, und neben neuen Materialien und Technologien auch mit der Schaffung von gemeinnützigen

Wohnungsbaugesellschaften eine neue Art der Finanzierung, wodurch Spekulationen privater Bauherren vermieden wurden. Zwischen 1925 und 1930 ließ er etwa 20 000 Wohnungen in großen (z.B. die Hufeisensiedlung in Britz oder die Weiße Stadt in Reinickendorf) und kleineren Wohnsiedlungen errichten, entworfen von der neuen Architektengeneration um Bruno Taut, Hans Scharoun und Hans Poelzig.

Auch die neue Wohnanlage am damaligen Königsweg ist ein Beispiel für diese fortschrittliche Wohnungsbaupolitik der 20er Jahre: die Häuser schlichte Putzbauten ohne formalen Aufwand, keine Hinterhöfe, im Grünen gelegen, die 1 ½ bis 4 ½ Zimmer-Wohnungen komfortabel ausgestattet mit Küche, Bad, Diele und Balkon, dazu ein erschwinglicher Mietpreis.

Im Zweiten Weltkrieg wurde diese Wohnsiedlung fast völlig zerstört. Der Wiederaufbau erfolgte von 1950 bis 1953 durch die DeGeWo, ebenfalls eine gemeinnützige Wohnungsbaugesellschaft.

Frauenbundhaus, um 1930. Foto: Museum Charlottenburg-Wilmersdorf

Heute ist die Wohnanlage jedoch nicht mehr in ihrem Besitz. Seit 1984 wurden die einzelnen Wohnungen in Eigentumswohnungen umgewandelt und nach dem Ausbau der Dachgeschosse Schritt für Schritt verkauft.

Östlich dieser Wohnanlage steht ein großer Gebäudekomplex, das Frauenbundhaus des Katholischen Deutschen Frauenbundes, das 2005 in »Haus Helene Weber« umbenannt wurde. Der mittlere Teil mit vier Geschossen war ursprünglich 1923/24 als ein Wohnhaus im neubarocken Stil mit großen Balkons und einem breiten Eingang erbaut worden, fand aber keinen Käufer. Erst nach einem Umbau erwarb es 1926 der Gesamtverband der Katholischen Kirchengemeinden für den Katholischen Frauenbund Berlin. 1930/31 wurde das Haus nach beiden Seiten hin durch zwei weitläufige, schmucklose Anbauten erweitert, die sich noch heute deutlich im Stil vom Mittelbau abheben. In diesem großen Haus sind verschiedene Institutionen des Frauenbundes untergebracht, es kann als Tagungszentrum mit Gästezimmern genutzt werden, außerdem bestehen dort Wohnmöglichkeiten für Studentinnen und alleinstehende Frauen jeden Alters.

Auf der linken Seite im Hof war die Turnhalle des Liebfrauen-lyzeums angebaut, die im Krieg als Lazarett, nach dem Krieg als Notkirche der St. Canisius-Gemeinde und schließlich als »Begegnungszentrum« und Veranstaltungsort der katholischen Kirche diente.

Nach aufwendigem Umbau wurde 2012 in der ehemaligen Turnhalle und den anliegenden Räumen eine Kindertagesstätte für 80 Kinder eröffnet.

PARKWÄCHTER UND
DIE »BÜRGER FÜR DEN LIETZENSEE«

Im Park folgt der Spaziergänger weiter dem Mittelweg, vorbei an einer zur Wundtstraße emporführenden Treppe mit einem wieder im ursprünglichen Stil rekonstruiertem Parktor mit Laternen, und sieht auf der linken Seite ein einstöckiges Parkhaus im Stil eines Bauernhauses. Ursprünglich war es 1925 nach Plänen von dem Stadtbaurat Rudolf Walter, der auch die Lietzensee-Grundschule entworfen hat, als Parkwächterhäuschen gebaut. Im Obergeschoss war eine Dienstwohnung für einen Parkwächter untergebracht, im Erdgeschoss befand sich eine Verkaufsstelle für Mineralwasser und Milch. Neben dem Gemeindehaus der evangelischen Kirche im südlichen Teil des Parks stand ein zweites Parkwächterhaus. Dieses wurde im Krieg zerstört und nicht wieder aufgebaut.

Parkwächter, die täglich im Park anwesend waren und für Ordnung und Einhaltung der Benutzungsvorschriften sorgten, gehörten seit der Gestaltung des Parks durch Erwin Barth 1920 bis in die 70er Jahre des vorigen Jahrhunderts zum selbstverständlichen Erscheinungsbild des Parks. Abends bei Einbruch der Dunkelheit gingen sie mit einem Glöckchen klingelnd eine letzte Runde und schlossen dann die Tore zu, die, anders als heute, nicht nur der Dekoration dienten.

Parkwächterhaus mit Café, 2001

Die Parkaufsichts-Idee wurde vor einigen Jahren wieder aufgegriffen. Angestellte des vom Bezirk neu eingerichteten Ordnungsamtes schlendern durch den Park und erinnern die Besucher an das korrekte Verhalten, das heißt im Besonderen, die Radfahrer ans Absteigen und die Hundehalter ans Anleinen ihrer Vierbeiner und – wenn nötig – an die Beseitigung deren Hinterlassenschaften. Da aber wegen der Sparmaßnahmen des Bezirks der Einsatz der Wachleute nur selten erfolgt, ist die Wirksamkeit dieser Kontrollgänge gering.

Seit Jahren bilden die frei umherlaufenden Hunde und der allgegenwärtige Hundekot ein ständiges Ärgernis im Park. Im Sommer 1998 ergriff einmal eine Gruppe von Anwohnern, meist Eltern kleiner Kinder, selbst die Initiative mit einer spektakulären Aktion »Fliegende Windel«. Vor laufenden Kameras warf man demonstrativ mehrere hundert schmutzige Kinderwindeln – die man später wieder wegräumte – auf die Schillerwiese, ging gemeinsam mit der Polizei auf Streife und diskutierte mit Hundebesitzern.

Das Parkwächterhaus erlitt im Zweiten Weltkrieg nur geringe Zerstörungen, so dass dort bald nach Kriegsende ein gut besuchtes Sommer-Café eingerichtet wurde, das in den folgenden Jahrzehnten verschiedene Pächter mit wechselnder Qualität bewirtschafteten. Später zog in die oberen Etagen eine Dienststelle des Grünflächenamtes ein. Aber seit 2011 steht nach dem Auszug des Grünflächenamtes und des Cafés das denkmalgeschützte Haus leer und droht zu verfallen. Das zu verhindern und dem Parkwächterhaus wieder eine ihm angemessene Bedeutung und Funktion zu verschaffen, bemüht sich zur Zeit nicht nur das Bezirksamt, sondern auch eine Bürgerinitiative.

Auf Grund der Erkenntnis, dass in einer Zeit, in der die für die Erhaltung der Grünflächen zur Verfügung stehenden Gelder immer geringer werden und das Grünflächenamt bei der Pflege des Parks unterstützt werden muss, schlossen sich im Jahre 2004 Anwohner und Freunde des Lietzenseeparks zusammen und gründeten den gemeinnützigen Verein »Bürger für den Lietzensee«. Ziel der aktiven Bürger ist es, die drohende Verwahrlosung des Parks zu stoppen und durch eigene Tätigkeiten zu seiner Pflege und Entwicklung beizutragen. In Zusammenarbeit mit den Mitarbeitern des Grünflächenamtes werden z. B. regelmäßig parkpflegerische Maßnahmen durchgeführt, Bänke und Wände von Schmierereien gesäubert, die Ufer des Sees gereinigt u. a.. Die »Bürger« organisieren auch einen monatlichen Kulturtreff, den »LietzenseeTreff«, und führen jährlich einen »Runden Tisch« durch, auf dem interessierte Anwohner mit Vertretern des Bezirksamtes diskutieren können.

Inzwischen hat der Verein einen gewissen Bekanntheitsgrad erreicht. Er wird gerne in der Berliner Presse und im Fernsehen als Beispiel für erfolgreiches Bürgerengagemant vorgestellt. Für ihr Engagement erhielten die »Bürger für den Lietzensee« bereits zweimal den vom Bezirksamt Charlottenburg gespendeten »Erwin-Barth-Preis« und mehrere Ehrenamtspreise.

Ehrung der »Bürger für den Lietzensee« auf dem Ehrenamtstag 2012.

VON DER LIEGEWIESE
ZURÜCK ZUM NORDEINGANG

Gegenüber dem Parkwächterhaus befindet sich auf einer Wiese der größte Spielplatz des Parks.

Diese Wiese war 1920 Erwin Barths zweites Spielangebot für Kinder, neben dem Spielplatz an der Herbartstraße, eine 3500 qm große »Volks- und Spielwiese«. Sie war eingezäunt und von hohen Fliederhecken umgeben und wurde – bis weit in die 50er Jahre hinein – nur zweimal in der Woche für die Bevölkerung geöffnet.

Spielplatz auf der
Liegewiese, 1981

Die Auffassung von der Nutzung eines Parks als Naherholungsgebiet hat sich im Laufe der Jahrzehnte entscheidend geändert. Früher war ein Volkspark ein »Wandel- und Sitzpark«, in dem neben anderen einschränkenden Benutzungsvorschriften auch das Verlassen der Wege verboten wurde. Da sah das Ballspielen im Park, wie es in einer Lesebuchgeschichte aus den 20er Jahren beschrieben wird, folgendermaßen aus:

»Gleich fangen sie an zu spielen. Lotte wirft ihren Ball den Weg hinunter, und beide rennen hinterher. O weh, da ist er auf den Rasen gerollt! Bubi nimmt seine Schippe und angelt den Ausreißer wieder auf den Weg zurück. Nun kann das Spielen weitergehen.«
(→ Berlinisches Lesebuch, o. J., S. 98)

Nach heutigem Verständnis ist ein Volkspark ein »Lager-, Tummel- und Sportpark«, in dem die alten Ordnungsvorschriften nicht mehr gelten. Heute bewegen sich die Besucher auch im Lietzenseepark frei auf allen Wiesen, lagern sich, wo sie wollen, picknicken, joggen oder erholen sich bei anderen sportlichen Aktivitäten und Spielen. Es ist allerdings auch nicht zu übersehen, dass die ganze Parkanlage auf Grund dieser intensiven Nutzung, erhebliche Schäden davon trägt.

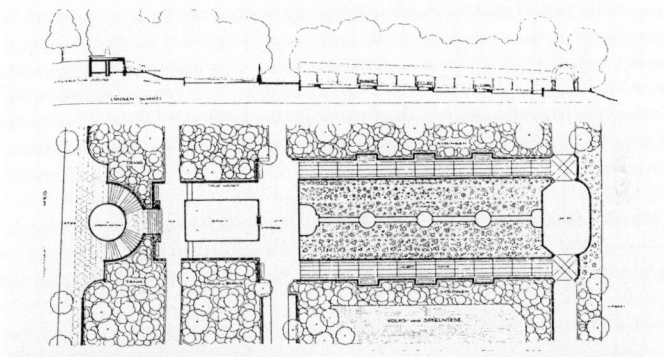

Skizze der Kleinen Kaskadenanlage von E. Barth.
Aus: Barth 1921

Die Anlage, 1924 und heute
Foto von 1924: Museum Charlottenburg-Wilmersdorf

Die Liegewiese wurde im Laufe der letzten Jahrzehnte in einen großen, gutbesuchten Spielplatz umgewandelt, der mit zahlreichen Spielgeräten, Tischtennisplatten und Sandkästen ausgestattet ist.

Der Mittelweg führt jetzt zu der zweiten, etwas kleineren, aber nicht weniger schön gestalteten Kaskadenanlage des Lietzenseeparks, die in der Achse der Sophie-Charlotten-Straße entstand. Auch diese gartenarchitektonische Anlage von Erwin

Barth ist in drei Teile gegliedert. Das Wasser entsprang in einem Springbrunnen an der Wundtstraße, gelangte in ein rechteckiges Wasserbecken und lief dann von dort aus über eine schmale, von Bassins unterbrochene Kaskade, seitlich mit Staudenrabatten bepflanzt, in den See. An beiden Seiten führten berankte Laubengänge entlang. Barths Absicht war, dem Besucher ein Fernziel (See) vor Augen zu führen, ohne dass zunächst ein Weg dorthin zu erkennen ist. Erst auf den zweiten Blick bemerkt man die beidseitig der Kaskade angeordneten Laubengänge, die schließlich zum Ziel führen.

Diese Anlage wurde im Krieg schwer beschädigt, später nur in vereinfachter Form wiederhergestellt. Hin und wieder wurde im Sommer in das Becken Wasser eingelassen, in dem dann die Kleinkinder vom Buddelplatz planschen konnten, jahrelang war es auch mit Erde gefüllt und mit Blumen bepflanzt.

1985 wurde schließlich der alte Zustand der Kaskadenanlage mit Pergolen wiederhergestellt.

Heute allerdings befinden sich die Steinarchitekturen wieder in einem desolaten Zustand und müssten dringend saniert werden. Auch die Wasseraufbereitungsanlage muss erneuert werden. Aber zur Zeit fehlt im Bezirksamt das Geld für die kostenträchtige Restaurierung.

Seit 2005 ein bekannter Berliner Sponsor zeitweise die Patenschaft und Betreuung der Kaskade übernommen hat, hoffen die Anwohner auf eine kontinuierliche Pflege dieser hübschen Anlage.

Allerdings einen Lichtblick gibt es in der Kaskadenanlage: Die »Bürger für den Lietzensee« bepflanzen schon seit mehreren Jahren das große Staudenbeet und pflegen es, ebenso die beiden Laubengänge.

Auf der Wiese neben der Kaskade Richtung Schillerwiese wurde 2009, in Anwesenheit der Familienministerin Ursula von der Leyen, ein Senioren-Aktivplatz eingeweiht mit fünf verschiedenen Sportgeräten, quasi ein Fitness-Studio im Freien, der auf Initiative der Schauspielerin Mariella Ahrens und ihres Vereins

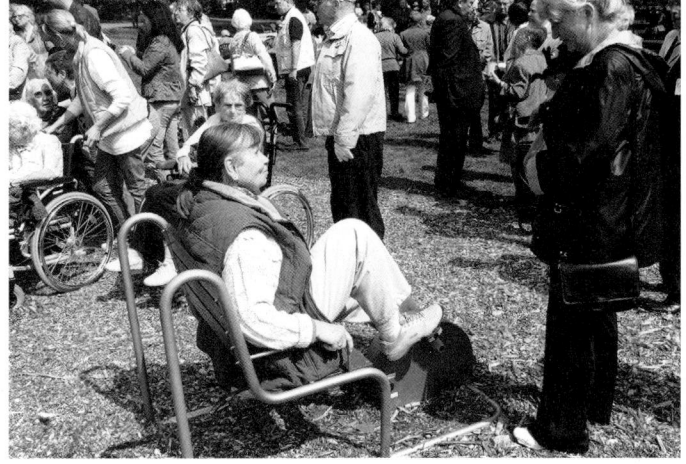

Einweihung
des Senioren-Sport-
platzes, 2009.

»Lebensherbst« für ältere Menschen eingerichtet wurde. Diese
Sportgeräte erfreuen sich großer Beliebtheit bei Parkbesuchern
aller Altersklassen.

Der Wanderer verlässt jetzt den Park, steigt die Treppen am
Springbrunnen hoch und wirft einen Blick auf das Eckhaus
Sophie-Charlotten-Straße 58/60. Hier war 1912 der Verleger
Ernst Rowohlt (1887–1960, →vgl. S. 140) in eine Dreizimmer-
wohnung eingezogen.

*»Er wohnte damals am Lietzensee und verlobte sich
meistens. In seiner Wohnung, die parterre gelegen und
also durchs Fenster zu betreten war, standen mehrere
Ottomanen. In der Erinnerung ists als hätten in der
Wohnung nur Ottomanen gestanden. Manchmal hat
er sich auf jeder Ottomane an einem Abend ein- oder
zweimal verlobt,«* erinnert sich sein Wiener Freund
Stefan Großmann. (→zit. bei Voß, 1980, S. 448)

Bei Kriegsausbruch 1914 gab Rowohlt seine Wohnung auf und
meldete sich als Kriegsfreiwilliger.

Wohnung von
Ernst Rowohlt, 2001.

Weiter geht es nun nach rechts auf der Straße am Park entlang.
Dieser Teil der Wundtstraße zwischen Sophie-Charlotten-Straße
und Kaiserdamm wurde 1980 für den Autoverkehr gesperrt und

den Kindern und Jugendlichen als Spielstraße zur Verfügung gestellt. Sie wurde seitdem je nach Zeitgeschmack mehrmals unterschiedlich ausgestattet, mal gab es einen Buddelplatz, einen Fußballplatz, dann eine freie Fläche für Crossrad- oder Skateboard-fahrer. Z. Zt. sind Streetball-Plätze angelegt, Tischtennisplatten aufgestellt und auf der Wiese zum Kaiserdamm Spielgeräte für jüngere Kinder.

Diese Wiese wurde im November 2005 zu Ehren des Be-gründers des Lietzenseeparks zum Erwin-Barth-Platz ernannt.

Am Ende der Spielstraße, wieder am Nordeingang angekommen, vor dem auf einem hübsch gestalteten kleinen Platz im Halbkreis junge Platanen gepflanzt wurden, beendet der Wanderer seinen Spaziergang rund um den Lietzensee.

Spielstraße, 2006.

DER KAISERDAMM

EREIGNISSE

Der Kaiserdamm war bis 1904 nur ein Sandweg am Lietzensee. Er wurde als Verlängerung der Bismarckstraße über den Sophie-Charlotte-Platz hinaus von 1904 bis 1906 (Eröffnung am 1.11. 1906) auf Wunsch Kaiser Wilhelm II. zu einer prachtvollen, ca. 50 m breiten Heerstraße ausgebaut, die neben den Bürgersteigen und den Fahrdämmen auch auf jeder Seite einen Reitweg hatte. Trotz der U-Bahn wurde auch eine Straßenbahnlinie angelegt. Bereits 1905 gibt es bei Gundlach eine Planungsskizze der heutigen Kaiserdammbrücke, die zeigt, wie die Straßenbahn und die U-Bahn »unter der großen Straßenbrücke die Ringbahn überschreiten.« Die Straßenbahnen fuhren hier bis in die 30er Jahre.

Kaiserdamm mit Straßenbahnschienen, um 1911. Fotos: Museum Charlottenburg-Wilmersdorf

Kaiserdamm, Ecke Königsweg

Charlottenburg Kaiser-Damm, Ecke Meerscheidtstrasse

Die neue Prachtstraße, vermutlich nach dem ersten deutschen Kaiser benannt, führte zu dem ebenfalls neuen Militärübungsplatz bei Döberitz. Um das Aussehen dieses Straßenzuges besonders repräsentativ und vornehm zu gestalten, hatte Wilhelm II. angeordnet, alle Eckhäuser mit Türmen und großen Kupferhauben zu verzieren. Noch heute gibt es einige Originaltürmchen (z.B. Bismarck-/Ecke Fritschestraße). Aber auch bei Renovierungen alter Häuser oder bei Neubauten wurden in jüngster Zeit – mehr oder weniger angedeutet – die Eckhäuser in derselben Weise betont (z.B. Danckelmannstraße/Ecke Kaiserdamm).

In der NS-Zeit begann man 1937 nach Plänen von Albert Speer im Zuge der Neugestaltung der Reichshauptstadt mit dem

Ausbau der Ost-West-Achse. Die vorhandenen Straßen sollten zu einer monumentalen Paradestraße umgestaltet werden, die in gerader Linie durch die Stadt führte und auf der mit großer Schnelligkeit gefahren werden konnte. Als Richtlinie für die Breite der Achse galten die Maße des Kaiserdamms: zwei Fahrbahnen von 14,5 m wurden durch einen Mittelstreifen von 4 m geteilt, an den Seiten Radfahrwege. Der Mittelstreifen wurde nur 4 cm höher als die Fahrbahnen angelegt, nicht nur aus Gründen der Verkehrssicherheit, sondern auch, damit bei Paraden die ganze Straßenbreite benutzt werden konnte. Auch die doppelarmigen Straßenlaternen aus Gusseisen mit zylindrischen Leuchtkörpern aus mattem Glas, die Speer selbst entworfen hatte und die vom Brandenburger Tor bis zum Theodor-Heuß-Platz (damals Adolf-Hitler-Platz) aufgestellt wurden, verstärkten das erwünschte repräsentative Aussehen der Paradestraße. Die Laternen stehen heute noch.

Aufmarsch der Nationalsozialisten auf dem Kaiserdamm, 1939. Foto: Museum Charlottenburg-Wilmersdorf

Die Leuchten von Albert Speer, 2001

Ursprünglich erstreckte sich der Kaiserdamm bis zum S-Bahnhof Heerstraße. Seit 1950 galt dann der Name nur noch bis zum Reichskanzlerplatz (heute Theodor-Heuß-Platz), bereits von dort an hieß die Straße dann Heerstraße. Das hatte zur Folge, dass der Kaiserdamm heute keine Hausnummern mehr zwischen 38 und 78 hat. Zwischenzeitlich war der Name sogar ganz verschwunden. »Nach 61 Jahren muß der Kaiser abdanken«, hieß es am 26. April 1967 im »Tagesspiegel«. Nach dem Tod des Altbundeskanzlers Konrad Adenauer wurde der Kaiserdamm nämlich in »Adenauerdamm« umbenannt trotz massiver Proteste aus der Bevölkerung. Sämtliche Schilder waren bereits ausgetauscht, einschließlich die der U-Bahn-Station. Aber die Proteste der Bürger nahmen nicht ab, im Gegenteil, sie waren so heftig und ausdauernd, dass im Dezember desselben Jahres die Bezirksverordnetenversammlung von Charlottenburg die Rückbenennung in »Kaiserdamm« beschloss. Nachdem 1972 am Kurfürstendamm ein neuer Platz entstanden war, ebenfalls mit einer U-Bahn-Station, wurde dieser zum Ausgleich »Adenauerplatz« genannt.

»Wir wollen unseren alten Kaiserdamm wieder haben!« Karikatur über die Umbenennung des Kaiserdamms 1964. Aus: Kossatz 1985

Der Kaiserdamm war im Laufe der Jahrzehnte wiederholt Schauplatz politischer oder sportlicher Ereignisse.

1955 zog z.B. der Umzug, der anlässlich der 250-Jahr-Feier von Charlottenburg am Bahnhof Witzleben startete und durch den Bezirk führte, auch über den Kaiserdamm.

Viele ausländische Staatsoberhäupter wurden bei ihren Berlinbesuchen über diese Straße gefahren, so z.B. das britische Königspaar im Mai 1965, das damit in der Zeit des Kalten Krieges seine besondere Verbundenheit mit der Stadt dokumentierte. Auch der amerikanische Vizepräsident Lyndon B. Johnson kam kurz nach dem Mauerbau am 19. August 1961 nach Berlin, um die Garantien seines Landes zu bestätigen, und ließ sich von der Berliner Bevölkerung – u.a. auch am Kaiserdamm – bejubeln. Den Lietzensee-Anwohnern werden die Tage vom 27.–29. September 1988 unvergesslich sein, als im ICC der Internationale Währungsfond tagte und der Kaiserdamm in seiner ganzen Länge für jeglichen Autoverkehr gesperrt war, um eventuelle Demonstrationen zu verhindern. Die Menschen flanierten bis in die späte Nacht auf dem Kaiserdamm und genossen das fast nostalgische Ambiente einer autolosen Straße.

Seifenkisten-
rennen, 1954.
Foto: Museum
Charlottenburg-
Wilmersdorf

An sportlichen Ereignissen der Nachkriegszeit müssen die Seifenkistenrennen von 1953 bis 1955 erwähnt werden, die unter großer Anteilnahme der Bevölkerung am Kaiserdamm stattfanden. Die »Rennfahrer« starteten am Messedamm und rollten bis zum Ziel an der Riehlstraße. Oft gab es zur Freude der Zuschauer noch zusätzliche Attraktionen wie die Elefanten auf dem Bild, Werbung für einen gerade gastierenden Zirkus. Unerlässlich war natürlich auch eine »Reparaturwerkstatt«, in der plötzlich auftretende Schäden an den Rennwagen schnell behoben werden konnten.

Foto:
»Der Phoenix« 1941

Auch Lang- und Wettläufe haben hier Tradition. Schon während des Zweiten Weltkrieges veranstaltete der S. C. Argo-Phönix 04 zweimal, 1941 und 1942, den Großstaffellauf »Rund um den Lietzensee«, der am Kaiserdamm/Ecke Witzlebenplatz startete. Der Versuch, nach dem Krieg diese Tradition wieder aufleben zu lassen, scheiterte allerdings. Aber im Laufe der letzten Jahrzehnte hatten die Anwohner der Lietzensee-Gegend genügend Möglichkeit, als Läufer oder Läuferinnen auf dem Kaiserdamm aktiv zu werden oder diese wenigstens als Zuschauer anzufeuern bzw. zu bewundern.

Eine Zeitlang führte die Strecke des Halbmarathons sogar um den Lietzensee, nämlich über die Neue Kant-, Herbart- und Wundtstraße.

Ein besonderes Ereignis war 1987 das Deutsche Turnerfest, als Tausende von Sportlern aus allen Teilen der Bundesrepublik in einem großen Umzug über den Kaiserdamm zogen.

Am 1. und 2. Juli 1987 startete anlässlich der 750- Jahr-Feier in Berlin die 74. Tour de France, das bedeutendste Radrennen der Welt, mit den ersten beiden Etappen, und wer pünktlich sich am Kaiserdamm der Straße aufgebaut hatte, konnte auch sehen, wie die Radrennfahrer innerhalb von 2 Minuten vorbeijagten.

Im Zusammenhang mit den Olympischen Spielen 2004 in Athen wurde die Olympische Fackel rund um die Welt und auch durch Berlin getragen. 132 Läufer liefen mit dem Feuer aus Olympia am 30. Juni 2004 vom Olympiastadion auf Umwegen (51,5 km!) zum Brandenburger Tor. Der Weg führte sie natürlich auch über den Kaiserdamm.

Auch als die Berliner zum Gedenken an das Kriegsende vor 50 Jahren am 8. Mai 2005 aufgerufen wurden, auf der Ost-West-Achse eine Lichterkette mit Kerzen und Laternen zu bilden, haben sich zahlreiche Anwohner auf dem Kaiserdamm versammelt.

Im August 2006 veranstaltet die Kaiserdamm IG (Interessengemeinschaft) zum hundertjährigen Jubiläum der Straße ein zweitägiges Fest. Einer der Höhepunkte war ein Seifenkistenrennen, in nostalgischer Erinnerung an die 50er Jahre. (Kaiserdamm IG, Berlin 2005).

Rudolf Fernau.
Aus: Fernau 1972

BEWOHNER

In den Häusern am Kaiserdamm nahe dem Lietzensee lebten in den 20er und 30er Jahren zahlreiche bekannte Künstler.

In Nr. 4 wohnte Rudolf Fernau (1901–1985) als junger Schauspieler, der 1924 gerade mit seiner Frau nach Berlin gekommen war und als blutiger Anfänger große Mühe hatte, sich unter den bekannten und von sich selbst überzeugten Schauspielern des Deutschen Theaters zu behaupten.

»Himmelhochjauchzende Freude. Die kleine möblierte Wohnung Kaiserdamm 4, vierter Stock, ist uns zugesprochen. Wie eine Kapelle betreten wir auf Zehenspitzen das künftige Tuskulum und betasten scheu die einfachen Möbel und Gegenstände, die uns nun Heimat und Zuflucht werden sollen«. (→Fernau, 1972, S. 139)

Ebenfalls am Kaiserdamm auf der anderen Seite im Haus Nr. 102 erinnert eine Gedenktafel an den Dramatiker und Gründer des Renaissance-Theaters Ferdinand Bruckner (1891–1958, eigtl. Theodor Tagger), der von 1923 bis 1929 hier wohnte.

Zwei Häuser weiter Kaiserdamm 100 nahm Inge Meysel (geb. 1910) auf Empfehlung der Schauspielerin Lucie Höflich Ende der 20er Jahre bei Ilka Grüning Schauspielunterricht. Diese bewohnte mit Lucie Höflich eine typische Berliner Wohnung, die sich vom Vorderhaus bis in das Gartenhaus erstreckte.

»Kaiserdamm 100. Ein Dienstmädchen öffnete. ›Ich komme von Frau Höflich, hier die Karte!‹ ›Hinterhaus, zweite Treppe.‹ Ich raste wieder runter, über den Hof, wieder rauf. Klingeln, dasselbe Mädchen machte auf, ließ mich rein. ›Aber warum haben Sie mich nicht gleich vorn reingelassen?‹ Antwort: ›Das vorn ist die Wohnung von Frau Höflich und hier ist die Wohnung von Frau Grüning.‹« (→Meysel, 1991, S. 64)

Inge Meysel wurde als Schauspielschülerin angenommen und hat am Kaiserdamm eine der schönsten Zeiten ihres Lebens verbracht, wie sie sagt. Sie blieb übrigens immer dieser Gegend treu, denn wenn sie in Berlin im Hotel abstieg, wählte sie das »Hotel Seehof« am Lietzensee.

Im Haus Nr. 16 wohnte von 1925 bis 1933 der Schriftsteller, Lyriker und Journalist Armin T. Wegner (1886–1978) mit seiner Frau Lola Landau, ebenfalls Schriftstellerin, und ihren Kindern (→vgl. S. 257). Wegner war ein glühender Pazifist und Gegner des Nationalsozialismus, der bereits im April 1933 als einziger in einem persönlichen Brief, dem »Sendeschreiben an den deutschen Reichskanzler Adolf Hitler«, scharf gegen die Judenverfolgung protestierte. Er wurde dafür im KZ Oranien-

burg inhaftiert und grausam gefoltert, seine Bücher verboten
und öffentlich verbrannt. Seit 2002 erinnert eine Gedenktafel
an den aufrechten Pazifisten, der schon Anfang des 20. Jahrhunderts über den Völkermord an den Armeniern berichtete,
dessen Zeuge er geworden war. In Armenien wie in Israel zählt
Armin T. Wegner zu den »Gerechten der Völker«.

Arnim T. Wegner
im KZ Oranienburg.

Aus den Werken von Ludwig Greve (Kaiserdamm 10) und Lola
Landau (Kaiserdamm 16) wird in einem späteren Kapitel zitiert.
Im Haus Kaiserdamm 22 wohnte von 1915 bis 1937 die bekannte
Sängerin und Kabarettistin Lotte Werkmeister (1885–1970) und
von 1940–1942 die junge Künstlerin und Widerstandskämpferin
Cato Bontjes van Beek (1920–1943) (→vgl. S. 97).

Ein paar Schritte weiter, in eine Neun-Zimmer-Wohnung des
Hauses Nr. 24, war 1932 die bekannte Kinderbuchautorin Else Ury (1877–1943) mit ihrer
Familie, d.h. den beiden Brü-
dern Ludwig und Hans und der
kranken Mutter, gezogen, in der
ihr Bruder Hans auch als Arzt
praktizierte. Hier begann ihr Lei-
densweg. Sie wurde 1933 von
den Nazis wegen ihrer jüdischen
Abstammung mit Schreibverbot
belegt und aus der Reichsschrifttumskammer ausgeschlossen,
musste 1939 in ein »Judenhaus« in der Solinger Straße ziehen
und wurde 1943 deportiert und in Auschwitz ermordet.

Else Ury, 1931.
Aus: Brentzel 1996

Der Schriftsteller Alfred Döblin (1878–1957), eigentlich von
Beruf Neurologe und Psychiater, konnte der drohenden Verhaf-
tung entgehen. Er verlegte 1930 nach dem Erfolg seines Romans
»Berlin Alexanderplatz« seine Wohnung und Praxis von der
Frankfurter Allee zum Kaiserdamm 28 und wohnte dort bis
zu seiner Flucht 1933 in der Nacht nach dem Reichstagsbrand.
Seine Bücher wurden am 10. Mai auf dem Opernplatz verbrannt.
Eine Gedenktafel an dem Haus erinnert an den Dichter.

Im Haus Kaiserdamm 114 wohnte für kurze Zeit der Schrift-steller Erich Maria Remarque (1898–1970), der mit seinem Anti-Kriegsroman »Im Westen nichts Neues« den Hass der Nationalsozialisten auf sich zog und 1931 emigrierte. Auch ihm ist seit 1999 eine Gedenktafel gewidmet.

Fast zehn Jahre lang, von 1934 bis 1943, wohnte auch der Auto-mobilkonstrukteur und Begründer der Automarken Horch und Audi August Horch (1868–1951) im früheren Haus Kaiserdamm 97 an der Brücke. An dem Neubau befindet sich ebenfalls eine Gedenktafel.

PARKLEBEN HEUTE

BÄUME…

Nach der zunächst eher provisorischen Wiederherstellung der Parklandschaft nach dem Zweiten Weltkrieg begann erst seit 1985 eine wirkliche Rekonstruktion des Parks, da sich das Bezirksamt von Charlottenburg bei den jeweils notwendigen Instandsetzungsmaßnahmen wieder mehr an den Plänen von Erwin Barth orientierte, soweit sie überhaupt erhalten waren. In diesem Zusammenhang stellte man u. a. die beiden Kaskaden wieder originalgetreu her, ebenso die Parktore und Laternen. Auch die von Barth entworfenen Banktypen wurden wieder verstärkt aufgestellt, die eine Art, bestehend aus zwei steinernen Sockeln mit aufgeschraubten grünen oder weißen Holzlatten, und die andere mit Rückenlehne auf eisernem Gestell. Daneben gibt es im Park allerdings noch zahlreiche andere Bänke verschiedener Arten. In der Vergangenheit wurden jahrelang beschädigte Bänke entfernt, ohne dass sie ersetzt wurden, so dass im Park große Lücken entstanden. Nachdem in jüngster Zeit das Bezirksamt die Anwohner erfolgreich zu Bankspenden aufgerufen hat, sieht man wieder mehr gutgepflegte Bänke im Park.

Die Bepflanzung des Parks liegt zur Zeit ziemlich im Argen. Barth bevorzugte an den Hängen die Anpflanzung von Koniferen, Taxus und Stauden, die heute an vielen Stellen nicht mehr vorhanden ist. Auch die Hecken und großen Sträucher an Wegen und Kreuzungen fehlen. Mit ihnen hatte Barth bewusst den weiten Blick durch den Park eingeschränkt und Sichtachsen geschaffen, um dem Besucher immer wieder neue, nicht vorhersehbare Ansichten zu eröffnen. Dadurch war ein Spaziergang bedeutend interessanter als er es heute in dem sehr übersichtlichen Park ist, in dem die dichten Büsche immer wieder stark zurückgeschnitten oder sogar entfernt werden zum Leidwesen der Spaziergänger. Das Grünflächenamt allerdings bezeichnet diese Aktionen als eine Notwendigkeit, da die Büsche vergreist seien.

Auch die jährlichen Fällungen von großen alten Bäumen im Park, die nach Einschätzung von Experten im Grünflächenamt ebenfalls wegen Alter oder Krankheiten unumgänglich sind, erregen regelmäßig großen Ärger der Parkbesucher. Zum Ausgleich werden allerdings auch einige neue Bäumchen gepflanzt.

Das erste Parkpflegewerk, eine vom Amt für Gartendenkmalpflege herausgegebene Dokumentation, in der *»jeder einzelne Parkbereich in seiner gartenhistorischen Entwicklung von der Absicht des Planverfassers bis zur Beschreibung des Jetzt-Zustandes untersucht und beschrieben«* (Lange, II., S. 24) wird, erschien 1987/1989 und gab genaue Auskunft über den Zustand des Parks und die Entwicklungsziele seiner zukünftigen Gestaltung. Die Bemühungen des Bezirks um die Erhaltung und Pflege des Parks wurden damals positiv bewertet:

»Bis auf wenige, allerdings ohne größeren Aufwand zu korrigierende Ausnahmen, befindet sich die gesamte Anlage, denkmalpflegerisch gesehen, in einem relativ guten Zustand. Insbesondere die in den letzten Jahren durchgeführten Restaurierungen an einigen Eingangstoren, sowie der sogen. Kleinen Kaskade, weisen in die richtige Richtung.« (→ Ebenda S. 5)

Jetzt aber, nach fast 30 Jahren und den inzwischen eingetretenen Veränderungen und Beschädigungen an Pflanzen, Wegen und Steinarchitekturen, besteht erneut die Notwendigkeit, den jetzigen Zustand des Parks und seiner Probleme aufzulisten und Vorschläge für mögliche Verbesserungen zu entwerfen. Daher hat das Bezirksamt 2014 den Landschaftsarchitekten und Erwin-Barth-Kenner Dietmar Land mit der Herstellung eines neuen Parkpflegewerks beauftragt.

Es gibt auch ein Baumkataster, also eine Bestandsaufnahme der Bäume im Park, in dem jeder einzelne Baum nach seiner Größe und Bedeutung eingezeichnet ist. Das Kataster ist nicht mehr ganz aktuell, kann aber trotzdem als Wegweiser durch den Lietzenseepark angesehen werden.

Danach spielt sich das Leben im Lietzenseepark heutzutage unter ca. 800 Bäumen ab, deren Artenvielfalt verblüfft. Die am häufigsten vorkommenden Bäume werden schön wissenschaftlich, d. h. lateinisch genannt: acer, platanus, populus und tilia, also

Ahorn, Platane, Pappel und Linde, jeder gleich in mehreren Arten, wie Feld-, Spitz-, Berg-, Eschen- und Silberahorn, oder Silber-, Balsam-, Berliner-, Schwarz-, Grau- und Italienische Pappel, oder Sommer-, Winter-, Silber-, Krim- und Gemischte Linde. Auch die anderen populären einheimischen Bäume sind alle vertreten, z.B. vier Eichenarten: Winter-, Sommer-, Pyramiden- und Roteiche, Rosskastanie, Schwarz- und Grauerle, Birke, Rotbuche, Hainbuche, Esche, Eberesche, drei verschiedene Arten Weide, viele sich selbst gepflanzte Robinien, auch zahlreiche Ulmen, die am Aussterben sind, im nörd-

Trauerweide am See

lichen Teil des Parks mehrere Eiben, sogar einige Kiefern und ein »blütenreicher Apfelbaum«. Im südlichen Teil neben dem Gemeindehaus steht eine ganze Gruppe von Weichselkirschen, auch gemeine Traubenkirsche und Schlehdorn.

Blüten des Tulpenbaumes im nördlichen Park

Daneben wachsen aber auch etliche exotische Gehölze im Park, wie zwei kaukasische Flügelnussbäume direkt am See, gegenüber dem Eichmann-Bild, eine Magnolie auf der Wiese hinter der kleinen Kaskade, zwei Tulpenbäume hinter dem Speerträger und zwei Faulbäume am Nordeingang zum Kaiserdamm, außerdem noch zwei Schnurbäume und eine dreidornige Gleditschie.

Interessant ist die Frage, ob es unter den vielen Bäumen des Lietzenseeparks noch einige alte Exemplare aus der Zeit Witzlebens oder Deppes gibt. Als Erwin Barth 1920 mit den Planungen zum Lietzenseepark begann, wies das Gelände, wie er in eigenen Aufzeichnungen notierte »einen hervorragenden alten Baumbestand auf« aus der Ursprungszeit, obwohl in den folgenden Jahrzehnten sich der Baumbestand immer mehr verselbständig hat, zumal der Park ja auch viele Jahre brach lag, so dass die Zusammenstellung der Bäume, die Barth vorgefunden hat, ein Zufallsprodukt war.

Nicht nur einige dieser alten Bäume, Eichen, Platanen, Linden, Ahorn oder Blutbuchen, die alle mehrere hundert Jahre alt werden können, befinden sich heute noch im Park, sondern auch die große Sumpfzypresse am Nordende des Sees beeindruckt die Menschen seit mehreren Jahrhunderten.

…VÖGEL UND FISCHE…

Der Lietzenseepark ist ein Paradies für große und kleine Vögel. Die häufigsten Arten in heimischen Gewässern und Bäumen sind zur Freude der Parkbesucher alle vertreten.

Platanenreihe an der Wundtstraße

Auf dem Wasser erfreuen sich nicht nur drei Hausgänse, sondern vor allem Wildenten und Blesshühner ihres Lebens, führen ab Mai ihre Jungen auf dem See spazieren, und passen auf, dass sie nicht von den Wasserratten geschnappt werden. Und natürlich Schwäne! Allerdings kann es durchaus vorkommen, dass diese eigenwilligen Tiere einfach wegfliegen, weil ihnen vielleicht die Angebote an Nist- und Lebensmöglichkeiten des Parks nicht zusagen. Dann ist der Lietzensee vorübergehend eine schwanenfreie Zone und die Parkbesucher halten beunruhigt nach Neubewohnern Ausschau. Allerdings mussten sie nie lange warten. Es sind immer neue Schwäne gekommen.

In der Zwischenzeit kann man möglicherweise die beiden Reiher beobachten, die ebenfalls etwas unregelmäßig seit Jahren die Vogelwelt am Lietzensee bereichern.

Aber nicht nur im Wasser, auch an Land herrscht ein reges Vogelleben. Besonders im Mai können empfindliche Anrainer nicht bei offenem Fenster schlafen, denn die Morgenmusik der Vögel, besonders die der Amseln, reißt jeden Menschen Punkt 4 Uhr aus dem Schlaf. Und mit diesen Konzerten geht es dann den ganzen Tag weiter. In den Bäumen singen, zwitschern, krähen, tschilpen jede Menge Sing- und Gartenvögel ohne Pause: Spatzen, Mauersegler, Buch- und Grünfinken, Kohl- und Blaumeisen, Rotkehlchen, Spechte, Stare, Drosseln und viele mehr. Nicht zu vergessen jede Menge Krähen, Elstern und Tauben.

Und seit einigen Jahren kommen auch zum Entzücken der Anwohner immer mehr Nachtigallen in den Park. Sie wechseln sich mit ihrem Gesang ab, singen tagsüber und nachts. Sie sitzen an bestimmten Stellen im Park und gerade in der Stille der Nacht, ohne den Lärm des Verkehrs, kann man ihre »süßen Melodien«, wie es in einem alten Volkslied heißt, manchmal stundenlang hören.

In jüngster Zeit hat der Lietzensee eine weitere Besonderheit vorzuweisen.

Ein großer Vogel mit schwarzen Federn, die in der Sonne metallisch bläulich glänzen, und einem hellen Hakenschnabel, sitzt oft meist unbeweglich am Ufer, bis er plötzlich ins Wasser springt und untertaucht. Wer genug Geduld aufbringt, sieht ihn nach ungefähr einer Minute irgendwo wieder auftauchen, den Schnabel voller zappelnder Fische. Es ist ein Kormoran, der sich am Lietzensee niedergelassen hat. Er ernährt sich von Fischen, meist kleinen bis mittelgroßen, ist also am Lietzensee genau an der richtigen Stelle. Denn dieser ist wie alle Berliner Landseen fischreich, vor allem Plötze, Barsche, Hechte, Rotfedern, auch Aale und jede Menge Weißfische, eine Unterfamilie der Karpfenfische, und viele andere schwimmen hier umher. In den Berliner Landseen gibt es 27 Arten von Fischen, die oft mehr als 20 Jahre alt werden (→Fische in Berlin, Sen. für Stadtentwicklung, pdf-Datei).

Das ungewöhnliche Fischsterben in den Berliner Gewässern (→vgl. S. 87) im Winter 2012 zeigte deutlich, wie viele alte Fische auch im Lietzensee lebten.

… UND MENSCHEN

»Wer zählt die Völker, nennt die Namen«, möchte man mit Friedrich Schiller ausrufen, wenn man die Scharen von Besuchern beobachtet, die Jahr für Jahr seit Generationen schon in den Lietzenseepark strömen in der begründeten Erwartung von Unterhaltung und Entspannung. Das gilt für viele Anwohner, die in »ihrem Park« aufgewachsen und alt geworden sind, ebenso wie für die Neuhinzugezogenen oder Nur-Besucher.

… am Lietzensee, 2006

Allerdings gibt es eigentlich »den Park« gar nicht, sondern es gibt zwei sehr unterschiedliche Parkteile, den nördlichen und den südlichen, und jeder ist eine Welt für sich.

Am Morgen ist der Unterschied noch nicht so deutlich zu spüren, die ersten Spaziergänger laufen mit oder ohne Hunde überall herum und auch die Kleinkindertrupps aus den umliegenden Kindergärten marschieren am Vormittag durch beide Teile des Parks.

Das ist auch die beste Zeit für die Jogger, denen in entsprechenden Publikationen der Lietzenseepark als Joggingstrecke durchaus empfohlen wird (Gesamtbewertung 2), vor allem für Anfänger wegen der geringen Länge von nur 2,5 km. (→mein berlin. berlinguide im Internet. Vgl. auch Karaß 2005, S. 124, darin U.Meyer »Leiden am Lietzensee«)

Spätestens am Nachmittag aber mutiert der nördliche Teil mit seinem großen Spielplatz, dem Fußballplatz und dem Café am See zu einem ausgesprochenen Kiezpark. Dann trifft sich hier jung und alt aus der Nachbarschaft und es wird voll, dann herrscht Lärm und Bewegung in diesem Parkteil und das Leben pulsiert.

Wer aber eher Ruhe sucht nicht nur vor lebhaft spielenden Kindern und Jugendlichen, sondern sich überhaupt einmal vom lauten Großstadtbetrieb zurückziehen will, der kommt im südlichen Teil auf seine Kosten. Daher hat der Lietzenseepark jenseits der Neuen Kantstraße auch ein anderes Publikum, es besteht aus Leuten, die gern in Ruhe auf der Bank sitzen, sich unterhalten oder einen Spaziergang machen, auf einer Wiese liegend lesen oder auch am Nachmittag in Stille sich auf ihre Tai Chi Übungen konzentrieren wollen. Und da kein Café und nur ein mäßig interessanter Spielplatz irgendwelche erlebnishungrigen Mitmenschen anlocken, wird das beschauliche Ambiente auch nur selten gestört.

... am Spielplatz, 2006

Auch auf berufsmäßige Flaneure, also solche, die ihre Spaziergänge in hübsch formulierten Essays literarisch verarbeiten, übt der Park eine große Anziehungskraft aus. Vor gut zwanzig Jahren schilderte Renée Zucker ein Ambiente am Lietzensee, das uns heute schon nostalgisch anmutet.

»Im Sommer wie im Winter ist der Lietzensee (der als der nördlichste der Grunewaldseen gilt, was aber eigentlich nicht stimmt, wie Martin sagt, weil die Endmoräne noch viel weiter reiche, – sogar noch über den Schloßparksee hinaus – ja klar, so gesehen fast bis zum Nordpol!) zwar nicht groß, aber nett. Wenn man an warmen Tagen nicht von quengelnden Kindern belästigt sein will, empfiehlt sich die kleine Bude an der Witzlebenstraße, in deren Garten sich gern die Charlottenburger Skat-Fraktion trifft. Im Ausschank gibt es zwar nur Saft, Wasser, Kaffee und Cola, die Versierten stört das aber nicht weiter, da sie alle einen Flachmann dabei haben, um

sich heimlich ihren Futschi zur besseren Konzentrationsfähigkeit beim Reizen zu mixen. Im Winter dagegen muß man den Gang über den zugefrorenen See wagen, um auf der Rückseite des semi-vornehmen Seehotels die gute und billige Gulaschsuppe von gediegener Oberkellnerhand serviert zu bekommen. Dann hat der Lietzensee etwas von der Atmosphäre des Schöneberger Winterfeldtmarktes – linke Studienräte winken statt mit Poreestangen und Tulpenbündeln mit lammledernden Fäustlingen den Mitkämpfern von damals zu, die angesichts der selbstgefälligen Beamtenruhe mit Nervosität an die eigene Altersversorgung denken und froh sind, dass sie am Ende doch noch wenigstens den enervierenden Kampf um die alte Kommunewohnung am See gewonnen haben.«
(→ Zucker, 1992, S. 211)

»Kiezpark«, 2001

Der Blick einer heutigen Spaziergängerin nimmt Anderes wahr: *»Am andern Ende, wo der Kaiserdamm den See begrenzt, besetzen ein paar Alkoholiker die Bänke. Langzeitarbeitslose spielen Boule. Um den See drehen Jogger und forsch walkende Damen ihre Runden. Kultiviert gekleidete Akademikerpaare besprechen die Tagesereignisse. Russische Großmütter schieben Kinderwagen. Einfach und mehrfach geschiedene, dauern getrennt lebende Frauen und Männer spazieren, angegraut und vom Leben gezeichnet, schweigsam vor sich hin. Singles in der zweiten Lebenshälfte – so wie ich. Der Charlottenburger Lietzensee ist eine Oase für Stadtneurotiker.«* (→ Angelika Obert, zit. Bei Schulze, 2008, S. 107 f.)

Ein Ritual der Lietzensee-Anrainer ist aber möglicherweise zeitlos: der Sonntagsspaziergang im Lietzenseepark: »*Später wälzt sich die Familie aus dem Haus in den Lietzenseepark. Und wie meist an diesem Wochentag, streifen wir auf dem Spielplatz die Leben unserer Nachbarn, Freunde und Bekannten. Zufällig, beiläufig. Die dürfen nämlich auch nicht arbeiten müssen: die Verlagskollegin mit ihren beiden Söhnen, die jungen Eltern aus dem Haus, der alte Politkprofessor, 68er, aber nett, die guten Freunde noch aus Kölner Zeiten. Im Gehen sind wir wieder miteinander auf dem Laufenden. Zeit, den Kinderwagenpulk nach Hause zu schieben, langsam dunkeln die kleinen Gemüter, der Sonntag neigt sich der neuen Woche zu…* « (→Ulrich, Der Tagesspiegel, Juli 1999)

Ja, da fehlt eigentlich nur noch das Glöckchen der Parkwächter!

ES GESCHAH AM LIETZENSEE

PREUSSISCHE LIEBESGESCHICHTE

Therese Elssler
nach einem Ölbild
von Adolf Henning,
Berlin 1832.
Aus: Pirchan 1940

»Besonders gern mochte ich den Lietzensee. Ich stieg am Char-
lottenburger Bahnhof aus und wanderte über die öde, weite
Fläche. Da lag dann der langgestreckte See, von uralten Bäumen
umgeben, ein kleiner Pfad führte am Ufer entlang, an einem
Ende zeigte sich das weiße Landhäuschen, das Prinz Adalbert
seiner morganatischen Gemahlin, Freifrau von Barnim, der
Tänzerin Therese Elssler, erbaut hatte. Diese Romanstimmung
paßte zur weltverlorenen Stille, nur in weiter Ferne zeigten sich
die Charlottenburger Häuserreihen.« (→Bunsen, 1929, S. 121)

So schreibt Marie von Bunsen (1860–1938) über ihre Spaziergänge in den 80er Jahren des 19. Jahrhunderts. Ähnliche
Beschreibungen des Parks hat man schon an anderen Stellen
gelesen – aber ein Prinz und eine Tänzerin in einem Landhaus
am Lietzensee?

Bedauerlicherweise erzählt Marie von Bunsen in ihren Lebenserinnerungen nichts von dieser Liebesgeschichte, obwohl sie ihr sicherlich bekannt war. Denn Marie, eine Tochter aus gutem Hause, »verkehrte bei Hofe«, wurde schon als Kind als Spielgefährtin der kronprinzlichen Töchter in das Kronprinzenpalais eingeladen und nahm später als junges Mädchen im Berliner Schloss an den Hoffesten teil.

Möchte man also erfahren, was sich damals am Lietzensee abgespielt hat, heißt es, selbst nachzuforschen.

Therese Elssler (1808–1878) war im vorigen Jahrhundert eine bekannte Balletttänzerin, allerdings nicht ganz so berühmt wie ihre zwei Jahre jüngere Schwester Franziska, genannt Fanny (1810–1884), die noch heute als eine der größten Tänzerinnen in der Ballettgeschichte gilt. Die beiden Schwestern, in Wien geboren, stammten aus ärmlichen Verhältnissen. Der Vater war von Beruf Musiker und verdiente sich einen kärglichen Lohn als Kopist bei Josef Haydn. Von ihm hatten die Schwestern das musikalische Gefühl geerbt, das sich bei ihnen als tänzerische Begabung äußerte. Als Kinder wurden sie in die Ballettschule des Hoftheaters aufgenommen und in allen Sparten des klassischen Tanzes unterrichtet. Besonders Fannys geschmeidige Grazie gefiel dem Direktor, der bereits die Zwölfjährige als Solistin herausstellte. Obwohl sich Therese ebenfalls als eine sehr talentierte Tänzerin zeigte, stand sie dennoch immer im Schatten ihrer begabteren und erfolgreicheren Schwester. Das hinderte aber beide nicht, gemeinsam aufzutreten und als »Siamesinnen des Tanzes« Karriere zu machen. Therese wurde wegen ihrer Körpergröße von mehr als 1,80 m »die tanzende Riesin« genannt. Nicht jedem gefiel ihre außergewöhnliche Länge, so äußerte sich auch der österreichische Dichter Franz Grillparzer ziemlich boshaft in einem Reisebericht aus Paris über sie:

Fanny und Therese Elsslers Doppelbildnis auf einer Berliner Porzellantasse.
Aus: Pirchan 1940

»Endlich habe ich die beiden Schwestern Elssler, um deretwillen ich eigentlich ins Theater gegangen bin, gesehen. Therese, ein tanzender Straßburger Münsterturm oder St. Stephansturm, konnte hier

sowenig gefallen als in Wien, obschon sie bewunderungswürdige Sachen macht und soviel Grazie hat, als es die Umstände erlauben.«
(→ Pirchan, 1940, S. 55)

Von wohlwollenderen Zeitgenossen wird sie als eine Art jugendliche Juno, als Diana oder Amazone geschildert. Fanny dagegen, kleiner und zierlicher, eroberte die Herzen der Zuschauer mit ihrer bezaubernden Anmut und Natürlichkeit. Beide Schwestern haben sich offenbar in idealer Weise ergänzt. Sie machten gemeinsam Tourneen, traten u.a.in Neapel, Paris und London auf und ertanzten sich ein Vermögen. Auch nach Berlin kamen die Schwestern. Bei ihrem ersten Gastspiel 1830 in der Oper Unter den Linden huldigte ihnen das verwöhnte preußische Publikum in kaum vorstellbarem Überschwang. Besonders ihre Vorstellung »Die Wienerinnen in Berlin oder fünf berühmte ausländische Tänzerinnen in Einer Person« löste Begeisterungsstürme aus. Als die Schwestern später angeblich zu einem Londoner Gastspiel aufbrachen – in Wirklichkeit bekam Fanny ein Kind und wollte es dort in aller Heimlichkeit zur Welt bringen – , überreichten ihnen begeisterte Anhänger Abschiedsgrüße, in denen es u.a. heißt:

»Den scheidenden Grazien Therese und Fanny Elssler bei ihrer Abreise von Berlin den 15. Februar 1833.
Die Trennungsstunde schlägt – so wollt ihr wirklich scheiden
Und eilen nach der Themse fernen Port?
O bleibet holde Schwestern! Bleibt, denn mit euch beiden
Zieht auch die Lust und aller Frohsinn fort ... «

(→ Pirchan, 1940, S. 46)

Der Ruhm besonders von Fanny Elssler verbreitete sich in der ganzen Welt. 1840 erhielt sie eine Einladung zu einer Tournee durch Amerika, die ein einziger Triumph werden sollte. Der Präsident der Vereinigten Staaten lud sie sogar ins Weiße Haus ein. Therese war noch in Deutschland geblieben, wollte aber bald nachkommen. Sieben große Schiffskoffer waren schon nach New York unterwegs, als sie ihre Pläne im letzten Moment änderte. Was war geschehen? Therese war schwanger, sie erwartete ein Kind von dem preußischen Prinzen Adalbert.

Prinz Adalbert (1811–1873) war ein Hohenzollernprinz der Seitenlinie des Königshauses, der Sohn des Prinzen Wilhelm, des jüngsten Bruders des Königs Friedrich Wilhelm III. Die Familie des Prinzen Wilhelm lebte ebenfalls im Berliner Schloss, lieber aber noch, da fern aller gesellschaftlichen Verpflichtungen, auf ihrer Besitzung Fischbach in Schlesien, in einer im Übrigen schlichten und familiären Lebensweise ohne jeden Luxus. Adalbert bekam eine seinem Stand entsprechende militärische Ausbildung, verbrachte aber einen großen Teil seines Lebens mit ausgedehnten Reisen oder, wenn er in Berlin war, in der Ausübung seines gesellschaftlichen »Dienstes« am königlichen Hofe. So musste er u.a. im Sommer vier bis fünfmal in der Woche nach Schloss Charlottenburg zum Diner bei seinem Onkel, dem König Friedrich Wilhelm III., fahren. Später, seit 1854, wirkte Adalbert als Admiral und Vorsitzender der Königl. Marinekommision bei der Begründung der ersten deutschen Flotte mit und setzte sich für den Bau eines preußischen Kriegshafens im Jadebusen (Wilhelmshaven) ein.

Als Adalberts hervorragendste Charaktereigenschaften werden von seinen Biographen Kohut die »*durch nichts zu erschütternde Pflichttreue und dienstliche Gewissenhaftigkeit*« genannt. Er hatte eine sehr zurückhaltende, fast scheue Art, vermied nach Möglichkeit öffentliche Auftritte, und auch an den gesellschaftlichen Veranstaltungen bei Hofe nahm er nur aus Pflichtgefühl teil und nur so lange, wie es unumgänglich war.

Maxe von Arnim, 1840.
Aus: Werner 1937

Ein sehr anschauliches Bild des Prinzen vermittelt Maximiliane von Arnim (1818–1894), die Tochter Bettinas, in ihren Tagebuchaufzeichnungen. Maxe, wie sie genannt wurde, hatte im März 1840 Adalbert kennengelernt, als sie mit ihrer Schwester Armgart zum ersten Mal bei Hofe »präsentiert« wurde. Gleich beim ersten Ball forderte der Prinz sie zur Mazurka auf und begann mit ihr anschließend ein so lebhaftes Gespräch, dass »die lange Unterhaltung einiges Aufsehen erregte, da der Prinz allgemein als sehr zurückhaltend gilt.« Es dauerte nicht lange und Maxe war über beide Ohren in den Prinzen verliebt. Auch Adalbert gewann gegen seine bisherige Gewohnheit Freude an Hoffesten und suchte immer häufiger die Begegnung mit Maxe.

Diese notiert im März 1840:

»Zum Masurek engagierte mich wieder Prinz Adalbert. Im Gespräch fragte er mich dann, etwas verlegen, ob er mich auch zu Tisch führen dürfe. Ich war ganz erstaunt darüber, sagte aber natürlich freudig ja. Bei Tisch lebhafte Unterhaltung; an meiner anderen Seite saß der liebenswürdige Prinz Löwenstein, der recht interessante Konversation machte. Als ich, um einen Gesprächsstoff zu haben, Prinz Adalbert fragte, was er eigentlich den ganzen Tag zu tun habe, antwortete er: ›Sie stellen sich das Leben eines Prinzen wahrscheinlich ganz anders vor als es ist. Man ist immer gebunden. Ich habe schon manchmal gewünscht, ich wäre ein Privatmann, der nach seiner Neigung tun und lassen kann, was ihm beliebt. Ich hatte das Leben schon wirklich herzlich satt – jetzt, wo ich Sie kennengelernt habe, gewinnt es für mich wieder an Reiz‹. Nach Tisch führte mich der Prinz, weil ich im Laufe der Unterhaltung gesagt hatte, ich möchte wohl mal einen Blick in den großen Speisesaal werfen, dahin. Die Scharen strömten gerade aus diesem heraus, aber sofort öffnete sich eine Gasse, als man den königlichen Prinzen sah. Mir wurde heiß und kalt, als ich an seiner Hand durch all diese neugierigen Blicke schritt.« (→ Werner, 1937, S. 78)

Sie tanzten auf den folgenden Bällen so viel zusammen, wie es nur schicklich war, und führten lange Gespräche. Die Unterhaltungen wurden bald so intim, dass Maxe schreibt: *»Was er mir da sagte, vertraue ich selbst meinem Tagebuch nicht an,«* und wenig später, überwältigt von ihren Gefühlen:

»Ich weiß nicht, was daraus werden soll, aber mein Herz gehört ihm. Ich liebe ihn nicht, weil er schön wäre; er ist nicht schön von Gesicht, manche nennen ihn gar häßlich … Ich finde ihn schön, weil ich weiß, dass sein Herz edel, sein Gemüt wahr und aufrichtig ist … Mir imponiert seine männliche edle Erscheinung,

sein ernster Blick fesselt mich, der Schleier über seinem Auge hat so
etwas Rätselhaftes, das mich bezaubert, mir gefällt sein verlegenes,
scheues, fast linkisches Benehmen, sein Stottern entzückt mich. Und
ich weiß, dass ich ihn glücklich machen, den armen verschlossenen
und verbitterten Menschen dem Leben wiedergewinnen kann,
und dass ich allein das vermag – was soll aber daraus werden?«
(→Werner, 1937, S. 86)

Die Zeit der Hoffeste war für Maxe eine Zeit andauernden
Glücks. Ihren Berichten nach waren sie und ihre Schwester,
die sich mit Adalberts Bruder Waldemar angefreundet hatte,
häufig die ungekrönten Ballköniginnen, die von allen wegen
ihrer Schönheit und Anmut und auch wegen ihrer klugen
Konversation und ihrer Schlagfertigkeit verehrt und bewundert
wurden. Auch nach dem Ende der Bälle blieben die Schwestern
in Berlin, sie wurden nun *»auffallend oft zu der Prinzeß Wilhelm,*
der Mutter Adalberts und Waldemars, eingeladen, um Prinzeß
Mariechen Gesellschaft zu leisten und mit ihr zu musizieren;
einmal auch zu einem größeren Musikabend, bei dem auch ihre
Söhne zugegen waren. Es schien so, als ob die Prinzeß uns näher
kennenlernen wollte.« (→Werner, 1937, S. 86)

Die unausgesprochene Hoffnung auf eine dauernde Verbindung
mit Adalbert kann Maxe kaum verbergen.
 Im Juli fuhren sie wieder nach Hause zur Mutter nach Bär-
walde. Beide Schwestern, jede in ihren Prinzen in höchstem
Maße verliebt, warteten nun auf Nachricht. Und jetzt begann
für Maxe das unbeschreibliche, unfassbare Unglück: während
Armgart zahlreiche überbrachte Briefchen und Grüße von
Waldemar bekam, gab Adalbert kein einziges Lebenszeichen
von sich. Maxe war verzweifelt.

»Das erste Lebenszeichen nach länger als einem halben Jahr
erhielt ich von Adalbert, nachdem wir im Januar 1841 nach
Berlin zurückgekehrt waren: eine Aquarellskizze von seiner
Hand, die er mir früher einmal versprochen hatte ....Dabei lag
ein Billett, das die Bitte enthielt, ihm meine Freundschaft zu
bewahren. Das Ganze wirkte auf mich wie ein Abschiedsgruß
– und es ist auch ein Abschiedsgruß gewesen. Mein roman-

tischer Liebestraum war zu Ende. Nur das Rätsel: wie war solche Sinnesänderung bei solch festem Charakter möglich? blieb und quälte mich noch lange.« (→Werner, 1937, S. 90)

Was Maxe nicht wusste, war die Tatsache, dass der Prinz zur selben Zeit eine Liebesaffäre mit der Tänzerin Therese Elssler hatte.

Ballettaufführungen galten zwar in weiten Kreisen als unmoralisch, erfreuten sich aber dennoch – oder gerade deswegen – großer Beliebtheit und waren gesellschaftliche Ereignisse, die in der Öffentlichkeit ausgiebig diskutiert wurden. Ebenso standen der Lebenswandel und die wechselnden Liebesaffären der Tänzerinnen im Mittelpunkt des allgemeinen Interesses:

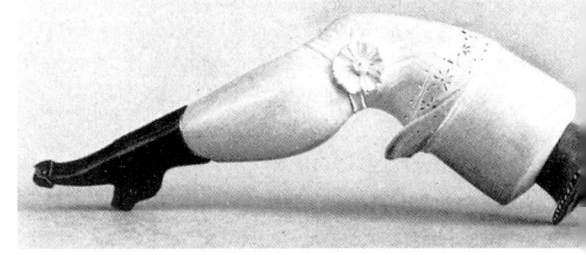

Fannys Bein als Zigarrenspitze.
Aus: Pirchan 1940

»Das Engagement zweier überragender Ballerinen, deren Liebes- und Eifersuchtsaffären für werbewirksame Stadtgespräche sorgen, verhilft der Lindenoper zu Aufwertung und Zulauf. Die Kunde, Maria Taglioni habe sich zwecks Widerlegung eines hämisch ausgestreuten Buckel-Verdachtes nackt malen lassen und Fanny Elssler, 18 Jahre alt, sei die spät hochkochende Leidenschaft eines einflußreichen 65jährigen Wiener Politikers und Hofrates gewesen, füllt die Sitzreihen.« (→Bellmann, 1993, S. 120)

Ironisch äußerte sich der Berliner Chronist v. Kertbeny 1831 über die doppelte Moral des Bürgertums:

»In wievielen Gesellschaften Berlins wird über die Verletzung der weiblichen Sittsamkeit, welche von den Balletten ausgeht, gesprochen, und bei der nächsten Aufführung eines Balletts sind es gerade diese Eiferer, welche sich zu den ersten Plätzen drängen, entweder um den schädlichen Einfluß recht durch und durch zu

empfinden und sich dann für immer vor ähnlichen Einflüssen zu hüten, oder um in der Nähe zu sein und zu sehen, wieweit sich das Verderbliche wohl erstrecken kann.« (→ v. Kertbeny, 1831/1981, S. 295 f.)

Prinz Adalbert hatte also mit der schönen Tänzerin ein – für ihn unverbindliches – Verhältnis begonnen. Die Frauen hatten damals die Folgen solcher Affären allein zu tragen und keinerlei Rechte oder Anspruch auf Hilfe, gerade für Tänzerinnen eine aus vielen Gründen fast aussichtslose Situation. Und selbst wenn sie finanziell abgesichert waren, wie Thereses Schwester Fanny, die einen Sohn und eine Tochter hatte, litten sie doch ein Leben lang darunter, dass sie ihre Kinder heimlich und von fremden Leuten großziehen lassen mussten, weil das Bekanntwerden ihrer Mutterschaft das Ende ihrer Karriere bedeutet hätte.

Man kann davon ausgehen, dass Adalbert nicht an eine bleibende Verbindung dachte, als er sich mit Therese einließ. Doch dann änderte sich die Situation plötzlich, weil Therese ein Kind erwartete. Und sie hatte mehr Glück als die meisten ihrer Schicksalsgenossinnen. Der Prinz zeigte sich, wie es seinem Charakter entsprach, gegen alle Konventionen in einer Mischung aus Liebe und Pflichtgefühl verantwortungsbewusst. Er überließ Therese nicht ihrem Schicksal, wie seine Familie es von ihm forderte, sondern stand zu ihr und dem ungeborenen Kind und war bereit, sein Leben entsprechend zu verändern. Schenkt man seinen Biographen Glauben, liebte er die Tänzerin innig, und wahrscheinlich haben *»der ruhige Deutsche«* und die lebhafte österreichische Künstlerin, die *»die Heiterkeit, den Scherz, das Gefühl und vor allem die Liebe«* verkörperte, tatsächlich gut zusammengepasst.

Prinz Adalbert von Preußen, um 1860. Aus: Pirchan 1940

»In Berlin lernte Prinz Adalbert Therese Elssler, die als entzückende und anmutige Tänzerin an allen Bühnen Siege errang, kennen und war von ihrem bestrickenden Wesen und ihrer Weiblichkeit so sehr bezaubert, dass er gleich sein Herz an sie verlor. Keine Vorurteile kennend, erkor er sie zu seiner Herzenskönigin. Er liebte sie innig. Die Liebe der beiden für einander war keine flüchtige, für den Augenblick geborene Neigung... und dauerte auch bis zum Tode des Prinzen, der nie müde wurde, in herzlicher und ritterlicher Weise seine Therese als das weibliche Wesen vor aller Welt zu ehren, dessen Besitz ihn wahrhaft glücklich mache.«
(→ Kohut, 1913, S. 191 f.)

Adalbert war entschlossen, alle Schwierigkeiten zu überwinden und Therese zu heiraten. Vor allem musste er auch seine Mutter überzeugen, die durch die häufigen Besuche Adalberts bei der Tänzerin schon sehr beunruhigt war und in einem Brief besorgt schreibt: »Man hört so viel in den Zeitungen von einem gewissen Etablissements vor einem der Thore Berlins«. Aber Adalbert setzte seine Besuche bei Therese fort:

»Die damaligen Zeitgenossen erinnern sich des den Berlinern so beliebten Prinzen, wenn er auf einem arabischen Schimmel mit einer gewissen Regelmäßigkeit die Louisenstraße entlang ritt, am Louisenplatz Halt machte und abstieg. Den Araber hatte ihm der Kaiser Nikolaus geschenkt.« (→ Bartsch, 1890, S. 124 f.)

Am Louisenplatz, heute Robert-Koch-Platz, am Neuen Tor wohnte nämlich Therese.

In dieser Zeit schickte Adalbert auch Maxe seinen Abschiedsbrief. Maxe schreibt in ihrem Tagebuch:

»Erst viel später wurde (das Rätsel) mir gelöst. Prinz Adalbert war in nähere Beziehungen zu der berühmten Tänzerin Therese Elssler... getreten. Weil seine Mutter davon wußte und ihn aus diesen Banden loßreißen wollte, hat sie die Neigung ihres Sohnes für mich begünstigt. Als aber Adalbert erfuhr, dass die Elssler ein Kind von ihm unterm Herzen trage, fühlte er sich seinem Charakter gemäß verpflichtet, das, was er verschuldet, wieder gutzumachen und die Mutter seines Kindes zu heiraten. Da er

mir diesen Zusammenhang nicht mitteilen konnte, hatte er ganz geschwiegen.« (→Werner, 1937, S. 90)

Maxe hat den Prinzen nur noch einige Male aus der Ferne gesehen und nie wieder mit ihm gesprochen.

1841 brachte Therese einen Sohn zur Welt, der nach seinem Vater Adalbert genannt wurde. Sie behielt ihre Wohnung am Louisenplatz. Außerdem ließ in dieser Zeit Adalbert für sie außerhalb Berlins am Lietzensee das weiße Sommerhaus für sie bauen, das Marie von Bunsen erwähnte. Hier verbrachte Therese gewöhnlich die Sommermonate. Die genaue Lage des Hauses ist nicht bekannt. Vom Süden aus gesehen »an einem Ende« des Sees, schreibt M. v. Bunsen, man müsste es sich also am nordöstlichen Ufer des Sees vorstellen, etwa am Witzlebenplatz. Immerhin muss das Sommerhaus noch nach 1880 dort gestanden haben. Adalbert kannte Charlottenburg und auch den Lietzensee durch seine regelmäßigen Besuche bei seinem Onkel, der 1840 starb. Auch Maxe erwähnt das weiße Landhaus am See: *»Er baute für sie eine Villa am damals noch weltfernen Lietzensee, wo sie sehr glücklich zusammen gelebt haben sollen.«* (→Werner, 1937, S. 90)

Therese lebte sehr zurückgezogen und war viel allein, da Adalbert weiterhin Reisen unternahm. Als seine Mätresse hatte sie keinen Kontakt zur königlichen Familie. Aber sie war zufrieden. Sie hatte endgültig aufgehört zu tanzen, war jetzt 33 Jahre alt, liebte ihren Sohn und seinen Vater, und wartete darauf, dass er sie endlich heiraten durfte.

Nach den preußischen Ehegesetzen war es Prinz Adalbert als Angehöriger des Hochadels verboten unterhalb seines Standes zu heiraten. Er konnte mit einer bürgerlichen Frau nur eine nicht standesgemäße, sogenannte morganatische Ehe eingehen. Aber auch dazu bedurfte er der Genehmigung des Königs, der die nicht standesgemäße Frau in den Adelsstand erheben musste, bevor die Ehe geschlossen werden konnte.

In einem Ehevertrag wurden die vermögens- und erbrechtlichen Bedingungen für Frau und Kinder festgelegt, die natürlich entschieden ungünstiger waren als bei standesgleichen Ehen. Diese Form der morganatischen Ehe wurde 1919 abgeschafft.

Adalbert bemühte sich nach der Geburt seines Sohnes hartnäckig, die Einwilligung des Königs, nun seines Cousins Friedrich Wilhelm IV., und die Billigung seiner Familie zur Eheschließung zu erhalten, die ihn ebenso hartnäckig von dieser skandalösen Verbindung abzubringen versuchten. Schließlich hatte er sein Ziel erreicht: Der König ernannte Therese zur Freifrau von Barnim und im April 1850, Therese war mittlerweile 42 und der Sohn bereits 9 Jahre alt, heirateten sie und Prinz Adalbert im Schloss Monbijou, das seit 1843 der Wohnsitz des Prinzen war.

Leider gehören die persönlichen Akten des Hohenzollernprinzen, darunter die »*acta secreta, betr. die eheliche Verbindung Sn* (Seiner) *K*(öniglichen) *H*(ohheit) des Prinzen Adalbert von Preußen mit der Therese Elssler, nunmehrigen Frau von Barnim« zu den Verlusten des Geheimen Staatsarchivs im Zweiten Weltkrieg. Auch das Testament des Prinzen, das Auskunft über die Besitzung in Charlottenburg hätte geben können, und die Akte von 1857 »*betr. des Adels- resp. Freiherrndiplom für den v. Barnim, Sohn S. K.H. Prinz Adalbert v. Pr.*«, sind verbrannt.

Nach der Eheschließung konnte nun endlich ein normales, wenn auch recht zurückgezogenes Familienleben beginnen. Da Therese – trotz der Heirat – aus Standesgründen nicht bei Hofe erscheinen durfte, nahm auch Adalbert kaum mehr an offiziellen Einladungen und Festlichkeiten im Schloss teil.

»*Es war eine stille, dem Hofnimbus entrückte Häuslichkeit, die der Prinz sich geschaffen hatte, aber sie war ein Bedürfnis für die Zufriedenheit seiner Seele. Er folgte, wie gesagt, dem Drang seines Herzens. Nie hatte Prinz Adalbert zu bereuen, sich mit einer Tänzerin fürs Leben verbunden zu haben*«, wird der Biograph nicht müde zu betonen. (→Kohut, 1913, S. 197)

Seit 1852 wohnten sie in einem neuerbauten Palais in der Leipziger Straße – »*so recht ein behagliches und gemütliches Heim für zwei Herzen, die nur füreinander schlagen und leben wollten*«

– und in den Sommermonaten auch in der weißen Villa am Lietzensee. Obwohl Adalbert weiterhin viel auf Reisen war, führte Therese jetzt ein geselligeres Leben als früher, empfing in ihrem Haus Besuche und verreiste selbst. Die Familie des Prinzen hatte sich mit der Verbindung abgefunden und pflegte mit Therese inoffiziell einen familiären Umgang. Die ehemalige Tänzerin scheint auch in ihre Rolle gut hineingewachsen zu sein: *»Diese stattliche Frau wußte sich in die neue Lebenslage sehr gut einzufinden, sie repräsentierte auf Schloß Homburg* (dem Schloß der verstorbenen Schwiegermutter, d. Verf.) *wie eine geborene Fürstin«.*(→Pirchan, 1940, S. 85)

Auch war das Ehepaar dankbar über jede Anerkennung, die die adlige Verwandtschaft Therese zukommen ließ: *»Die Fürstin von Rudolstadt, die im 82. Lebensjahre stehende Tante des Prinzen, hat brieflich ihre Freude ausgesprochen, der Frau von Barnim und dem Sohne nahegetreten zu sein und beide liebgewonnen zu haben.«* (→Bartsch, 1890, S. 279)

Ein großes Unglück traf die Familie 1861, als ihr einziger Sohn, Adalbert von Barnim, ein Gardedragonerleutnant, knapp zwanzigjährig auf einer Reise in Ägypten starb: *»Ein harter, fast nicht zu verwindender Schlag für den Vater, und für die schwer getroffene Mutter; in dem glücklichen Familienleben war dieser einzige Sohn das Kleinod, dem beide Eltern mit den reichsten Hoffnungen für die Zukunft lebten.«* (→Bartsch, 1890, S. 278)

Seine Leiche wurde nach Berlin überführt und auf dem Invalidenfriedhof begraben. Aber selbst in diesem Trauerfall, an dem die ganze königliche Familie Anteil nahm, wurde das Hofzeremoniell nicht verletzt. Adalberts Cousin, der spätere Kaiser Friedrich III., notierte in seinem Tagebuch am 27.8.1861 zum Begräbnis:

»Heute wird Adalberts Sohn, v. Barnim, dessen Leiche aus Ägypten geholt wurde, auf Invalidenkirchhof begraben. Ich nicht dabei auf Papas Anweisung, weil der Verstorbene avant la lettre (also vor der offiziellen Eheschließung) *geboren war.«* (→Werner, 1937, S. 90)

Der Papa war König Wilhelm I.

Prinz Adalbert starb plötzlich 1873 im Alter von 61 Jahren während einer Kur in Karlsbad an einem Herzschlag. Sein Grab befindet sich in der Hohenzollerngruft im Berliner Dom.

Therese von Barnim überlebte ihn um fünf Jahre. Ein Lungenleiden wollte sie in Meran bei Fannys Tochter ausheilen. Hier starb sie 1878 mit 70 Jahren in der Villa »Fanny«. Ihr Leichnam wurde nach Berlin überführt und neben ihrem Sohn auf dem Invalidenfriedhof begraben.

In der NS-Diktatur wurden beide Gräber entfernt, da Therese jüdischer Herkunft war. Liebe und Ehe zwischen einer Jüdin und einem Hohenzollernprinzen passten nicht in das von den Nazis vermittelte Bild, die das neue Deutschland mit den Traditionen Preußens zu verbinden suchten.

Das weiße Landhaus am Lietzensee hat offenbar nach dem Tod der Prinzenfamilie niemand mehr bewohnt. Über sein weiteres Schicksal sind keine Angaben zu finden.

EPITAPH FÜR PAUL MÜLLER

Blättert man in den Adressbüchern der 20er und beginnenden 30er Jahre, findet man in den Häusern am Lietzensee zahlreiche jüdische Namen: Blumenthal, Levy, Glückauf, Grünstein, Moses, Spieldoch und viele mehr. Wie die meisten Bewohner waren auch diese gutsituiert und in gehobenen Berufen oder im künstlerischen Bereich erfolgreich tätig – Berufsangaben wie Fabrikbesitzer, Bankdirektor, Syndikus oder Konzertpianist, Komponist, Maler usw. überwiegen – und trugen ihren Teil dazu bei, den Ruf der Lietzenseegegend als anziehendes gutbürgerliches Wohngebiet mit gewissem künstlerischem Ambiente zu festigen.

Nicht nur am Lietzensee, sondern im ganzen bürgerlichen Charlottenburg hatten sich seit Ende des Ersten Weltkrieges überdurchschnittlich viele Einwohner jüdischen Glaubens niedergelassen. Laut Volkszählung vom Juni 1933 waren es 27 013, also 7,9 % der Gesamtbevölkerung des Bezirks. Die meisten von ihnen gehörten, wie die Lietzensee-Bewohner, dem gehobenen Mittelstand an. Sie waren in der Mehrheit »emanzipierte« Juden, d.h. sehr oft nicht mehr religiös, sondern assimiliert und integriert.

Paul und Frieda Müller auf Norderney, um 1912.
Foto: Kubisch

Die Vertreibung und Vernichtung dieses jüdischen Teils der Bevölkerung durch die Nationalsozialisten spiegeln die Adressbücher der Zeit nach 1933 in erschütternder Weise wider. Jahr für Jahr wird die Zahl der jüdischen Namen in den Häusern geringer, bis sie schließlich ganz fehlen: alle jüdischen Bewohner, wenn sie nicht mehr rechtzeitig emigrieren konnten oder wollten, waren von den Nationalsozialisten deportiert und umgebracht worden.

In Erinnerung an die verschleppten und ermordeten Juden, die in der Umgebung des Lietzensees gewohnt haben, soll hier das Schicksal von Paul und Frieda Müller aus der Dernburgstraße aufgeschrieben werden.

Wie viele Berliner Juden war auch Paul Müller, am 9. November 1884 in Berlin geboren, in der Konfektionsbranche tätig. Mit seinem Bruder zusammen besaß er eine Textilfabrik für Herrenwäsche. 1932 trennte er sich von ihm wegen persönlicher Differenzen und machte sich mit einer Handelsvertretung für Herrenwäsche selbständig. Zusätzlich gründete noch eine eigene Firma für die Herstellung von Kragen, Oberhemden und Schlafanzügen. Paul Müller wohnte mit seiner Frau Frieda, die keine Jüdin war, in einer geräumigen 5-Zimmer-Wohnung im 3. Stock des Hauses Dernburgstraße 55, die während der Nazi-Zeit Gustloffstraße hieß. Das kinderlose Ehepaar führte ein ruhiges, angenehmes Leben. Geldsorgen gab es nicht, einiges Vermögen, Grundstücke und Ersparnisse waren vorhanden, die Firma florierte, man konnte sich vieles leisten und im Sommer verreiste man an die Nordsee oder ins Riesengebirge.

Antisemitische Schmierereien an einem jüdischen Textilgeschäft.
Aus: Westphal 1992

Dann kam die Machtergreifung der Nationalsozialisten im Jahr 1933 und veränderte auch Leben des Ehepaars Müller von Grund auf. Zunächst konnte Paul Müller trotz wachsender Bedrohung und allmählicher gesellschaftlicher, politischer und rechtlicher Isolation in den ersten Jahren der NS-Diktatur noch seine Geschäfte weiter führen, wenn auch unter immer schwieriger werdenden Bedingungen.

Nach der sogenannten Kristallnacht allerdings am 9. November 1938, in der auch die vielen jüdischen Geschäfte am Kaiserdamm und besonders die Antiquitätengeschäfte in der Suarezstraße zerstört und geplündert wurden, war es offensichtlich, dass kein noch so eng gefasstes jüdischen Leben in Deutschland mehr möglich war. Die Synagogen mussten geschlossen werden, jüdische Kinder durften keine öffentlichen Schulen mehr besuchen und es erging ein totales Gewerbeverbot für Juden. Einen Tag später, am 10. November 1938, wurde Paul Müller verhaftet und kam in das KZ Sachsenhausen. Müller durfte eine unverbindliche Postkarte (am 14.12.1938) an seine Frau schreiben:

»Mein Liebstes. Gib mir Bescheid, ob Du gesund bist. Mit geht es gut. Geld darf per Postanweisung empfangen werden. Falls Heidel und Baumann die Arisierung der Vertretung ohne meine Anwesenheit nicht durchführen können, sollen diese veranlassen, dass ich zugegen bin, zumal die Zeit drängt. Grüße M. und W. und bleib gesund. Dein Paul.«

Der vorgedruckte Absender auf der Karte lautet in zynischer Offenheit:

»Meine genaue Anschrift, Name:......, Nr:......, Block:......, Konz.-L. Sachsenhausen, Oranienburg bei Berlin«. (→Nachlass Müller)

Anfang 1939, nach sechs Wochen KZ-Haft wurde Paul Müller – abgemagert, kahlgeschoren und gedemütigt – wieder entlassen. Auf der Postkarte hatte er selbst den Grund für seine Freilassung suggeriert: nur er persönlich könne seine Firma »arisieren«, d.h. den Zwangsverkauf für eine geringe, in keinem Verhältnis zum eigentlich Wert stehende Summe durchführen.

Müller verlor seine Textilfabrik und seine Handelsvertretung, aber mit ihrem Verlust konnte er sich zunächst noch einmal retten.

Nun begann für das Ehepaar ein verzweifelter Überlebenskampf. Durch Gesetzeserlass musste Paul Müller seit dem 17. August 1938 den zusätzlichen Vornamen »Israel« tragen, der ihn als Jude kennzeichnete. Frau Müller, die seit 1937 drei Vertretungen für Herrenwäsche übernommen hatte, um so zum Unterhalt beizutragen, wurde nach und nach von den Firmen gekündigt, weil sie »jüdisch verheiratet« sei. Damit war dem Ehepaar die Existenzgrundlage entzogen, sie lebten nun von ihren Rücklagen. Versuche, das noch vorhandene Vermögen auf den Namen der Ehefrau zu übertragen, schlugen fehl, wenig später wurde es beschlagnahmt. In dieser aussichtslosen Situation sahen sie nur noch eine Lösung, sie ließen sich am 27. Juli 1939 scheiden.

»*Zu der Ehescheidung kam es dadurch, dass mein Mann die Idee hatte, mich damit vor Belästigungen vor der Gestapo zu schützen. Auch wollte er dadurch für mich unsere 5-Zimmer-Wohnung erhalten, damit ich durch Untervermietung meinen und seinen Unterhalt bestreiten konnte ... Mein Man war mit Rechtsanwalt Dr. Walter Katz befreundet. Dieser riet ihm, wir sollten uns scheiden lassen. Hiergegen habe ich mich zunächst sehr gesträubt. Aber beide überzeugten mich schließlich, dass es nötig sei. Wir haben aber für die Scheidung einen fremden Anwalt genommen, weil wir nicht wollten, dass unsere Freunde von der Scheidung etwas erführen. Wir haben danach jedoch stets als verheiratet zusammen gelebt.*«

Bald nach der Ehescheidung verließ Paul die gemeinsame Wohnung, er zog zur Untermiete zunächst in die Suarezstraße 29. Der Schein musste gewahrt bleiben, nur heimlich konnte sich das Ehepaar treffen. In der Folgezeit wechselte er mehrmals seine Unterkünfte, eine längere Zeit wohnte er auch in einem Zimmer in der Dresselstraße 3.

Sofort nach seiner Entlassung aus dem KZ hatte Müller begonnen, seine Emigration in die Wege zu leiten. Zunächst versuchte er die Einwanderungserlaubnis in die Vereinigten Staaten zu erhalten, wo er Verwandte hatte. Sein amerikanischer Vetter Belmont Corn bemühte sich rührend um ihn und schickte ihm auch die notwendige Bürgschaft (Affidavit), die bei der Erteilung eines Visums seine gesicherte Existenz in den USA verbürgen sollte. Aber die Einreiseformalitäten zogen sich hin, beim amerikanischen Generalkonsulat in Berlin war seine Vormerknummer auf der Warteliste am 22. Juni 1939 74.497. Bevor sein Fall überhaupt verhandelt wurde, war das Affidavit verfallen. Und die Zeit drängte. Als letzte Möglichkeit bestand nur noch die Auswanderung nach Shanghai. Wieder begann ein quälender, zeitraubender Briefwechsel mit Freunden und Verwandten in Amerika und Shanghai. Am 12. November 1940 schrieb Paul Müller an einen bereits emigrierten Bekannten in den USA:

Paul und Frieda Müller, 1930.
Foto: Privatbesitz

Finanzamt Charlottenburg-West

Bez. 218/9320, Zimmer Nr. 238.

Sprechstunden täglich außer Montags von 9 bis 13 Uhr

Postscheckkonto Berlin NW 7 108594
Girokonto 1144 Reichsbank Berlin

Bln.-Charlottenburg 4, 28. Januar 1939.
Bismarckstr. 48/52
Fernruf: 34 00 16 App. Nr.

Frau

Frieda M ü l l e r ,

Berlin-Charlottenburg.
-.-.-.-.-.-.-.-.-.-.-.-.-.-.-.-
Gustloffstraße 55.

Zum Antrag vom 15. Januar 1939.
-.-.-.-.-.-.-.-.-.-.-.-.-.-.-.-

stunde ich Ihnen die erste Rate der Judenvermögensabgabe in Höhe von 2250.- RM bis zum 15. Februar 1939. Sollten Sie mir bis zu diesem Tage den Nachweis, daß Sie nach den Nürnberger-gesetzen nicht als Jüdin gelten, nicht erbracht haben, wird ohne weitere Mahnung die Zwangsbeitreibung eingeleitet.

Im Auftrage:

gez. M i l s c h

Obersteuerinspektor

Beglaubigt:

»Lieber Herr Lesser, wie Ihnen bekannt, hat sich mein Vetter Belmont Corn sehr bemüht und eingesetzt, dass ich mit seiner Hilfe nach Shanghai komme. Er hat nicht nur das Vorzeigegeld deponiert, darüber hinaus hat er für die Erlangung des Permits weitere $ 50 zur Verfügung gestellt. Möglicherweise infolge irgendwelcher Mißverständnisse, die vielleicht auf eine mangelnde Ausdrucksfähigkeit in der englischen Sprache zurückzuführen sind, hat die Überweisung mit den $ 50 nicht geklappt. M. E. sind diese nicht an die richtige Stelle dirigiert worden und somit ist die ganze Angelegenheit auf dem toten Punkt angelangt und geht nicht weiter. Ich möchte Sie deshalb bitten, aufgrund nachstehender Erläuterungen meinem Vetter die Sachlage nochmals zu erklären, damit er dann das Erforderliche veranlaßt.

Egon Stein war ein Angestellter meines Bruders Alfred und lebt seit längerer Zeit in Shanghai. Stein ist außerdem ein intimer Freund des Sohnes meines Cousins Sternberg, Kaiserdamm Berlin. Da er beiderseitig also wohlbekannt ist, besteht kein Anlaß zu irgendwelchem Mißtrauen seiner Person gegenüber.

Besagter Egon Stein nennt sich nun aus mir unbekannten Gründen, die ich von hieraus natürlich nicht ermitteln kann, oder firmiert zumindest:

Manfred Nathan, Shanghai-Hongkew, 45 Ward Road.

Stein, alias Nathan, hat sich zur Verfügung gestellt, mir das Permit zu besorgen gegen Stellung von $ 50 für Spesen usw.. Es ist nun durchaus möglich, sogar wahrscheinlich, dass durch die Namens- oder Adressenänderung ein Kuddelmuddel entstanden ist, woran die ganze Permitgeschichte bisher gescheitert ist ... « (→Nachlass Müller)

Dieser Brief zeigt schon, wie trotz großer Hilfsbereitschaft und intensiver Bemühungen aller Beteiligten es immer wieder zu Verzögerungen, Missverständnissen und Fehlplanungen kam, so dass letzten Endes auch die Flucht nach Shanghai nicht mehr gelang. Als im Oktober 1941 durch Gesetzeserlass die Auswanderung von Juden verboten wurde und die Nationalsozialisten mit der systematischen Erfassung und Deportation der Juden begannen, blieb für Paul Müller als einzige Überlebenschance nur noch das Leben in der Illegalität übrig, d. h. er musste untertauchen.

Zunächst versteckte er sich vorwiegend bei anderen befreundeten jüdischen Familien, wobei er fast jede Nacht sein Quartier wechseln musste. Tagsüber verließ er die Wohnungen und lief durch die Stadt. Seine Frau Frieda, die die ganze Zeit über engen Kontakt zu ihm hatte und ihn unterstützte, so gut sie konnte, schilderte seine deprimierende Lebenssituation:

»Er hat die Wohnungen immer verlassen. Nur selten ist er nach Hause gegangen, weil eine Familie nach der anderen abgeholt wurde. Wenn er zufällig anwesend war bei der Abholung durch die Gestapo, entzog er sich der Verhaftung durch die Flucht. Einmal über die Dächer, es gab an dem Haus eine eiserne Treppe, die zum Dach führte. Einmal war er zuhause, als seine Wirtsleute abgeholt wurden, da sagte man ihm, er stände noch nicht auf dieser Liste. Aber das nächstemal käme er dran.«

Auch Frieda Müller lebte in ständiger Angst und in Sorge um ihren Mann. Aufgrund der Scheidung durfte sie weiter in der großen Wohnung bleiben und verdiente sich, wie geplant, durch Untervermieten Geld. Sie berichtet an anderer Stelle:

»Später, als mein Mann bereits illegal lebte, war ein SS in Zivil bei mir unter dem Vorwand, ein Zimmer bei mir zu mieten. Als ich ihn dann einließ und mit ihm sprach, stellte sich heraus, dass er ein SS-Mann war. Er sagte mir, er könne es bei den Nazis nicht mehr aushalten. Er wäre dazu ausersehen, die Listen zu führen und dabei anwesend zu sein, wenn die Gefangenen umgebracht würden. Es fließen dabei Ströme von Blut. Diese Exekutionen werden in einem gekachelten Raum vorgenommen, das Blut spritzt gegen die Wände. Er könnte das nicht mehr mitansehen und müßte irgendwo untertauchen. Von Leuten im Hause wäre er zu mir geschickt. Ich könnte ihm helfen, denn ich hätte meinen Mann auch versteckt. Ich lehnte alles ab und sagte, mein Mann wäre längst über die grüne Grenze.«

Das Leben im Untergrund wurde für Müller immer bedrückender und gefährlicher, es gab kaum mehr Möglichkeiten, irgendwo zu übernachten. Da fasste das Ehepaar den Plan, unerkannt ein Zimmer zu mieten, in dem sie sich abends treffen würden. So bezogen sie 1942 in einem Haus in der abgelegenen, kleinen Sarkauer Allee am S-Bahnhof Pichelsdorf eine Mansarde, in der sie mehrere Monate lang die Nächte verbrachten. Trotz ständiger Angst vor Entdeckung haben beide in diesem Haus eine zeitweilige Geborgenheit gefunden. Als nach dem Krieg Frieda Müller Wiedergutmachung beantragte für in der Nazi-Zeit erlittenes Unrecht, gab die Wirtin, Frau Dänicke, 1957 als Zeugin vor einem Notar folgendes zu Protokoll:

»Etwa im Frühjahr 1942 kam Herr Paul Müller, den ich bis dahin nicht kannte, zu mir und fragte, ob er ein Zimmer haben könnte, damit er und seine Frau in den Nächten sicherer vor den Bomben sei. Ich vermietete ihm unser Mansardenzimmer und stellte ihm ein zweites Bett für seine Frau hinein.

Ich wußte nicht, dass Herr Müller illegal lebte, sondern nahm an, dass er seine eigene Wohnung des Nachts nur deshalb nicht betreten wollte, weil es dort bei Luftangriffen gefährlicher sei als bei uns. Deshalb habe ich ihn und seine Frau auch nicht polizeilich angemeldet.

Von dem genannten Zeitpunkt an bis zum Sommer 1942 und von Mitte 1943 bis Ende August 1944 war das Ehepaar Müller jede nacht in dem Mansardenzimmer. Wo sie in der Zwischenzeit übernachteten, wußte ich nicht; ich nahm an, dass Herr Müller geschäftlich unterwegs sei.

Das Ehepaar kam bei Fliegeralarm nicht in unsern Luftschutz-keller. Als ich ihnen einmal sagte, ich wolle sie auf die Luftschutzliste setzen, meinten sie, dass sei nicht nötig, weil sie ja nicht in den Keller, sondern in die in der Nähe liegenden Splitterschutzgräben gingen.

Beide Eheleute verließen gegen 8 Uhr morgens das Haus. Gegen 7 Uhr 30 kochte ich ihnen immer Kaffee. Als ich und meine Tochter einmal krank waren, machte Frau Müller für uns Kaffee. Wir haben überhaupt freundschaftlich mit dem Ehepaar Müller verkehrt und uns gegenseitig geholfen. Z. B. hat Herr Müller nach jedem Bombenangriff die Fenster in unserer Wohnung wieder mit Pappe vernagelt.

Da ich mit dem Ehepaar Müller in der genannten Zeit täglich zusammen war, kann ich gut beurteilen, wie sehr Frau Müller für ihren Mann sorgte. Sie brachte ihm warmes Essen, wusch die Wäsche, weinte, als ihr die Lebensmittelkarten und die Raucherkarte weggeflogen waren und auch einmal verloren gingen.

Dass das Ehepaar seit 1939 geschieden sein sollte, habe ich nie gewußt. Ich erfahre das heute im Büro des Notars zu meinem großen Erstaunen zum erstenmal. Ich hatte nie den Eindruck, dass die Ehe nicht in Ordnung sein könnte. Die Eheleute haben sich nie gestritten. Allerdings hat Frau Müller oft geweint, wenn Herr Müller abends noch nicht da war, und er war besorgt, wenn er einmal früher kam als sie. Damals verstand ich den Grund nicht recht; jetzt erst weiß ich, welche Sorgen die Eheleute damals hatten.

Im Sommer 1944 wurde meine Tochter, die sechs Jahre lang im Bethanienkrankenhaus tätig war, dort arbeitslos. Sie wurde dann etwa Ende August 1944 vom Arbeitsamt zur Reichsjugendführung dienstverpflichtet. Unmittelbar, nachdem Herr Müller das erfahren hatte, kam ein Telegramm für Herrn Müller, dessen Inhalt mir unbekannt ist. Er sagte, er müsse sofort verreisen, gab das Zimmer auf und packte seine Sachen.

Etwa im September traf ich Frau Müller in der Wilmersdorfer Straße. Sie fragte, ob sie und ihr Mann, der wieder zurück sei, nicht wieder bei uns wohnen könnten. Ich sagte zu und vereinbarte ein Treffen. Herr und Frau Müller verfehlten mich jedoch. Ich erfuhr nur von den Nachbarn, dass sie dagewesen seien.

Seitdem habe ich bis zum Ende des Krieges nichts mehr von ihnen gehört. Erst seit dem Zusammenbruch besuchte mich Frau Müller und erzählte mir, dass ihr Mann Jude war und anläßlich eines geplanten Besuchs bei mir in dem Lokal am Scholzplatz festgenommen und später deportiert worden sei.« (→Nachlass Müller)

Frieda Müller erklärte vor demselben Notar:

»Mein Mann Paul Müller und ich waren überein gekommen, dass niemand erfahren dürfe, dass mein Mann Jude war. Deshalb haben wir niemals Dänickes etwas davon gesagt, auch nicht den dort wegen der Bombengefahr wohnenden Untermietern, einem Türken und einem Bulgaren, mit denen wir uns gut verstanden.

Aus diesem Grunde sagten wir auch nicht, dass wir geschieden waren. Ich selbst dachte damals auch nie daran, weil ich mich als verheiratet betrachtete.«

Paul Müller überlebte das Nazi-Regime nicht. Das jahrelange aufreibende und entwürdigende Leben im Untergrund, die andauernde Angst vor Entdeckung und Tod – alles war umsonst gewesen. Knapp fünf Monate vor dem Zusammenbruch der NS-Diktatur mußte Frieda Müller die Verhaftung und das Ende ihres Mannes erleben:

»Ich habe mit meinem Mann Mitte Dezember 1944 Frau Dänicke besuchen wollen, um wieder das Zimmer bei ihr zu erhalten, das mein Mann Hals über Kopf aufgegeben hatte, als er erfuhr, dass Frau Dänickes Tochter zur Reichsjugendführung dienstverpflichtet worden war. Später hatten wir uns überlegt, dass es bei Dänickes noch am gefahrlosesten sei für uns. Bevor wir Frau Dänicke aufsuchten gingen wir an diesem Tag in das in der Nähe gelegene Lokal der Frau Schlender, wo wir uns verabredet hatten. Als wir dort saßen und ich eine Tasse Kaffee bestellte, erschien ein Polizeibeamter namens Thomascheck mit einem Schäferhund und verhaftete uns beide. Während ich nach zwei Stunden freigelassen wurde, wurde mein Mann dabehalten. Er wurde vom Polizeirevier am Reichssportfeld nach der Iranischen Straße gebracht.

Ich habe ihn dort mehrmals besucht und ihn zuletzt am 4.1.1945 eine Stunde lang sprechen können und habe ihm dabei noch eine Decke, die ich aus zwei Decken zusammengesteppt hatte, sowie Wäsche mitbringen dürfen. Dann habe ich meinen Mann nie mehr gesehen.«

Nach Information der aktualisierten Version des »Berliner Gedenkbuch der jüdischen Opfer des Nationalsozialismus« wurde Paul Müller am 5.1.1945 in das Konzentrationslager Sachsenhausen deportiert und dort ermordet.

KRIEG UND NACHKRIEGSZEIT AM LIETZENSEE

Betrachtet man die Häuser in den Straßen am Lietzensee, so wird man nur wenige Neubauten der Nachkriegszeit entdecken und vielleicht daraus schließen, dass diese Gegend von den Bomben des Zweiten Weltkrieges verschont geblieben war. Das Gegenteil ist der Fall. Fotos von 1946, vom Funkturm aus aufgenommen, zeigen eine einzige Trümmerlandschaft. Allerdings waren die Zerstörungen am Lietzensee, im Gegensatz zu denen in anderen Teilen der Stadt, nicht so schwer. Der »Schadensplan 1945, Stand 1952« des Verwaltungsbezirks Charlottenburg weist diese Gegend als »leicht beschädigt« mit nur rund 20 % Totalschäden aus, wo der Wiederaufbau relativ schnell erfolgte.

Blick vom Funkturm auf die zerstörten Häuser am Lietzensee, 1946.
Foto: Landesarchiv

Dennoch gab es am Lietzensee kaum ein Haus, das den Krieg gänzlich unbeschädigt überstanden hätte. Der erste flächendeckende Luftangriff, der weite Teile von Charlottenburg in Schutt und Asche legte, darunter die Gebiete um das Schloss, die Gedächtniskirche, das Rathaus, die Technische Hochschule und das Deutsche Opernhaus, erfolgte am 22./23. November 1943. Kurz darauf begann auch die Bombardierung der Gegend am Lietzensee, die wie überall in Berlin bis zum Kriegsende anhielt. Bereits in

den ersten drei schweren Bombenangriffen von Dezember 1943 bis zum Februar 1944 wurden die Häuser mehrmals getroffen und gingen in Flammen auf. Hunderte von Toten und Verletzten waren zu beklagen. Einige Gebäude wurden ganz vernichtet, darunter wie bereits erwähnt die beiden Kirchen, außerdem die Mietshäuser in der Kuno-Fischer-Straße Nr. 1, 7, 16, 18, 22

Ruinen zwischen Wundt- und Riehlstraße, links die Liebfrauenschule, 1944.
Foto: Fritsch

und 23, an der Neuen Kantstraße Nr. 12, 15, 16, und 18, am Lietzenseeufer Nr. 2 a, 6 und 11, am Witzlebenplatz Nr. 3 und Wundtstraße Nr. 54, 67 und 69. Bis auf die beiden Häuser Kuno-Fischer-Straße 22 und 23 entstanden auf den abgeräumten Grundstücken in den folgenden Jahrzehnten Neubauten.

Zu den Luftschutzmaßnahmen zählten nicht nur die Verdunkelung der Fenster und das Aufsuchen der Luftschutzkeller. Um 1940 hatten die Nazis auch damit begonnen, alle Gewässer Berlins und andere auffällige Plätze, wie den Pariser Platz, zu tarnen, um feindlichen Fliegern die Orientierung zu erschweren. So wurde auch der ganze Lietzensee mit auf Pfählen ruhendem Maschendraht abgedeckt, der mit Rasen und Büschen »bepflanzt« war. Einige Stege führten über den See, von denen das nach Bombenangriffen notwendige Löschwasser geschöpft werden konnte.

Über das Leben in der Kriegs- und ersten Nachkriegszeit am Lietzensee können wir uns ein anschauliches Bild machen aufgrund vieler Erinnerungen und Tagebucheintragungen von Augenzeugen.

Tarnung des Lietzensees, um 1940.
Foto: Landesarchiv

Eine Chronistin ist die bereits erwähnte Margret Boveri, die in der Wundtstraße 62 wohnte. Über die Probleme des Kriegsalltags mit den sich ständig wiederholenden Angriffen und Zerstörungen schreibt sie:

»3. Februar 1945: Heut mittag kam die Sprengbombe, die das Haus gegenüber vollständig zerstörte und das unsere weitgehend demolierte. Immerhin es steht noch. Zu Beginn des Alarms war ich auf dem Balkon, es war so ein schöner sonniger Vorfrühlingstag; ich freute mich von außen durchs Fenster an meinen Blumen ... Man soll sich eben über nichts freuen. Als die Flugzeuge am Himmel mit den weißen Kondensstreifen näher kamen, ging ich in den Keller; kurz darauf passierte es. Alle meine Türen sind kaputt, einschließlich Haustür (soll heißen: Wohnungstür), die aber noch in den Angeln ist. Von der Balkontür hab ich noch keine Spur entdeckt; sie besteht wohl aus lauter Splittern ... Alle Fenster sind kaputt außer im Berliner Zimmer. Da sitz ich jetzt in einer Ecke, wo es kaum zieht, weil ich zu müd bin, mich noch zu bewegen. Von meinem Ausflug nach Teupitz kam ich mit Husten und grippösem Gefühl zurück, und wollte heute liegend der Ruhe pflegen. Statt dessen: Trümmer geschleppt und Schutt und Scherben in Eimer gefüllt und Rahmen ausgehängt. Überall sind Glasscherben ... Alle Stehlampen kaputt, aber es wird wieder.«
(→Boveri, 1970, S. 27)

Tarnung des nörd-
lichen Sees, 1940.
Foto: Museum
Charlottenburg-
Wilmersdorf

»6. Februar 1945: Bisher habe ich es immer für einen Zeitungsstuß gehalten, dass nach einem so schweren Angriff die Bevölkerung um so hartnäckiger weitermacht. Aber es stimmt. Nicht Haß, nicht eigentlich Erbitterung, aber das Gefühl: ich lebe noch und jetzt lebe ich erst recht.« (→Ebenda S. 30)

»*16. Februar 1945: Die Angelegenheit des Daches schreitet auch günstig voran. Der Tischler, mit dem ich eine Freundschaft schloß und der meine handwerkliche Begabung so gut findet, dass er sagte: ›Mit Ihnen könnte ich das ganze Haus wieder aufbauen‹, sagte mir, dass man beim Baubüro einen Holzschein bekommen kann, wenn man eine bestimmte Adresse angeben kann, wo Holz liegt. Ich wanderte also vorgestern am Lietzenseeufer von Haus zu Haus und Hof zu Hof, bis ich eine schöne neue Ruine fand, wo Fußböden und anderes Holzwerk bis zu ebener Erde heruntergerutscht war.*«
(→Ebenda S. 34)

Erika Ulbrich, eine alte Bewohnerin des Hauses Lietzenseeufer 8, erzählte folgendes über die Rettung ihres Wohnhauses im November 1944:

»*Wir haben die ganze Nacht gelöscht, immer mit Eimerketten aus dem Lietzensee. Aber es war zuviel. Wir hatten dann das große Glück, dass morgens die Feuerwehr kam. Die Feuerwehrleute waren zuerst zum Reichskanzlerplatz gefahren, sahen dann aber, dass sie dort nichts mehr machen konnten, weil die Häuser schon ganz heruntergebrannt waren. Dann haben sie die Brände am Lietzensee gesehen und sind gekommen, haben sofort Wasser angeschlossen am See und dadurch sind unsere Häuser gerettet worden. Und dann haben wir eine Woche lang Wache geschoben, immer in Schicht, rund um die Uhr, dadurch haben wir unser Haus erhalten. Das Phosphor hat sich ja immer überall eingefressen und schwelte weiter und wenn Luft herankam, kam es auf einmal hervor, aus der Wand oder aus heiterem Himmel, man wußte gar nicht woher, und fing plötzlich wieder an lichterloh zu brennen. Deswegen mußten wir immer noch tagelang aufpassen. Wir hatten eine Handspritze und haben immer in die Decke hinein in die Phosphornester gespritzt.*
    Mit Herrn Melchior habe ich das Dach gedeckt. Dabei hätte der es gar nicht nötig gehabt als Jude, wo er so gedemütigt wurde. Aber der Mann hatte ja Köpfchen, die Nazis brauchten ihn, er arbeitete mit Otto Hahn zusammen, sonst hätten sie den bestimmt auch abgeholt. Der hat es aber geschafft! – Jedenfalls nach jedem Angriff, die Dachziegel fielen ja immer wieder herunter, haben wir beide das Dach gedeckt. Da habe ich Dachdecken gelernt, aber auf den Millimeter genau, nicht so zackzack.« (→Interview 1984)

Die Front kam immer näher.

M. Boveri am 26. April 1945: »*In allen Seitenstraßen, vor allen in den baumbestandenen, stehen Panzer, Kanonen, LKW's, Pferdewagen; daneben die Soldaten kochend, schlafend, mit den Mädchen poussierend, Tauschgeschäfte machend. Über den Krieg wird nicht geredet. Dass ihn alle satt haben, ist trotzdem klar.*« (→Boveri, 1970, S. 57)

Schließlich wurde auch am Lietzensee gekämpft.

M. Boveri am 25. April 1945: »*Gestern lag zum erstenmal der Aribeschuß auf unserm Viertel. Ich trat gerade auf meinem Balkon, als ein Geschoß in die Ruine des Hauses gegenüber traf… Dann ging ich ins Bett. Das übrige Haus war im Keller. Einmal wurde der Krach, das Sausen, Zischen und Knallen und dazwischen das erdbebenartige Wackeln des Hauses so stark, dass ich aufstand.*« (→Ebenda S. 53)

Wenige Häuser weiter im Frauenbundhaus in der Wundtstraße hat zur selben Zeit die Oberin der dort tätigen Schwestern, Norberta Oblöser, ebenfalls ein Tagebuch über die Kriegsereignisse geführt und schreibt über diesen nächtlichen Angriff: »*25.4.: Eine ganz schreckliche Nacht ist hinter uns… Granaten schlagen ein, auf der Straße gibt es viele Tote. Heute wurde die Turnhalle als Lazarett eingerichtet und wird von Rotkreuzschwestern und Sanitätern geführt… Die halbe Sakristei wurde als Behandlungszimmer eingerichtet. Nachmittag ein ganz starker Beschuß.*« (→Oblöser, 1986, S. 239)

Der Lietzenseepark wird zum Lagerplatz für durchziehende deutsche Soldaten. M. Boveri schreibt am 27. April 1945: »*Da es seit gestern kein Wasser mehr gab, zog ich mit einem Eimer los; fand die Straße voller Glassplitter, Ziegelbrocken und abgebrochene Baumäste, fand den Bäcker geschlossen und ging dann mit meinem Eimer zum See in den Park. Leider ist das Wasser recht dreckig, grünlich, aber fürs Klo und die Blumen, eventuell auch zum Waschen geht es. Der Park war ganz leer, aber die Reste des gestrigen Soldatenlagers lagen verstreut umher, – auch ein kleines Soldatengrab mit Holzkreuz und Fliederstrauß, gefallen am 25.4. – Auf dem Weg in den Park traf ich einen müden Soldaten von einem Baubataillon, der mich nach dem Weg fragte. Er sollte sich am Opernhaus (Charlottenburg) sammeln; die ganze Gruppe war versprengt. Aus dem Weggespräch vernahm ich, dass die Russen wirklich am Kaiserdamm sind. So liegen wir also zwischen einer Zufahrtstraße (Kaiserdamm), die teils in russischer Hand ist und einer (Kantstraße) in deutscher Hand und haben den Aribeschuß von zwei Seiten. Die Vorderfront wird deutsch bedacht, die Rückseite russisch.«* (→Boveri, 1970, S. 59)

Auch die Oberin Norberta berichtet von den Soldatenlagern im Lietzenseepark. *»27.4.: Eine aufregende Nacht liegt hinter uns. Um halb zwölf hieß es, dass der Feind bis zum Adolf-Hitler-Platz* (heute Theodor-Heuß-Platz, d. Verf.) *vorgedrungen sei. Das Lazarett wurde sofort evakuiert. Die Kanonen stehen im Lietzenseepark, und die Mannschaft sucht einstweilen bei uns noch Schutz – nur vorübergehend, bis sie ihr Feuer loslassen können. Es kostete einen Kampf die Soldaten hinauszubekommen, weil wir als Lazarett kein Militär beherbergen dürfen. Der Beschuß war endlos und ganz über uns ... Heute Nacht wollte mein Herz streiken, aber jetzt geht es wieder.«* (→Oblöser, 1986, S. 239)

In den Wirren der letzten Kriegstage gab es auch am Lietzensee Morde durch sogenannte Werwölfe, fanatische Nazis, die abtrünnige Parteigenossen umbrachten.

M. Boveri am 26. April 1945: *»Gestern das erste Beispiel von Werwölfen in unserm Viertel: ein Professor wollte in der Nacht seine Amtswalteruniform im Lietzensee ertränken, wurde dabei erwischt und man schnitt ihm die Kehle durch. Um die Stelle, wo die Blutlache war, 100 m von unserm Haus, wurde ein Kreis gezogen und hineingeschrieben ›Verräter‹. Herr Mietusch hat heute auch den ersten Menschen am Galgen baumeln sehen.«* (→Boveri, 1970, S. 57)

Schließlich war der Krieg zu Ende, die Russen kamen. Die Oberin schreibt:

»1. Mai 1945: Sehr gespannte Stimmung. Das Toben des Kampfes in unserem Park und Kaiserdamm geht weiter. In verschiedenen Häusern sind schon die Feinde, und man hört unerfreuliche Dinge,

die uns alle beängstigen. Abends ließ der Beschuß etwas nach…
12 Uhr nachts kam die Mitteilung, dass der Führer tot sei und
somit eine Wende eintreten werde. Im Lazarett starben eini-
ge Soldaten. Große Unruhe und doch wieder eine Befreiung.«
(→Oblöser, 1986, S. 240)

»2. Mai 1945: Im Laufe des Tages kamen fünf bis sechsmal die
Russen in unser Haus, doch es ging gut ab… Wir dürfen jetzt auf
die Straße und es bietet sich ein trostloses Bild: Tote, Verwundete,
Schutt, Kanonen, Geschütze, Panzer, verkohlte Sachen noch und
noch. Die Barrikaden dazu, die Bäume ganz oder halb abgebrochen
und die Straßen kaum befahrbar.« (→Ebenda S. 241)

»6. Mai 1945: Inzwischen war vieles über uns gekommen, aber
immer wieder half uns die Güte Gottes… Im Haus sind 49
Verwundete. Bisjetzt sind 14 oder 15 Mann bereits gestorben.
Die ersten wurden alle im Park beerdigt.
Ab Freitag müssen jedoch die Leichen wieder
nach den nächstliegenden Friedhöfen gebracht
werden.« (→Ebenda S. 241)

Umbettungen der Leichen aus den Notgräbern in den Parkanlagen, 1945. Aus: Italiaander 1979

Demnach wurden bis zum 10. Mai 1945
Gefallene im Lietzenseepark begraben.

Auch M. Boveri berichtet von der Zeit der
russischen Einquartierung: *»4. Mai 1945:*
Eine russische Kommandantur hat das ganze
Quartier um den Südteil des Lietzenseeparks
besetzt, die beiden Straßen links und rechts
der Postdirektion sind für unsereinen gesperrt,
wohl auch die hintere Querstraße. Die besseren
Russen wohnen in den Häusern, die Soldaten
mit einigen Pferden im Park (ohne Zelte). Die
kommen dann zu den nächtlichen Besuchen.«
(→Boveri, 1970, S. 93)

»6. Mai 1945: Ich muß schon sagen: das nächtliche Warten auf
Bomben und Granaten finde ich viel weniger nervenaufreibend
als das auf fremde Männer.« (→Ebdenda S. 92)

Und die Oberin Norberta notiert noch am 9. Juni 1945:

»Die Vergewaltigungen gehen immer noch am laufenden Band. In unserm Park hören wir dies täglich. Die Go. (Gonorrhö) *Untersuchungen sind angeordnet, und die Resultate sind hoch.«*
(→Oblöser, 1986, S. 244)

Aber es spielten sich auch Tragödien anderer Art ab. Etliche Nazis suchten aus Angst vor Bestrafung selbst den Tod, oft zusammen mit ihren Angehörigen.

Die Tochter des evangelischen Pfarrers Siems, Imme Gut, erzählte:

»In der Villa gegenüber der Kirche wohnte ein Architekt mit seiner Familie, ein überzeugter Nazi. Der kommt eines Tages blutüberströmt zu uns. Seine Frau, seine Schwester, seine Schwägerin und er hatten beschlossen, sich umzubringen. Sie hatten einen Revolver, da hatte sich erst die eine totgeschossen, dann die nächste den Revolver genommen und sich totgeschossen usw. und zum Schluß wollte er sich umbringen. Das ist ihm aber nicht gelungen. Er hatte sich nur in den Kopf geschossen. Er kam dann ins Krankenhaus. Aber später haben sie ihn doch abgeholt.

Was meinen Sie, wieviele, die was zu befürchten hatten, sich in den Lietzensee gestürzt haben! Es war furchtbar!

Einmal ging meine Mutter morgens in den Garten, der neben der Kirche lag. Der Bürgermeister von Charlottenburg hatte auch seinen Garten dort. Er hatte sich ein Häuschen gebaut mit einer großen Hecke herum, dass keiner drübergucken konnte. Meine Mutter ging also einmal an dieser Hecke vorbei, als sie ein Wimmern hörte. Sie bog die Hecke auseinander: da lag die Frau vom Bürgermeister, vier Kinder und das Dienstmädchen – alle vergiftet! Der Mann war bereits von den Russen abgeholt worden.«
(→Interview, 1984)

Der obenerwähnte Architekt war Paul Baumgarten d. Ä. (→vgl. S. 129), dessen Todesdatum mit »ungefähr1945« angegeben wird. (→Rave/Wirth, I, S. 675)

Auch dramatische Szenen anderer Art spielten sich ab. Frau Ulbrich erzählte von einem Erlebnis kurz nach Kriegsende:

»Einmal habe ich zwei Kinder aus dem See rausgeholt, drüben auf der anderen Seite. Die haben da gespielt auf den Stegen, das war natürlich verboten. Aber die mußten darauf klettern! Ich habe noch gerufen: Werdet ihr darunter kommen! Aber da haben sie schon beide unter dem Gitter dringelegen und gejammert. Ich war gerade mit dem Rad vom Einholen gekommen, als ich das gesehen habe. Der eine schreit. Hilfe, Hilfe! Da habe ich das Rad hingeschmissen und runter, habe mich noch mit meinem schönen Wintermantel auf den Bauch gelegt, auf den Feuerwehrsteg und habe sie dann rausgeholt. Aber dann haben sie erstmal ein paar Ohrfeigen von mir gekriegt, in der Beziehung war ich rigoros. Überall stand es dran, dass das gefährlich war und jeder sagte das, aber sie mußten ja den Draht hochlüpfen und – schwupp – waren sie reingerutscht. – Mein schöner Zucker war dabei runtergefallen, den mußte ich dann noch auffegen.« (→Interview 1984)

Nach der Unterzeichnung der Kapitulation am 9. Mai 1945 in Karlshorst beginnt sich allmählich das Leben wieder zu normalisieren. Als erstes werden Lebensmittelkarten ausgegeben.

M. Boveri am 12. Mai 1945: *»Vorgestern mußten wir nach Lebensmittelkarten anstehen, ich mit Klappstühlchen und Buch. Die Schlange ging um zwei Straßenecken, schätzungsweise 1500 Menschen bis zu mir. Wir waren dort von acht bis halb elf Uhr. Dann erfuhr man, dass einer vom Haus für alle übrigen gehen kann; wir sammelten die Karten der übrigen, gaben sie der zuvorderst stehenden und gingen heim.«* (→Boveri, 1970, S. 105)

»13. Mai 1945: Es ist erstaunlich, wie schnell alles in Gang kommt. Das Abtragen der Schutthaufen von den Straßen, von den Bürgern selbst besorgt, viele derselben auch in den Dienst größerer Räumungsarbeiten gezwungen … wir hören auf unserer Ringbahn nachts Dampflokomotiven pfeifen.« (→Ebdenda S. 107)

Frau Ulbrich erinnerte sich an eine unerwartete Begegnung nach dem Krieg, eine erste persönliche Aufarbeitung der Nazi-Verbrechen:

»Hier in der Gegend und in unserem Haus wohnten viele Juden, von denen wir das gar nicht wußten. Auch meine Klavierlehrerin

Frau Schaub, die in der Witzlebenstraße wohnte. Erst nach der Kristallnacht haben wir es erfahren, als sie sagte: ›Jetzt haben sie meinem Bruder die ganzen Geschäfte eingeschlagen‹. Der hatte Konfektion in der Suarezstraße. Nachher haben wir ja gewußt, was los war. Sie mußten ja dann den Judenstern tragen. Wir hatten nicht viel Fett, aber durch unsere Verwandten wenigstens immer genug Gemüse. Dann kam Frau Schaub abends mit ihrer Handtasche im Dunkeln und hat sich ein bißchen Gemüse geholt. Die kriegten sonst ja gar nichts. Und eines Tages kam sie nicht mehr. Meine Mutter ist dann mal rübergegangen und hat geguckt und die Hauswirtin gefragt, ob sie denn was wüßte, ob Frau Schaub krank ist oder so. ›Ach so‹, hat die gesagt, ›Sie sind auch eine von der Sorte, die sich um Juden kümmert, da nehmen Sie sich mal in Acht! Frau Schaub ist da, wo sie hingehört.‹ Also, wenn meine Mutter später die Frau sah, hat sie gleich die Kurve gekratzt, ist ja verständlich.

Aber dann nach dem Krieg, da kam ich von der Arbeit nach Hause, da sagte meine Mutter: ›Weißt du, wen ich heute getroffen habe? Stell dir mal vor, ich gehe hier die Witzlebenstraße lang und sehe eine im Rollstuhl fahren. Wie ich hingucke, ist das die Hauswirtin von Frau Schaub. Ich konnte mir es nicht verkneifen, ich bin rangegangen und sage: ›Na, haben Sie auch überlebt?‹ ›Ja‹, sagt sie, ›Sie sehen ja, wie.‹ Da habe ich gesagt: ›Wie ich sehe, hat der liebe Gott sie gestraft, dass Sie Frau Schaub und soundsoviel andere denunziert und ins KZ gebracht haben. Der liebe Gott guckt schon danach. Jetzt haben Sie keine Beine mehr, jetzt müssen Sie im Rollstuhl sitzen.‹ Die hat aber einen roten Kopf gekriegt und an ihrem Rollstuhl gedreht und weg war sie!« (→Interview 1984)

Auch Aufzeichnungen von Hildegard Weinbeer liegen uns vor, einem jungen Mädchen aus der katholischen Gemeinde St. Canisius, die zu den ersten Lehrern des wiederaufgebauten Gymnasiums am Lietzensee, des späteren Canisius-Kollegs gehörte. Ihre Notizen spiegeln das allgemeine Lebensgefühl dieser Zeit wider, einerseits die Erleichterung über das Kriegsende und Hoffnung auf ein normales Leben, andererseits aber auch die Bedrückung durch die augenblickliche Notlage und die Angst vor der Zukunft. Auch H. Weinbeer wurde vergewaltigt.

Sie schreibt am 20. Mai 1945, Pfingsten: *»Die Zeit geht weiter ohne Sirenen und Bomben. Es kommt langsam alles wieder: Wasser, Strom, Radio, Post, Telefon. Die Maßnahmen der Russen haben Hand und Fuß. PGs müssen schippen, wir Ordnung und Disziplin halten. Magistrat und Regierung sind deutsch, und Berlin bleibt es, Nun, Geist der Liebe und des Friedens, beseele die Völker alle!«* (→Weinbeer, 1985, S. 52, ebenso alle weiteren Zitate)

»21. Mai 1945: Wir waren bei der Mammi. Ein Elend ohne Ende! Das Häuschen ist bös zugerichtet, sie selbst sehr schwach und trostarm. Aber sie hält mein Unglück für schlimmer. Und dann – wovon sollen wir leben? Man spricht von Inflation, Arbeitslosigkeit, wirtschaftlicher Vernichtung.«

»23. Mai 1945: Ich glaube immer sicherer, dass der Russe mich angesteckt hat – Syphilis!«

»30. Mai 1945. Trunken vor Glück: in der neuen Lietzenseeschule von Canossa werde ich unterrichten dürfen! Schon am Montag geht's los. Ein wenig bange ich vor dem neuen Anfang, 20 Jungen und dann Latein.«

Kinder mit Rollschuhen vor der Ruine der Liebfrauenschule, 1952.
Foto: Fritsch

»8. Juni 1945: Nun bin ich schon mehrere Tage Magister am Lietzensee-Gymnasium. Es macht Freude, aber es stellt Anforderungen. Die Jungen sind verwahrlost, aber sie mögen mich, ich will standhalten. Und Einnahmen bringts auch, die wir so dringend brauchen, denn die Eltern zahlen 20 RM Schulgeld.«

»21. Juni 1945: Go-Verdacht steht auf dem Attest – nicht hassen, nicht rächen!«

»29. Juni 1945: Wir haben wieder Licht! Es ist weit über Mitternacht hinaus, bald 3 Uhr (in Wirklichkeit also 1 Uhr, denn wir leben nach Moskauer Zeit).«

Am 20. Mai 1945 wurde die Ost-Europäische Zeit durch den Befehl des sowjetischen Stadtkommandanten in Berlin eingeführt, am 23. September 1945 von der Aliierten Kommandantur aufgehoben.

»12. Juli 1945: Berlin vor der Hungerkatastrophe! Aber die Engländer wollen alles tun, um Lebensmittel heranzuschaffen.... Das Grauen packt mich bei all den Berichten aus den KZs, beim Gedanken an unsere Soldaten...
Ab heute regieren die Engländer in Charlottenburg – man atmet auf! Kräftige, stolze Gestalten, gut zu den Kindern, unangefochten vom Getue der Mädchen. Ich begegnete zweien in der Wundtstraße, die vom Reiten kamen, eine Gerte in der Hand.«

Nicht nur die unmittelbare Umgebung des Lietzensees, auch der Park selbst hatte durch Krieg, Bomben und die zahlreichen Lager durchziehender Soldaten schwere Schäden erlitten. Viele Bäume waren beschädigt, die Uferböschung abgerutscht oder herabgetreten, das Parkwächterhaus neben der evangelischen Kirche und die Laubengänge der kleinen Kaskade völlig, die anderen Baulichkeiten im Park teilweise zerstört, dazu die leeren Sockel der eingeschmolzenen Bronzestatuen – am Ende des Krieges bot der Lietzenseepark einen trostlosen Anblick.

Aber noch in den 40er Jahren begann seine Wiederherstellung. Die Bombentrichter wurden zugeschüttet, die Uferböschungen erneuert. Dabei verschwanden allerdings die üppigen Staudenbepflanzungen. Im Laufe der Zeit wurden nach und nach die Zerstörungen beseitigt, jedoch nur in vereinfachter Form und ohne Rücksicht auf den originalen Zustand. Die zerstörten Laubengänge der kleinen Kaskade z. B. riss man einfach ab. Aus dem See selbst wurde dreimal, 1958 bis 1960, Munition geborgen.

Dasselbe Bild der Verwüstung herrschte auch in den umliegenden Straßen: Trümmer und Ruinen überall. Nur wenige Menschen lebten in den Häusern, die meisten hatten spätestens kurz vor Kriegsende angesichts der schweren Kämpfe Berlin verlassen und waren noch nicht in ihre zerstörten Wohnungen zurückgekehrt. Auf den Straßen fuhr kaum ein Auto und nur ab und zu rumpelte auf der Neuen Kantstraße die Straßenbahn der Linie 75 von »Bhf. Zoo« bis »Hakenfelde« und hielt quietschend an der Haltestelle »Dernburgstraße«.

»Für Kinder allerdings war dieses eine herrliche Zeit mit unendlichen Spielmöglichkeiten. Das stellen ›wir Berliner Nachkriegskinder‹ in Gesprächen immer wieder fest.

Wir hatten nämlich den größten und besten Spielplatz, wie kein Kind mehr nach uns: die Straße oder besser den Fahrdamm. Sicher, irgendwo parkte auch mal ein Auto, irgendwann fuhr sogar eines vorbei. Aber eines war klar: Die Straße gehörte den Kindern. Hier schlugen wir unsere Triesel mit der Peitsche, spielten Hopse oder fuhren Rollschuh.

Am schönsten aber war es, wenn genug Kinder sich auf der Straße versammelt hatten. Dann zogen wir unsere Kreidestriche über den Damm und spielten Völkerball, stundenlang. Allerdings drohte immer Gefahr von unserm Feind Nr. 1: Polizisten, die Streife gingen. Der erste, der sie erspähte schrie: Pupe (mit langem u!) und alle rasten auf den Bürgersteig und taten harmlos.

Unserer anderer Lieblingsspielplatz waren die Ruinen. Ich bin mit meiner Familie als Siebenjährige 1950 in den Königsweg 46 gezogen. Zunächst war nur dieses Haus, das zu der großen, aber durch den Krieg völlig zerstörten Wohnanlage (→ vgl. S. xx) gehörte, wiederaufgebaut worden. Der Bau der Nebenhäuser bis hinauf zur Riehlstraße erfolgte erst 1953. Wir hatten also direkt am Haus ein weiträumiges Trümmergelände, in dem es sich, so makaber es klingt, herrlich spielen ließ. Wer als Kind in Ruinen gespielt hat, d.h. auf kaputten Brandmauern balanciert ist, in Kellern herumgestöbert hat (auf der Suche nach Leichen, sagt meine Freundin), auf Treppen nach oben gestiegen ist, die plötzlich aufhörten, sich in den Trümmern ›Wohnungen‹ eingerichtet und Familie gespielt hat, in den aufgeschichteten Steinhaufen in kleinen Höhlen hinter markierten Steinen irgendwelche Kostbarkeiten wie Murmeln o.ä. versteckt hat, ›Bomben‹ gefunden hat, die sich dann – leider! – nur als verrostete Rohre entpuppten u.a., – wer so gespielt hat, möchte nicht als armes Trümmerkind bedauert werden, eher schon beneidet um einen so anregenden Abenteuerspielplatz. Natürlich war das Spielen in dieser Ruinenlandschaft gefährlich, natürlich haben unsere Eltern uns gewarnt und es verboten. Aber das nahmen wir nicht so ernst und zum Glück ist in unserer Gegend auch nichts passiert.

Der dritte Lieblingsspielplatz war der Park und dass er so zugewachsen und ungepflegt war, erhöhte nur noch seinen Wert. Hier jedoch lauerte auf uns Feind Nr. 2: die beiden Parkwächter. Damals durften Kinder nur auf Wegen spielen, die Grünflächen waren

Zerstörter Lietzenseepark, um 1950.
Foto: Museum Charlottenburg-Wilmersdorf

durch kleine oder größere Zäune abgetrennt. Nur die Liegewiese, ebenfalls eingezäunt, wurde mittwochs aufgeschlossen und man durfte darauf spielen. An den andern Tagen der Woche musste der Rasen sich erholen, wie man uns erklärte. Großzügigerweise kam später auch noch der Sonntag hinzu. Die Parkwächter achteten streng auf die Einhaltung der Vorschriften und schrien laut über die Wiesen und stießen Drohungen aus, wenn sie irgendwo eine Übertretung bemerkten. Wenn wir ›Verbannert‹ spielten, eine Form von ›Räuber und Prinzessin‹, mussten wir uns natürlich in den damals noch sehr hohen und dichten Büschen verstecken. So war man immer gleich zwei Gefahren ausgesetzt, von denen man nicht sagen konnte, welche schlimmer war, dem Spiel entsprechend oder vom Parkwächter gefunden zu werden. Wir wussten natürlich genau, dass sie uns gar nichts tun konnten, aber ein bisschen Angst hatten wir trotzdem. Wenn man Murmeln und Hopse spielte oder ordentlich mit dem Roller fuhr, gab es natürlich keine Konflikte. Und regelrecht gemütlich wurde es, wenn wir abends im Bett lagen und das Glöckchen der Parkwächter hörten, mit dem sie die letzten Liebespaare aus dem Park vertrieben, bevor sie ihn abschlossen. Dann war die Welt in Ordnung.

Das Ende der Nachkriegszeit kündigte sich unübersehbar an: überall wurden Trümmer weggeräumt, Ruinen abgerissen, Häuser wieder aufgebaut. Unser aufregendes Trümmerleben fand mit dem Beginn der Bauarbeiten an den Nachbarhäusern ein jähes Ende. In diesem Zusammenhang verschwanden auch in unserm Hof die Hühner, die jahrelang munter herumgepickt und Eier gelegt hatten, und die Privatgärtchen einiger Gemüse züchtender Hausbewohner. Bald standen an ihrer Stelle die ersten Autos.

Die Zeit des Wirtschaftswunders war auch bei uns angebrochen.« (I. F.)

Rund um den See herrschte das gleiche Bild: Abriss und Aufbau. Die Entscheidung darüber traf nicht der Hausbesitzer, sondern das Bauplanungsamt im Bezirk, das durch Gutachter den Zerstörungsgrad der einzelnen Häuser feststellte.

In einem Schadensbescheid wurde dieser und die Entscheidung über den Abriss mitgeteilt. Er erfolgte auch gegen den ausdrücklichen Willen des Hausbesitzers, wie es bei dem Wohnhaus Königsweg 54 der Fall war.

Hier hatte das »Bauplanungsamt« dem »Amt f. Aufbau – Abt. Gefahrenbeseitigung« folgenden Auftrag übermittelt:

»Bei einer baupolizeilichen Besichtigung wurde folgendes festgestellt. Das Vorderhaus ist eine Vollruine. Die Ruine hat infolge der fehlenden Trennwände keine genügende Aussteifung… Insbesondere bilden die freistehenden Schornsteine und Giebelwände wegen ihrer Höhe eine erhebliche Gefahr… Es besteht Einsturzgefahr.

Gem. § 21 d. Pol. Verw. Ges. bitten wir, ersatzweise für den nachweislich unvermögenden Hauseigentümer die Ruine bis über das Kellergeschoß abreißen zu lassen ... Der Eigentümer wurde darauf hingewiesen, dass ihm z. Zt. keine Kosten für den Abriß entstehen. jedoch bleiben Erstattungsansprüche nach Maßgabe der gesetzlichen Vorschriften vorbehalten.« (→Familienarchiv Seidel)

Trotz Einspruch der Besitzerin, die sich gar nicht in Berlin befand, sondern zunächst nur durch Bekannte von dem bevorstehenden Abriss gehört hatte, ließ das Bezirksamt die Trümmer des Hauses wegen Gefahr für die Allgemeinheit 1951 abräumen. Dafür wurde drei Jahre später im sozialen Wohnungsbau auf diesem Grundstück einer der ersten Neubauten der Nachkriegszeit am Lietzensee errichtet. Es ist ein typisches Haus der 50er-Jahre-Architektur mit sehr kleinen und niedrigen Wohnungen. An Stelle des alten Mietshauses mit einem Aufgang, 5 Geschossen und 10 Wohneinheiten, entstanden zwei Häuser (54 und 54 a) mit je 6 Etagen und 24 Wohnungen.

PHANTASTISCHES UND ANDERES THEATER AM LIETZENSEE

Obwohl die Umgebung des Lietzensees immer eine reine Wohngegend war, wurde und wird ihr dennoch immer ein gewisse künstlerische Atmosphäre nachgesagt wegen ihrer vielen Bewohner aus Wissenschaft und Kunst. Darüber hinaus haben sich aber hier auch mehrmals für einige Zeit recht originelle Theater etabliert, die Bemerkenswertes geleistet haben.

Die erste Berührung des Lietzensees mit der Schauspielkunst fand allerdings auf andere, eher tragische Weise und noch viel früher statt, nämlich in einer Zeit, in der der See noch verlassen in dem verwahrlosten Park Witzleben fern der Stadt lag.

Hier erschoss sich am 15. März 1899 der Schauspieler Hermann Müller im Alter von 39 Jahren.

Hermann Müller als Mephisto, um 1895.
Aus: Kuschnia 1986

»Hermann Müller, der vieler Verwandlungen fähige Charakterschauspieler, Adam im ›Zerbrochenen Krug‹ und Mephisto, Falstaff und Tischler Engstrand, ist mit einer Perversion behaftet, die er in Scham verhehlt. Durch die Proben zur ›Sobeide‹, in der er den lüsternen Teppichhändler Schalnassar geben soll, noch mehr verwirrt, erscheint er zum ›Fuhrmann Henschel‹ nicht im Theater und erschießt sich am Lietzensee bei Charlottenburg«. (→Wiegler, 1941, S. 90)

Interessiert an allem, was den Lietzensee betrifft, ist man bemüht, mehr über dieses Ereignis und die Motive dieses Selbstmordes zu erfahren.

Um es kurz zu machen: man kann sich in der entsprechenden Literatur und den damaligen Zeitungen recht gut über Hermann Müller (geb. 1860 in Hannover), einem Ensemblemitglied des Deutschen Theaters seit 1894, informieren: z. B. über seine große schauspielerische Bedeutung, über seine Beliebtheit bei Publikum und Kritikern, über seine Wohnung in Charlottenburg in der Grolmanstraße 3 oder über seine Ehe mit der Schauspielerin und Sängerin Minna Müller. Man findet heraus, dass drei Tage nach seinem Selbstmord wie geplant das Melodram »Die Hochzeit der Sobeide« von Hugo von Hofmannsthal in Berlin uraufgeführt wurde (mit Max Reinhardt in der Rolle des Verstorbenen), dass der alte »lüsterne Teppichhändler« nicht homosexuell war, sondern besonders junge Frauen begehrte, dass Hofmannsthal in einem zwei Seiten langen Gedicht »Auf den Tod des Schauspielers Hermann Müller« seine schauspielerische Begabung und besonders seine Verwandlungskunst pries, dass unter großer Anteilnahme eine Trauerfeier im Foyer des Deutschen Theaters stattfand und vieles mehr.

Von den Umständen und dem Motiv seines Selbstmordes aber weiß man noch immer nichts. Die Diskretion der damaligen Zeitungs- und anderen Veröffentlichungen erscheint heute, im Zeitalter des Sensationsjournalismus, unfassbar. Denn eines ist klar: alle wussten Bescheid, aber niemand schrieb darüber, zumindest nicht in öffentlichen Publikationen. Nur andeutungsweise wird der Leser informiert: Hermann Müller konnte *»nicht immer wieder den eigenen Dämon bändigen, sondern wich ihm zuletzt durch Selbstmord aus«*, oder *»er endete unter tragischen Umständen durch Selbstmord«* u.a.

In dem ausführlichen Nachruf in der »Vossischen Zeitung« vom 16. März 1899 schildert der Rezensent (P. M-n), offenbar auch mit Müller befreundet, persönliche Erlebnisse mit ihm und bedauert sein »jähes Ende«. Er schließt seine Ausführungen mit folgenden Worten: »*... Nun ruht auch er. Er hat auch mir wenige Tage vor seinem Tod einen Brief geschrieben, in dem er das Ende ankündigte: ›... Nun ist alles aus. Ich kann das nicht noch einmal... Adieu, du herrliche Welt!‹ Nun ist er selbst, der andere sooft zu Lachern machte, am Zwiespalt seiner Natur zugrundegegangen.«*

Soweit die Recherchen, und auch wenn man sich kein klares Bild von den »Dämonen« des Hermann Müller machen kann, berührt auch heute noch diese menschliche Tragödie, die sich hier am Lietzensee vor mehr als hundert Jahren abgespielt hat.

Zwanzig Jahre später – der Park war nun gepflegt, die Straßen am See bebaut – gab es das erste Theater.

Mit dem schnellen Wachstum Charlottenburgs um die Jahrhundertwende entwickelte sich auch das kulturelle Leben in der Stadt und Charlottenburg war auch eine Theaterstadt geworden. Nach dem Bau des ersten, des Theater des Westens in der Kantstraße 1896, kamen später fünf weitere hinzu, alle in der Innenstadt gelegen, außerdem die Oper in der Bismarckstraße. Die Theaterlandschaft war vielfältig und aufregend. Zusätzlich

Haus in der Neuen Kantstraße 21, in dessen Keller das Phantastische Theater untergebracht war, 1920. Foto: Museum Charlottenburg-Wilmersdorf

entstanden nach dem Ersten Weltkrieg abseits der etablierten Theaterszene auch zahlreiche kleinere Bühnen, begründet von einer neuen Generation von expressionistischen Dramatikern und Theaterschaffenden, die sich von den Fesseln der bürgerlichen Welt befreien wollte und in skandalträchtigen Aufführungen ihren Protest ungehemmt in die Welt schrie.

Ein solches provokantes Theater gab es 1919 auch am Lietzensee: das »Phantastische Theater«. Gegründet und geleitet wurde es von Dr. Wilhelm Borchard, einem Mieter des Hauses Neue Kantstraße 21. Das imposante Mietshaus im Stil der Jahrhundertwende direkt am Park wurde im Zweiten Weltkrieg zerstört und 1951 abgeräumt, an seiner Stelle erhebt sich heute das Hochhaus am Lietzensee. Im Keller dieses Hauses hatte Borchard ein Theater eingerichtet, dessen Wände mit Blut gestrichen waren, wie die Ausdruckstänzerin Gret Palucca berichtete. Die künstlerischen Ziele des »Phantastischen Theaters« formulierte Borchard folgendermaßen:

»Es beabsichtigt eine Versuchsbühne zu sein, auf der vor geschlossenem Kreise von Zuschauern Stücke eigenwilliger, moderner Prägnanz durch junge Kräfte zur Darstellung gelangen.« (→Deutsches Bühnenjahrbuch, Phantastisches Theater, 1920, S. 121)

Wilhelm Borchard hatte bereits im Jahre 1912 als junger Schauspielschüler des Deutschen Theaters ein kleines Theater gegründet, die »Werkstatt der Werdenden«, ein sogenanntes heimliches Theater, das gegen die kaiserliche Zensur verbotene Stücke aufführte. Die »Werdenden«, alles ambitionierte Schauspielschüler, versuchten »unter Hintansetzung aller materiellen Interessen aus besten Kräften für fremde und eigene Ideale einzutreten«. Sie führten »Tod und Teufel« auf, ein im Dirnenmilieu spielendes, sämtliche Tabus brechendes und daher verbotenes Theaterstück des Dichters Frank Wedekind.

Nach dem Krieg setzte Borchard die begonnene Arbeit mit ähnlicher Zielsetzung fort und gründete nun das »Phantastische Theater« am Lietzenseepark, unterstützt von seinen alten Weggefährten aus der »Werkstatt«. Die Eröffnung fand am 14. August 1919 mit einer Aufführung von Arthur Schnitzlers »Der Reigen« statt. Auch jetzt hatte Wilhelm Borchard eine hochmotivierte Truppe von Schauspielern um sich geschart. Bei der zweiten Aufführung und auch später trat die Ausdrucks-und Nackttänzerin Anita Berber auf, die damals noch am Anfang ihrer Karriere stand. Die Palucca hatte sie hier tanzen sehen und war von ihr sehr beeindruckt. Außer dem »Reigen« hatte Borchard noch ein anderes Stück von Schnitzler »Am Hochzeitsmorgen« und »Überfürchtenichts«, ein weiteres expressionistisches, heute nicht mehr gespieltes Drama von Franz Wedekind inszeniert. Alle Stücke wurden in dem Keller abwechselnd aufgeführt. Wie oft allerdings die Vorstellungen stattfanden, kann nicht mehr festgestellt werden, auch in den wenigen Zeitungen des Jahres 1919 wurden diese Theateraufführungen nicht erwähnt.

Das »Phantastische Theater«, obwohl mit so großem Elan begonnen, scheint schon bald in eine ernste Krise geraten zu sein und hat höchstens fünf Jahre existiert.

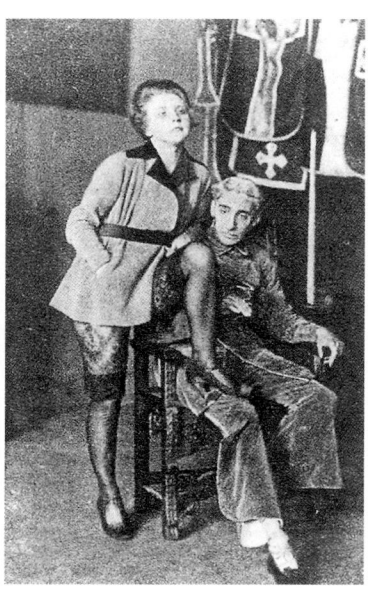

Auch das zweite Theater entstand in der Aufbruchsstimmung einer Nachkriegszeit, diesmal nach dem Zweiten Weltkrieg: das »Theater in der Witzlebenstraße«, genauer in der Aula der der Volksschule in der Witzlebenstraße 35.

Phantastisches Theater. Rosi Langer und Heinz Goldberg in Wedekinds »Überfürchte-nichts«, 1919.
Aus: Matzker 1993

Das Schulgebäude, in dem sich während des Krieges das Wirtschaftsamt des Bezirkes befand, hatte schwere Bombenschäden erlitten. Nach Kriegsende konnte daher die ausgelagerte 22. Volksschule noch immer nicht in ihr angestammtes Haus einziehen, sondern war weiterhin provisorisch untergebracht.

In der Aula der Schule spielte das »Theater in der Witzlebenstraße« von 1945 bis 1947.
Foto: Fritsch

Das Schulhaus war wiederum nicht so zerstört, dass nicht im 1. Stock, wo sich die Aula befand, ein Theater eingerichtet werden konnte.

Gleich in den ersten Wochen nach Ende des Zweiten Weltkrieges kam in Berlin das kulturelle Leben wieder in Gang, so schnell, wie niemand es für möglich gehalten hätte. Künstler taten sich zusammen; wo ein Saal frei war, spielten sie. In kalten, schlecht möblierten, oft improvisierten Zuschauerräumen begann die künstlerische Szene der Stadt sich wieder zu beleben. Zu den Neugründungen dieser Zeit gehörte auch das »Theater in der Witzlebenstraße«, eine Art Operetten-Theater, das bereits am 3. Juni 1945 eröffnet wurde. Rechtsträger, Direktor und Oberspielleiter des Theaters war der Sänger Otto Nerz, Eigentümer die Stadt Charlottenburg.

Das neugegründete Theater darf man sich durchaus etabliert vorstellen in organisatorischer wie künstlerischer Hinsicht. Der Zuschauerraum umfasste immerhin 400 Plätze, es wurde ganzjährig gespielt, sogar »mit bezahltem Urlaub«. Sonntags gab es zwei Vorstellungen, bei Bedarf fanden auch Gastspiele an anderen Spielorten statt. Das Ensemble umfasste 15 darstellende Mitglieder – unter ihnen übrigens auch Ekkehard Fritsch und als Gast Lucie Englisch –, einen Chor von 11 Damen und

Teltower Eisenbahn		160	Theater	
Sputenberge	Trebbin		Kindertheater im Kl. Operetten-	
Sputendorf	Waltersdorf		haus, W 35, Bülowstr. 37—40	(24 15 89)
bei Töpchin	Waßmannsdorf		Kleines Operettentheater, W 35,	
Staakow	Wiesenhagen		Bülowstr. 37—40	(24 15 59)
Stahnsdorf	Wietstock		Komödie, W 15, Kurfürsten-	
Struveshof	Wildau		damm 206; I.: Achim v. Biel	(91 15 11)
Teltow	Wünsdorf		Künstlerhaus, Zhld., Berliner	
Telz	Wusterhausener		Straße 8	(80 56 59)
Teupitz	Heide		Lustspielhaus des Westens	
Teurow	Zeesen		Fdn., Rheinstr. 1; Dir.: Ulbrich	(24 72 95)
Thyrow	Zernsdorf		Märchentheater der Stadt Bln.	
Töpchin	Zeuthen		NW 7, Schiffbauerdamm 4a;	
Tornow	Zossen		I.: Fritz Wisten	(42 38 00)
Teltower Eisenbahn, Teltow, Oder-			Metropoltheater, N 58, Schön-	
straße 44		(24 36 86)	hauser Allee 123 (ehem. Co-	
Theater (I.: Intendant)			losseum); Art. Maria Rabenalt	(42 33 25)
. Astoria-Theater, Rckd., Scharn-			Neues Theater am Nollendorf-	
weberstraße			platz, Schbg., Rudolf - Wilde-	
Berliner Operetten-Theater des			Platz (Rath.); I.: Walt. Liebe	
Ostens, O 34, Memeler Str. 54		(42 29 75)	Renaissance - Theater, Chbg. 2,	
Berliner Theater, Nk., Hermann-			Hardenbergstr. 6	(32 42 02)
str. 217/219; Dir.: Kurt Seiffert		(62 22 03)	I.: Dr. Kurt Raeck	
Bühne der Jugend (Neue Skala),			Schloßpark-Theater,Stg.,Schloß-	
W 30, Nollendorfplatz; Dir.:			str. 48; I.: Boleslav Barlog	(72 12 13)
Egon Mews			Städtische Oper, Chbg. 2, Kant-	
Freilichttheater im Volkspark			str. 12 (am Zoo); I.: Peter	
Rehberge (Wdd.); I.: Karl Vogt			von Hamm	(32 30 34)
Komische Oper, W 8, Behren-			Thalia-Theater, Mehringdamm;	
str. 55; I.: Walter Felsenstein			Dir.: Paul Ceblin	
Theater des Weddings, N 65,			Theater am Schiffbauerdamm,	
Sellerstr., Ecke Müllerstr.			I.: Fritz Wisten, NW 7, Schiff-	
Central-Theater, Rckd. O, Resi-			bauerdamm 4a	(42 38 00)
denzstraße 142		(49 59 42)	Theater i. d. Kaiserallee, Wmd.,	
Corso-Theater (Operetten-Th.),			Kaiserallee; I.: Dir.Glasemann	
N 20, HeidebrinkerStr.3 (Licht-			Theater in der Kastanienallee,	
burg); I.: Werner Fütterer			N 58,Kastanienallee 7-9(Prater)	(42 28 43)
Deutsche Staatsoper, NW 7,			Dir.: Rudolf Platte	
Friedrichstraße 101/102 (ehem.			Theater in der Witzlebenstraße,	
Admiralspalast); I : Ernst Legal		(42 53 01)	Chbg. 5, Witzlebenstr. 35—37	(32 03 15)
Deutsches Theater, NW 7, Schu-			Tribüne am Knie, Chbg. 2, Ber-	
mannstraße 13a		(42 26 77)	liner Str. 37; I.: Vikt. de Kowa	(32 32 00)
I.: Wolfgang Langhoff			Volksbühne, Freie,	
Freilichtbühne am Waldsee,			Wmd., Westfälische Str. 90	(87 24 76/14)
Zhld. W, Argentinische Allee			Lizenzträger:	
Nr. 30; Dir.: Fritz Genschow			amer. S.: Prof. Dr. E. Redslob,	
Hebbel-Theater, SW 11, Strese-			Hilde Körber, Theo Thiele,	
mannstr. 29; I.: Heinz-			Prof. Dr. Tiburtius, Werner	
Martin		(66 65 38)	Fiedler, Walter Karsch	
Kammerspiele (Deutsches The-			brit. S.: Dr. J. Nestriepke,	
ater), NW 7, Schumannstr. 14;			Erich Winkler, von Wedel-	
I.: Wolfgang Langhoff		(42 26 77)	Parlow, Dr. Karl Linfert, Wal-	
Kammerspiele, Spd., Moltkestr.			ter Ricek, Albert Horlitz;	
Nr. 39; Dir.: Franz Fiedler		(37 99 40)		

Theater in Berlin
nach dem
Zweiten Weltkrieg.
Aus: Wer ist wo in
Berlin? 1947

Herren, ein 14-Mann-Orchester und eine Balletttruppe von 6
Personen. In der Verwaltung waren zusätzlich noch 6 Leute
beschäftigt, darunter ein Theaterarzt.

Gespielt wurden vorwiegend musikalische Lustspiele wie »Mas-
kottchen«, »Wellensittich entflogen«, »Marietta« oder klassische
Operetten wie »Gräfin Mariza« und »Schwarzwaldmädel«.

Wir können davon ausgehen, dass das »Theater in der Witzlebenstraße« sein Stammpublikum hatte und florierte. Aber

auch das Leben dieser Bühne fand nach nur zwei Jahren ein rasches Ende.

Die Leiterin der Schule, Fräulein von Bentevegni, bemühte sich nämlich nach Kräften, ihr angestammtes Schulgebäude herzurichten und es mit den immer noch ausgelagerten Klassen wieder zu beziehen. In ihrem Bericht aus dem Jahr 1947 schreibt sie: »*Ein ganz großer Kampf entwickelte sich, als ich versuchte, unser altes Schulgebäude wieder instandsetzen zu lassen, um es dann zu übernehmen. Sämtliche Zigaretten, deren ich habhaft werden konnte, spendierte ich den Arbeitern, damit sie von der Stelle kämen … Aber endlich glückte es mir doch, und wir konnten einziehen. Das war ein großer Tag für uns!*« (→Fritsch, 1979, S. 34f.)

Die Tage des Theaters waren nun gezählt. Frl. v. Bentevegni fährt wenig später fort: »*Aber eine große Not war es, dass wir zunächst noch ein Theater in der Schule hatten. Wer will es den Kindern verdenken, dass die Schauspieler, das Büfett und das ganze geheimnisvolle Kommen und Gehen die Mädels stark fesselte. Das alles gab natürlich manche Schwierigkeit. Der Operndirektor wollte mich durch Freibilletts geduldig stimmen; aber ich nahm sie natürlich nicht an. Die Bühne loszuwerden, nahm nun meine Kraft in Anspruch. Das dauerte sehr lange, aber einmal war es doch soweit! Selbst die Mädels empfanden das als ein ganz großes Geschenk.*« (→Ebenda)

Ende 1947 musste also das »Theater in der Witzlebenstraße« aus dem Schulgebäude ausziehen und wurde aufgelöst. Der Wiederaufbau ihrer Schule hat aber die tüchtige Schulleiterin so viel Kraft gekostet, dass sie erkrankte und 1948 vorzeitig pensioniert wurde.

Vier Jahrzehnte später, von 1988 bis 1998, gab es ein drittes Theater am Lietzensee: die »Freie Bühne Witzleben«, ebenfalls ein Theater ganz eigener Prägung, das seinen Spielort im Gemeindesaal der Kirche Am Lietzensee in der Herbartstraße hatte. Entstanden aus einer Theatergruppe der Gemeinde entwickelte sich die »Freie Bühne Witzleben« rasch unter der professionellen Leitung des Regisseurs Heiner Neumann zu einem kleinen gutbesuchten

Theater in Charlottenburg. Nur wenige der Schauspieler waren ausgebildet, die meisten Laien, die ein Faible für das Theater und Begabung zum Spielen hatten, zum Teil auch junge Leute vor oder während ihres Schauspielstudiums. Neumann verstand es, sie alle zu einem Ensemble zu formen, das unter seiner Regie sehr erfolgreich personenreiche Theaterstücke in aufwendigen Inszenierungen zur Aufführung brachte.

Das zweite Stück, die »Trilogie des Wiedersehens« von Botho Strauß im Jahr 1990, wurde in der »taz« folgendermaßen angekündigt:

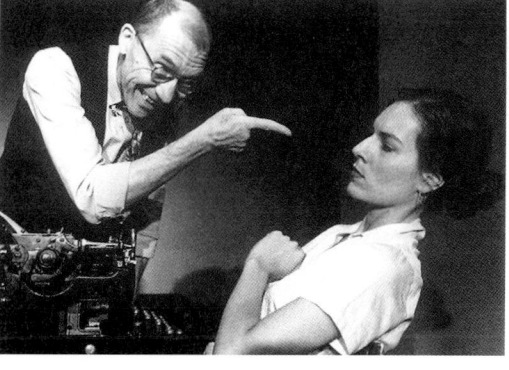

»*Welche Berliner Bühne hätte sich das getraut: Botho Straußens ›Trilogie des Wiedersehens‹ nachzuspielen. Dabei gehört das Stück schon durchaus zum modernen Antiquariat der Bühnenliteratur. Die Freie Bühne Witzleben hat sich unerschrocken dieser Monologe vergeblicher Nähesuche, ausführlicher Lebenslüge und laut bekundeter Unnahbarkeit angenommen.*« (→taz vom 30.6.1990)

Im Laufe der Zeit wurden auch Pressevertreter auf die Bühne aufmerksam. So konnte man nach der Premiere des »Volksfeind« von Henrik Ibsen (1992) eine sehr enthusiastische Besprechung in der »zitty« lesen:

Freie Bühne Witzleben. Claudia Fritsch und Till Waltz in Eugène Ionescos »Die Nashörner«, 1994. Foto: Engeln

»*FREIE BÜHNE WITZLEBEN: Was braucht man fürs Theater? Einen Raum mit Bühne, Vorhang und Scheinwerfer. Den Raum liefert die Ev. Kirchengemeinde am Lietzensee, und spielen tut die Freie Bühne Witzleben, ein berliner Sonderfall. Nicht ambitionierte Jungschauspieler mit Hinterhofcharme und unbekümmertem Elan, sondern Menschen unterschiedlichsten Alters, die neben der bürgerlichen Existenz ihre Theaterliebe pflegen … Ein höchst sehenswertes, geradezu beklemmend authentisches Stück Theater, wie es auf großen oder kleinen Bühnen seltener zu sehen sein dürfte. Eine bemerkenswerte Truppe, ein bemerkenswerter Spielort, ein aktuelles Stück und eine teilweise spektakuläre Inszenierung. Von solchen theaterverliebten ›Laienspielern‹ könnten unsere Hauptstadt-profis, und nicht nur die großen, sondern auch die Off-Gladiatoren, einiges lernen…«* (→Zitty 1992, Nr. 19, S. 96)

Die Gruppe spielte jedes Jahr ein Stück der unterschiedlichsten Autoren – Sternheim, Garcia Lorca, Tschechow, Ionesco, Büchner, Goethe, u.a. – mit im Durchschnitt 25 Aufführungen. Der künstlerische Stab vergrößerte sich, eine Malerin sorgte für authentische Kostüme, unter der Anleitung eines Architekten wurde das Bühnenbild entworfen und gebaut. Besonders das zu »Iwanow« wurde in einer Besprechung hervorgehoben; nach einigen kritischen Bemerkungen, auch hinsichtlich der Stückauswahl, heißt es:

Freie Bühne Witzleben. »Iwanow« von Anton Tchechow, 2. Akt., 1993. Foto: Engeln

»Trotzdem gibt es Lichtblicke. Die Bühnenbilder sind, für diesen Rahmen, geradezu bombastisch, und Sascha, die junge Frau und Hoffnungsträgerin, spielt nicht nur, sie scheint von innen zu leuchten. Außerdem hat Regisseur Neumann ein ›Händchen‹ für Massenszenen: Da stimmen Choreographie und Dialoge, nichts wirkt gekünstelt oder übertrieben, da kommt das sonst so schmerzlich vermißte Leben in die Szenerie…« (→Zitty 1993, Nr. 18, S. 92)

Die Freie Bühne Witzleben, seit 1993 ein eingetragener gemeinnütziger Verein, entwickelte sich im Laufe der Jahre zu einem recht stabilen Unternehmen, das sein festes Publikum hatte und auch vom »Theater der Schulen« beschickt wurde. In dem Maße aber wie die Bühne expandierte, entstanden und verstärkten sich erhebliche Differenzen mit Mitgliedern des Gemeindekirchenrates, die den Theaterbetrieb nicht als Bereicherung, sondern als Belastung empfanden. Schließlich musste sich die Freie Bühne Witzleben von der Gemeinde trennen. Nach Aufgabe ihres Spielortes aber konnte die Freie Bühne Witzleben in ihrer ursprünglichen Form nicht weiter existieren.

Als letztes Theaterstück inszenierte Neumann 1997 mit großem Erfolg »Urfaust« von Johann Wolfgang von Goethe. Das Gretchen spielte damals die junge Schaupielschülerin Julia Jentsch, die 2005 für ihre Darstellung der Sophie Scholl in dem gleichnamigen Film nicht nur den Silbernen Bären der Berlinale, sondern auch den Deutschen und den Europäischen Filmpreis erhielt und weltweit bekannt wurde.

Freie Bühne
Witzleben.
Julia Jentsch und
Claudius Kayser in
»Urfaust« von
J. W. v. Goethe, 1997.
Foto: Engeln

DER LIETZENSEE
IN WORT UND BILD

DER LIETZENSEE IM GEDICHT

Jacob van Hoddis (1887–1942, von den Nazis ermordet)

AM LIETZENSEE

Meinem Freunde Georg Heym

> Die rote Sandsteinbrücke packt
> Staubig die andere Seite vom schwärzlichen Tümpel.
> Laternen. Das verirrte Mondlicht zackt
> Über Sträucher und Wellen und träges Gerümpel.
>
> Doch zu uns tönt der Abendschrei der Stadt.
> Ich spüre noch die Lust der vielen Straßen
> Und Trommelwirbel um Fortunas Rad.
> Doch du stehst vor mir schläfrig und verblasen.
>
> Feindselig reichst du mir die plumpe Hand,
> Von neuem Zorn die starke Stirn betört.
> Und als ich längst schon meinen Weg gerannt
> Hat alle Schritte noch dein Traum gestört.

(→Hoddis 1987, S. 203)

Jacob van Hoddis,
um 1909.
Aus: Heym 1987

links: Bebauung
am Lietzenseeufer,
um 1912.
Foto. Jost

Der Funkturm
im Jahr seiner
Erbauung 1926,
Gemälde von
Jacob Steinhardt
(1887–1968).
Aus: Katalog
»Stadtbilder« 1987

Hans Brennert (1870–1942)

DEM NEUEN ROLAND

Achtung! Hier Funkturm Lietzensee!
Zwischen Havel und Oberspree!
Der Funkturm sendet im Programm
Die Funkturmweihe vom Kaiserdamm.
Hoch vom Berliner Himmel umblaut
Ist ein stählerner Turm gebaut
Reckt sich in weißes Sommergewölk
Kühnes strebendes Gittergebälk,
Steigt in den Sonnenschein der schlanke
Stahlgewordene Werkgedanke
Steil in die Berliner Luft,
Umleuchtet vom letzten Sommerduft ...

Eine Diele aus Glas – eine Diele von Eisen
Hoch über Asphalt und Bahngeleisen,
Fünfzig Meter über dem Lietzensee
Und über dem grünen Strand der Spree! ...

Im neuen Berlin – im Berliner Wind
Das allerjüngste Berliner Kind!
Berliner Jahre werden gehn:
Sturm wird kommen – der Turm wird stehn! ...

Funkturm Berlin! Wir schließen die Reihen!
Wir kommen dich taufen! Wir kommen dich weihen!
Sender Berlin! Wir weihen dich ein!
Berlin wird sein – und du wirst sein.
Halte mit feurigem Scheitel die Wacht,
Kommenden Fliegern Stern in der Nacht!
Wahre deine eiserne Rippe
Alle Zeiten vor schnödem Bruch!
Singe und sage mit eherner Lippe
Tapfer der Welt von Berlin deinen Spruch!
Singe sein Lied bis in späteste Lenze,
dass es immer leuchtender glänze
Empor zu deinen ehernen Knien –:
Eiserner Roland des neuen Berlin!

(Gedichtet für den Festakt anlässlich der Einweihung des Berliner
Funkturms. Der »Funkturm-Prolog« umfasste 30 Strophen,
von dem hier nur ein kurzer Teil abgedruckt ist. → Brennert,
1968, S. 25 ff.)

Erich Kästner (1899–1974)

DER GEIZHALS GEHT IM REGEN

Der Frühling gießt den Regen durch ein Sieb.
Die Veilchen stehen Hand in Hand und flennen.
Wenn sie erst wüßten, was mir Dora schrieb.
Sie sei zwar äußerst sparsam im Betrieb,
doch trotzdem müßten wir uns, meint sie, trennen.

Die Bäume sind nur, wenn man hinschaut, kahl.
Die Straße blüht, als wär‹s zum erstenmal.
Was alles grün ist, selbst die Autotaxen!
Ich laß mir keine grauen Haare wachsen.
Für so etwas ist meine Brust zu schmal.

Erich Kästner,
Karikatur von
H.M.Brockmann,
1930

Der Regen regnet faßt wie dünner Zwirn.
Der liebe Gott näht Blumen auf den Rasen.
Ich hätte Rheumatismus im Gehirn
Und eine, schreibt sie mir, plissierte Stirn.
»Und meine Seele lief sich bei dir Blasen.«

Herr Ober, bitte eine andre Frau!
Ein Glück, dass Frühling wird. Die Luft weht lau.
Und von den Wunden spürt man nur die Narbe.
Die Welt ist grau, und Grau ist keine Farbe!
Jetzt sind sogar die schwarzen Wolken blau.

Die Blumen blühn, und keiner kennt den Grund.
Man atmet dreimal tief und ist gesund.
Ich kann nur sagen: »Ora et labora.«
Ich ärgere mich nicht weiter über Dora
Und kaufe mir am Ersten einen Hund.

Nanu, da ist ja schon der Lietzensee.
Jetzt geh ich heim und koche mir Kaffee
Und freß ihn ganz allein den guten Kuchen.
Paul hat im Kino kostenlos Entree.
Den könnte ich zum Abendbrot besuchen.

(→ Kästner, 1998, S. 151)

Hans Nicklisch (1911–2001)

AM BAHNHOF WITZLEBEN

Ich geh so gern an jenem Platz vorbei,
Wo ich die wilde Kindheit zugebracht,
Das Haus stand noch zu beiden Seiten frei,
Heiß tobte hier die Holland-Seeland-Schlacht.

Wir konnten Rollschuhlaufen wie verrückt,
Denn der Verkehr war hier besonders schwach,
Kein Schutzmann hat den Arm nach uns gezückt,
Nur mit dem Hauswart gab es manchmal Krach.

Der Bücherranzen flog zumeist ins Gras,
Die Hände frei und völlig unbeschwert,
Hab ich Anita, denn ich konnte was,
Die Flanke übern Gartenzaun gelehrt.

Heut ragt der Funkturm hier zum Himmel fast,
Ein Schutzmann regelt ständig den Verkehr,
Und eine S-Bahn bringt in größter Hast
Tagtäglich eine Menge Leute her.

Da ist es aus mit wildem Kinderspiel,
Doch das Cafe ist immer noch am Platz,
In dessen Drehtür ich aus Unsinn fiel,
Dann sprang der Boy hinzu mit einem Satz.

Und das Papiergeschäft ist auch noch da,
Das mir das kleine Abziehbuch geschenkt
Und jedes Heft mit einem Bild versah …
Wie oft hab ich den Schritt hineingelenkt.

Ich aber liebe diese Gegend heiß,
Wo jetzt der Funkturm und ein Bahnhof stehn,
Und die soviel aus meiner Kindheit weiß,
weil sie sie selber doch mit angesehn.

(→Nicklisch, Zeitungsausschnitt, o. O., o. J., ca. 1930)

Schwäne am
Lietzensee

Robert Gilbert (1899–1978)

AM LIETZENSEE

Am Lietzensee, da ziehn de Schwäne
so unbehördlich hin und her,
als ob de janze Welt nur eene
Umjebung für een Planschbad wär'.

Ick hab' mir oft gedacht, wat brauchen
die bloß so‹n ausjedehnten Hals?
Doch is er wohl beim Untertauchen
zur Zeit janz zweckhaft jedenfalls.

Und wenn se sich so sanft versenken
samt Kopp und Bauch im Lietzensee,
dann weeß ick, wat die von uns denken,
weil ick's an ihren Stietzen seh'.

(→Gilbert, 1971, S. 30)

Aldona Gustas (*1932)

ES IST MAI IM MÄDCHENKNIE

Eisverkäuferinnen sprechen
die Erdbeer- und Vanillensprache
der Kinder
sie überreichen
für wenig Geld
süße Nordpolinseln
in Waffeln verpackt

in Reformhäusern
summen Kräuter
Teesonaten

am Lietzensee steht
statt Fontane Schiller
ein Entenpaar aus Potsdam
das sich verflogen hat
ist hier der Sozialistische Realismus
in natura

Aldona Gustas.
Aus: Akademie der
Künste 1985

wenn die nachtfressenden Lampen
Licht spenden
tragen die Ortsansässigen
Janusköpfe
die Veroperung der Wege beginnt
die Dialoge der Liebespaare
werden noch immer
in Märchen gekocht
und die Bäume breiten
wie eh und je
ihre Waldarme über den See

(→ unveröffentlicht, Privatbesitz)

Aldona Gustas

DER FUNKTURM

der Funkturm
hat heut nacht
in der Havel gebadet

der Funkturm
hat heut nacht
den Grunewaldturm geküßt

gegen morgen
kehrte der Funkturm
mit einer Schwanenfeder zurück
sangen die Amseln
vom Lietzenpark
schon um halb zehn

(→Gustas 1977. S. 37)

Alex (und Oskar)

DIE MÖWEN VOM LIETZENSEE

Wildenten – zahm geworden – dominierten!
Dazu viel Bläßhuhn und ein Schwanenpaar.
Im Park ringsum Singvögel tririlierten,
und auf dem Rasen streitet sich'ne Spatzenschar.

Sie alle sind hier ständig stationiert!
Die Futtersuche macht nicht viel Beschwerde,
denn Futter ist hier auch subventioniert.
Der Mensch wirft es ins Wasser oder auf die Erde.

Das hat sich international herumgesprochen,
und selbst die dreisten Möwen haben es erfahren.
In Mengen sind sie – subventionenhungrig – aufgebrochen
zu neuem Futterplatz – und auch zum Paaren.

Jetzt hocken sie am Lietzensee sich mehrend!
Artfremd! Und frech! Und aggressiv!
Die Futterplätze Eingesessenen verwehrend.
Ich finde die Entwicklung negativ.

Doch, … kann den Vogelkenner dieses überraschen?
Wann hätten je Berliner Vögel sich gewehrt,
wenn zugereiste freche Möwen das vernaschen,
was der Berliner Vogelwelt als Frontration beschert.

(→Alex, 1977, S. 8)

Elisabeth Axmann

LIETZENSEE

Hoch über dem See
streifst Du meine Haut.
Die Stadt steht im Zimmer,
lockt mit ihren Parks.

In der Handfläche
liegt Abendwärme,
streift mich
mit Deinem Namen

(→Axmann, 1982, S. 16)

Günter Kunert

AUGENSCHEIN AM LIETZENSEE

(Für Wolfgang Maaz)

Aus glänzender Schwärze
die Nächte. Irgendetwas
bringt Büsche zum Rascheln
Ratten oder stumme Lust
für deren weißliche Häutung
die Straßenreinigung zuständig bleibt.
Augenblicks aber
führen alle Wege hier heim
versprechen entfernte Staßenlaternen.
Unsere Stadt sinkt
von Schritt zu Schritt
von Einsamkeit zu Einsamkeit tiefer
in ihre Legende.
Aus einem hintergründigen gestern
ragt ihr Wahrzeichen noch
mit Glühbirnen besteckt
zusammengeschraubt in besseren
schlechten Tagen.
Am Morgen dann wieder
eine vergewaltigte Tyche
betäubt oder tot unter
vergilbendem Laub.

(→ Kunert, 1989, S. 29)

Günter Kunert

ABEND AM LIETZENSEE

Aus schwarzem Wasser
ein paar Funken. Ungeheuer
nehmen Gestalt an im Vorübergehen
schreiten als Funktürme
ferne dahin. Ich bin allein
im Gespräch mit den Bäumen
über verlorene Menschen:
Was sind das für monologische Zeiten!
Ehe ich mich umdrehen kann
erlischt hinter meinem Rücken
die Stadt. Stümpfe
bleiben zurück die am Morgen
völlig wächsern aussehen.
An die ich nicht mehr
die Gedanken zu legen wage
saumselig durchstandener Sehnsucht
wegen.

(→Kunert, 1997, S. 55)

Geschichten zu erzählen von unserer
Zeit, Lebensgeschichten und auch Lügen-
geschichten, scheint zu den schwierigen Dingen
unserer Literatur zu gehören. Nicht so für Günter
Kunert. Eine auf den Kopf gestellte Wirklichkeit, der Einbruch des Phantastischen in die Normalität, die plötzliche
Überschreitung einer Grenze – in diesem Zwischenbereich
sind die Geschichten, Parabeln und Grotesken Günter
Kunerts angesiedelt, die hier zum ersten Mal fast
vollständig gesammelt sind, und denen aus-
nahmslos eines gemeinsam ist: »Sie sind
unerhört vergnüglich zu lesen« FAZ.

Auf Abwegen und andere Verirrungen
Hansers Bibliothek der Erzähler
304 Seiten. Fadengeheftet. Lesebändchen. Gebunden.

bei Hanser

Günter Kunert.

DER LIETZENSEE IM ROMAN

Die Stadt Berlin spielt in der Belletristik eine nicht unwesentliche Rolle und wurde schon im 19. und 20. Jahrhundert Schauplatz zahlreicher Romane. Theodor Fontane, Georg Herrmann, Clara Viebig, Alfred Döblin, Erich Kästner und viele andere vermitteln in ihren Dichtungen ein anschauliches Bild von dem Leben und den Menschen in den verschiedenen Epochen. Es ist vorwiegend das alte Berlin, die Mitte der Stadt zwischen dem Alexanderplatz und der Friedrichstraße bis zum Brandenburger Tor, bisweilen auch noch der Tiergarten und der Neue Westen um den Kurfürstendamm, wo die Romanhelden agieren. Je weiter aber eine Gegend vom Zentrum der Stadt entfernt liegt, umso seltener findet sie sich als Schauplatz in einem Roman wieder. Auch wenn also der Lietzensee und seine Umgebung nicht zu den prominenten Orten der Berlin-Literatur gehört, können an dieser Stelle dennoch, chronologisch geordnet, bis in die jüngste Zeit einige Beispiele aus Romanen zitiert werden, in denen die Gegend am Lietzensee Schauplatz des Geschehens ist.

links:
Ludwig Greve als Kind.
Foto: Museum Charlottenburg-Wilmersdorf

Jochen Klepper (1903–1942):

DER VATER

Sophie Charlotte machte das Schloss Lützenburg zum ersten preußischen Musenhof. Heitere Feste, glanzvolle Opernaufführungen zeitgenössischer italienischer Komponisten und philosophisch-religiöse Disputationen prägten das sommerliche Leben im Schloss. Auch Sophie Charlottes einziger Sohn, der spätere König Friedrich Wilhelm I., war von dem anmutigen Hofleben in Lützenburg fasziniert, obwohl er schon früh soldatische Neigungen entwickelte.

Jochen Klepper

Der Dichter Jochen Klepper lässt ihn als Soldatenkönig an die Stätte seiner Kindheit zurückkehren:

»Zögernd stand er an dem goldenen Tor zum Schloß seiner Mutter. Wie eine eigene, weite Landschaft und ein besonderes Reich breiteten sich die Königinnengärten jenseits der kleinen Hügelwellen zwischen dem Lietzensee und der Spree. An jener Böschung des Ufers hatte er die Mutter und ihre Damen bei dem Gartenfest mit seiner Knabenkompanie, verkleidet als Türken, überfallen und zu Schiffe auf der Spree in sein Lager entführt, in bunte gastliche Zelte, in denen die Knaben die Damen bewirteten.« (→Klepper, 1937, S. 97)

Curzio Malaparte (1898–1957):

KAPUTT

Malaparte schildert in seinem autobiographischen Roman mit untrüglichem Blick für das Morbide die Erlebnisse als Kriegskorrespondent u.a. in Polen und Finnland. Zwischen zwei Reisen macht er Station in Potsdam, um dort eine Freundin, die Hohenzollernprinzessin Luise, zu treffen, die ihn am Bahnhof abholt. Das Gut »Lietzensee« ist allerdings fiktiv und trägt nur den Namen des Charlottenburger Sees.

»Sie trug kurze Söckchen, die Beine waren nackt. Es freute sie, mich wiederzusehen. Warum wollte ich nicht nach Lietzensee hinüberfahren? Sie würde sich bestimmt irgendwo ein Fahrrad für mich ausleihen können. Ich könnte im Schloß übernachten. Es war mir unmöglich, ich mußte am nächsten Morgen nach Riga und Helsinki weiterfahren. Ob ich die Abreise nicht verschieben könne. Es sei sehr schön in Lietzensee, es sei nicht eigentlich ein Schloß, sondern ein altes Landhaus, von schönen Wäldern umgeben. Ganze Familien von Hirschen und Damwild gebe es in den Lietzenseer Forsten, die Natur sei sehr schön dort, sehr unberührt.« (→Malaparte 1982, S. 310)

Ernst von Salomon (1902–1972):

DIE SCHÖNE WILHELMINE

Ein Liebesnest am Ufer des Lietzensees lässt in dichterischer Freiheit Ernst von Salomon in seinem »Roman aus Preußens galanter Zeit« den Prinzen, den späteren König Friedrich Wilhelm II., seiner Mätresse Wilhelmine Encke bauen.

»Nichts konnte den Prinzen daran hindern, sich zur Abendstunde sein Pferd zu satteln und nach Charlottenburg zu reiten …

Jedesmal, wenn der Prinz in das Haus am Lietzensee kam, empfing ihn Wilhelmine wie gewohnt, indem sie ihm die Arme um den Hals legte und ihm ins Ohr flüsterte, was es zu essen gäbe. Sie wußte, dass der Prinz im Kabinettshaus an der Familientafel wie an der Hoftafel des kleinen, so bescheidenen Hofes mürrisch und lustlos zu speisen pflegte. Bei Wilhelmine war der Tisch immer schon gedeckt, wenn der Prinz das Haus betrat. Er ließ sich sofort an der hübschen Tafel nieder …« (→Salomon, 1972, S. 144)

Palais der Gräfin Lichtenau, vormals Wilhelmine Encke, um 1800.
Aus: Rave/Wirth 1961

In Wirklichkeit stand aber das Palais der späteren Gräfin Lichtenau in der Nähe des Schlosses direkt an der Spree.

Herbert Reinecker (1914–2007):

DIE FRAUEN VON BERLIN

Der Roman beschreibt das Leben einer Familie in der Zeit des Zweiten Weltkrieges, die in einem Haus am S-Bahnhof Heerstraße wohnt, in dem fiktiven »Wildpfad«. Als die Großmutter noch einmal die Stadt sehen möchte, bevor sie total zerstört ist, macht die Enkelin mit ihr einen – für eine alte behinderte Frau unrealistisch langen – Spaziergang die Heerstraße hinunter, am Funkhaus vorbei bis zum Bahnhof Witzleben.

»Sie bestieg ächzend die Straßenbahn. ›Was denn‹, sagte sie, ›den Lietzensee hat man zugemacht? Warum das?‹ ›Wegen der Flugzeuge‹, murmelte Doris. ›Sie sollen sich nicht orientieren können.‹« (→Reinecker, 1985, S. 223)

Briefmarke »Notopfer Berlin«

Ingeborg Wendt (1917–1989):

NOTOPFER BERLIN

Dieser Familienroman aus den Fünfziger Jahren, in dem zahlreiche, sehr unterschiedliche Romanfiguren in mehreren miteinander verflochtenen Handlungssträngen agieren, spielt im Berlin kurz nach dem Zweiten Weltkrieg. Eine Heldin ist die junge Gisela, ein kluges, sensibles Mädchen, das aus der Enge des kleinbürgerlichen Elternhauses ausbrechen und das wirkliche Leben, auch die Liebe kennenlernen will. Ihr Auserwählter ist der recht derbe Lambert. Eine entscheidende Szene spielt im Lietzenseepark. Da Lambert in der Witzlebenstraße wohnt, verabredet er sich mit ihr zu einem Spaziergang im Park, wo er versucht, sie zu verführen.

»Er überlegte. Wir gehen zum Lietzensee, dachte er, viel zu hell hier, bloß kein Cafe – ich möchte endlich mit ihr allein sein … Er marschierte über die Straße, Gisela zur Seite, bog in den Lietzenseer Park ein und atmete hörbar auf … Er blieb stehen im breiten Schatten einer mächtigen Esche, riß sie in die Arme, küßte sie … Sie schloß die Augen, vergaß, hörte die Wellen des Sees gluckernd gegen den Strand schlagen, sanftes eintöniges Gluckern. … Ein frischer Wind kühlte ihr heißes zerküßtes Gesicht. Lietzenseer Park – wunderbares Alleinsein in Dunkelheit und Stille … Komm, sagte er, zog Gisela mit sich fort, tiefer in das Baumdunkel. Er kannte eine Bank in der Nähe des Wassers. Einsame Bank, hoffentlich sitzt nicht schon solch ein Affe drauf … « (→Wendt, 1956, S.144)

Der erste Eindruck, dass die Verfasserin den »Lietzenseer Park« offensichtlich nur vom Stadtplan, nicht aber aus eigener Anschauung kennt, wird auch durch andere Beispiele bestätigt.

»Sein möbliertes Zimmer lag in der Witzlebenstraße. Witzleben – ein Mann, der in eine politische Verschwörung verwickelt war, vor einigen Jahren, lange her, ein Mann, der sein Vaterland liebte und dafür sterben mußte, lange her. Die schlimmen Jahre, die hinter uns liegen, lange her, fast vergessen, heute ist die Welt in Ordnung, Frieden, Freiheit, keine Verschwörung mehr, keine Hinrichtungen mehr, schönes Leben in Westberlin, schönes Leben, wenn Westberlin keine Insel wäre. Witzleben hieß der Mann, wie die Straße, in der Lambert wohnte.« (→Ebenda S. 154)

Hier wird der Widerstandskämpfer Erwin von Witzleben (1881–1944) mit dem General von Witzleben verwechselt.

Dieter Meichsner (1928–2010):

DIE STUDENTEN VON BERLIN

Dieser Nachkriegsroman schildert eindrucksvoll den Beginn der deutschen Teilung am Beispiel der Berliner Universitäten. An dem Schicksal von sechs Studenten der Humboldtuniversität, die, vom Terror der marxistischen Ideologie abgestoßen, in Dahlem später eine Freie Universität gründen, wird die ganze West-Ost-Problematik in einem dramatischen Zeitroman geschildert. Dieter Meichsner, selbst Student beider Universitäten, war auch Drehbuchautor und leitete später die Fernsehabteilung des NDR.

»Der Eimer hatte zwar Gewicht, aber Herbert wechselte ihn von einer Hand in die andere, und so war die Last nicht erheblich. Da der Lietzensee auf seinem Weg lag und er im Park den Rest einer Bank fand, setzte er sich, rauchte und sah den Arbeitern zu, die dabei waren, die Tarnnetze über dem See zu entfernen.« (→Meichsner, 1963, S. 49)

Annemarie Weber (1918–1991):

DIE JUNGEN WILDEN

Dieser Gesellschaftsroman handelt von den Liebesabenteuern einer unkonventionellen Fünfzigjährigen mit jungen Männern, unter ihnen auch der junge Schwarze Aristide Gabes, der seine künstlerischen Pläne in Berlin nicht verwirklichen konnte:

»Aristide war am Ende, zwar geschmückt mit schwerem afrikanischem Silber an Handgelenken und Hals, gekleidet in herrliche Seide, aber er war geschlagen von einem weißen Othello. Hochmütig zog er in ein Apartment am Lietzensee, das er nur für sehr teures Geld bekam, aber seine Mama, die in Marseille lebte, schickte ihm Geld.« (→ Weber, 1974, S. 88)

Annemarie Weber.
Aus: Akademie der
Künste 1985

Annemarie Weber:

ROSA ODER ARMUT SCHÄNDET

Rosa, in einem Hinterhaus in der Danckelmannstraße wohnend, schildert ihr eigenes Leben und das ihrer Mutter und Großmutter, die ebenfalls wie sie selbst Dienstmädchen waren. So spannt sich der Bogen der Erzählung von den Zwanziger Jahren bis in die heutige Zeit, immer geschrieben aus dem Blickwinkel der »kleinen Leute«.

»Von meinem Fenster aus sehe ich alle die andern schmalen hohen Fenster der kleinen Wohnungen des zweiten Hinterhofs. Da gab

es keine Mädchenkammer. Da wohnten die Menschen der dritten und noch tiefer stehenden Klasse, und da wohnen sie noch immer. Im Vorderhaus hatten die besseren Herrschaften ihre Quartiere... Nun aber ist die ganze Danckelmannstraße überhaupt herunterge-kommen. An ihrem besseren Ende mündet sie in den Kaiserdamm, die einstige Prachtstraße dieser Gegend. Dort weht es licht und grün um den Lietzensee. Hier aber, zum andern Ende hin, ist alles grau und säuerlich.« (→ Weber, 1980, S. 39)

Später besucht Rosa mit ihrem Mann Georg seine Großmutter:

»Frau Wilczek sprach gepflegt, sie hatte Bildung, sie hatte immer Verbindung mit dem Kunstleben gehabt, vor allem mit dem Film. Bis zum Kriegsende, das heißt bis zu dem Tag im letzten Kriegswinter, als die Kinos geschlossen wurden, hatte sie immer eine Toilette in einem Ufa-Kino gehabt. Bei den Premieren hatte sie viele Stars kennengelernt, ihre Fotos mit den Autogrammen hingen an den Wänden in ihrer Anderthalbzimmerwohnung in Charlottenburg, im Gartenhaus einer ruhigen Straße, in ›Lietzenseenähe‹, wie sie ihre gute Adresse bezeichnete.« (→ Ebenda S. 105)

Richard Hey (1926–2004):

EIN MORD AM LIETZENSEE

Wie der Titel schon sagt, spielt der ganze Roman am Lietzensee und seiner Umgebung. Hauptperson in dieser originellen Kri-minalgeschichte um eine Rentnergang ist die Kommissarin Ka-tharina Ledermacher. Die Beschreibung der Schauplätze stimmt bis in das kleinste Detail mit der Wirklichkeit überein. Man merkt, dass der Autor längere Zeit am Lietzensee gewohnt hat.

»Bevor das Auto warm wurde, hielt Zobel schon und genau da, wo die Neue Kantstraße als hellerleuchteter Damm den Lietzensee in zwei dunkle Hälften teilte... Der umfangreiche Beamte sah noch einmal von Zobel zu Katharina, grüßte und klemmte sich wieder in seinen Streifenwagen, während Katharina und Zobel durch ein schief in der Angel hängendes offenes Eisentor gingen.«

*Das Tor stammt noch aus der Zeit, als der Lietzenseepark nachts
geschlossen gehalten wurde. Nach wenigen Schritten befanden sie
sich im Dunkeln. Der Großstadthimmel über ihnen war hell. Aber
ihre Schuhe sahen sie kaum als Schatten auf dem dunkelgrauen
ebenen Weg, der sie parallel zur Straße nach unten führte ... Sie
hörte Stimmen. Am zugefrorenen See war ein kleiner runder Platz.
Auf dem Platz lagen Bänke übereinandergeschichtet, Äste und Laub
waren zu einem Haufen zusammengekehrt.«* (→ Hey, 1975, S. 9 f.)

Richard Hey.
Aus: Akademie der
Künste 1985

Richard Hey:

DIE LÖWENBÄNDIGERIN

Diese Kurzgeschichte schildert das aufregende
Abenteuer eines Bankangestellten mit einer un-
tergetauchten Terroristin.

*»Hermann war Bankangestellter und gerade zwei-
unddreißig geworden. Sein Leben verlief, wie er
selbst fand, geordnet. Die Wochenenden verbrachte
er entweder bei seiner Freundin Silvia oder Silvia
verbrachte die Wochenenden bei ihm. Er wachte
sonntags lieber in Silvias Bett auf. Sie wohnte im obersten Stock
eines Altbaus. Aus Silvias Fenstern blickte er über den Lietzensee,
der im Winter zwischen kahlen Ästen vor ihm lag wie das bewegte
Bild eines niederländischen Malers, dessen Kopie in der Bankfi-
liale neben der Kasse hing, mit schlittschuhlaufenden Kindern
und auffliegenden Krähen und Möwen. Im Sommer glitzerte das
Wasser fern zwischen dem Grün der Bäume.«* (→ Hey, 1995, S. 9)

Alan Scholefield (* 1931):

TERROR IN BERLIN

Sogar bis in einen amerikanischen Politthriller hat es der Lietzensee gebracht.

»›Es gab da noch ein Haus, das ich öfter besucht habe. In Charlottenburg. Vielleicht steht es noch.‹ ›Wissen Sie die Adresse?‹ ›Nein. In der Nähe war Wasser.‹ Sie dachte nach. ›Eine Straße führte über einen See. Kein sehr großer. Ziemlich hübsch.‹ Sie holte einen Stadtplan heraus, den sie gemeinsam studierten. ›Es muß der Lietzenseepark sein.‹ Sie fuhren die Kantstraße entlang, bis sie zu dem Park kamen. Im grauen Licht des Nachmittags wirkte das Wasser wie ein Kupferstich.

›Ist er das?‹ fragte sie.

›Kann sein. Er sieht anders aus.‹

Sie bogen nach rechts und fuhren langsam zwischen terrassenförmig angelegten Häusern. Einige Gebäude waren neu, andere hatten den Krieg überlebt und trugen noch die Narben von Granatsplittern und Kugeln. In anderen waren die Löcher mit Zement gefüllt worden, was ihnen das Aussehen von Flickwerk gab.« (→ Scholefield, 1984, S. 114)

Nicolas Born (1937–1979):

DIE ERDABGEWANDTE SEITE DER GESCHICHTE

Borns Roman handelt von der Beziehungslosigkeit und Bindungsunfähigkeit der modernen Menschen, die weder zusammenbleiben, noch auseinandergehen können. Die Unsicherheit ihrer Erfahrungen und Gefühle treibt sie in eine Art privaten Untergang, dem sie wie Unbeteiligte zusehen.

Nicolas Born.
Aus: Born 1979

»Ich lächelte ein paarmal nur für mich, als ich eine kindliche Angst vor dem Verrücktwerden bekam. Auf dem Fußboden standen die Schuhe. Mühsam machte ich mir klar, dass die herabhängenden Schnürsenkel keiner Erklärung bedurften. Ich sah mich auf einer Bank am Lietzensee die Zeitung lesen. Junge Frauen mit Kinderwagen hielten auf dem Weg an. Ein Kind reichte mir seinen Lutscher, und die Mutter nickte mir freundlich zu, ein ganz nebensächliches Einverständnis, das mich auf bösartige Gedanken bringen mußte.« (→ Born, 1979, S. 20)

Dilek Zaptcioglu (*1960):

DER MOND ISST DIE STERNE AUF

Im Mittelpunkt dieses Romans für Jugendliche steht der junge, in Berlin geborene Türke Ömer, der einem Geheimnis seines Vaters auf die Spur kommt. Ömer ist Schüler eines fiktiven humanistischen Gymnasiums in der Nähe des Lietzensees. Die Beschreibung der Schule hat eine gewisse Ähnlichkeit mit dem Oberstufenzentrum Wirtschaft und Verwaltung – Recht in der Danckelmannstraße.

Auch in diesem Roman hat der Leser den Eindruck, dass die – übertrieben negative – Schilderung des »Lietzenburger Sees« und Parks nicht auf eigener Anschauung der Autorin basiert, die nicht nur den richtigen Namen des Sees, sondern auch die Örtlichkeiten nicht genau zu kennen scheint.

»Das Areal war auf zwei Seiten von je einer Straße abgegrenzt und befand sich gleich gegenüber dem Lietzenburger See, wo es an jedem Wochentag und zu jeder Tageszeit vor Hunden nur so wimmelte. Wenn ich den Weg durch den Park nahm, mußte ich meine Reifen abends gründlich säubern, um den Kotgestank herauszubekommen. Deshalb fuhr ich lieber über die breite Kantstraße, außerdem deprimierte mich der Anblick der alten Frauen, die selbst bei Regen und Schnee in aller Frühe aus dem nahe gelegenen privaten Altersheim herauskamen, um die Enten und Schwäne mit kleinen Bissen heranzulocken und ihnen verzweifelt ihre Lebensgeschichten zu erzählen.« (→Zaptcioglu, 1998, S. 38)

Zoran Drvenkar (*1967):

NIEMAND SO STARK WIE WIR

Dieser autobiographische Roman ist das erste Buch eines junger Jugoslawen, der 1970 als Dreijähriger nach Berlin kam und in der Philippistraße aufwuchs. Es gibt keine eigentliche Handlung. Der Autor schildert seine Erlebnisse als Zwölfjähriger in der Philippistraße und Umgebung, schreibt von seinen Freunden und Feinden, von Liebe und Streit, Freundschaft und

Auseinandersetzung, von Träumen und Ängsten. Neben der Philippistraße spielt der Lietzenseepark als Handlungsort die Hauptrolle.

»*Wir überquerten den Kaiserdamm und betraten den Park. Manche glaubten, der Lietzensee sei eine ausgehobene Müllgrube, die mit Wasser aufgefüllt wurde und eines Tages den Titel See bekam. Ich weiß nicht, was daran wahr ist und was nicht, auf jeden Fall war der Lietzensee zu der Zeit voller Müll. Manchmal konnte man Dosen auf dem Grund erkennen oder ein uraltes Fahrrad.*

Solche Kleinigkeiten nahmen dem Lietzensee aber nicht seinen Reiz, man mußte ja nicht immer Baden, auf den Wiesen rumliegen fanden viele andere auch ganz toll.

An diesem Abend war eine Menge los. Da die Sonne erst gegen zehn unterging, war der Spielplatz voller lärmender und kreischender Kinder, die nie schlapp machten. Überall schlenderten Pärchen herum oder stellten sich in der Schlange vor der Eisdiele an. Man konnte draußen an Tischen sitzen, doch das war doof, denn dort hockten all die Rentner und mümmelten an ihren Eistüten, als ob sie eine Überraschung darin erwarten würde.

Wir holten uns ein Eis und spazierten einmal durch den ganzen Park, unter der Brücke durch und wieder den gleichen Weg zurück. Ich war dabei nur am plappern, denn mir fielen soviele Sachen ein, die ich hier erlebt hatte, dass ich mich zu wundern begann, ob das alles wahr sein konnte. Konnte es möglich sein, dass einer wie ich schon tausend Leben gelebt hatte?« (→Drvenkar, 1998, S. 71)

Zoran Drvenkar, der für diesen Roman 1999 mit dem Oldenburger Kinder- und Jugendpreis ausgezeichnet wurde, gilt als einer der begabtesten deutschen Jugendbuchautoren und erhielt auch für seine folgenden Romanen zahlreiche Literaturpreise. Seine spannend und schonungslos ehrlich erzählten Geschichten handeln von dem langsamen Erwachsenwerden Jugendlicher, die in multinationalen Cliquen versuchen, in einer oft verwahrlosten Welt voller Bandenkämpfe und häuslicher Konflikte ihren Weg zu finden.

Viele von Drvenkars Romanen spielen in Charlottenburg um den Lietzensee.

Zoran Dvrenkar:

IM REGEN STEHEN

»Der Park war ein Traum mit einem künstlich angelegten See in der Mitte. Drum herum erstreckten sich Schotterwege und große Wiesen, ein Spielplatz mit steinernen Tischtennisplatten, dichtes Gebüsch und das Grabmal für Kriegsgefangene, das für uns die ideale Festung abgab. Dort sammelten sich die Jungens und Mädchen aus der Nachbarschaft, und wir wurden eine berüchtigte Clique, die die Straßen unsicher machte, aus den Büschen sprang wie eine Horde wilder Affen...

In diesem Herbst gab es in unserer Clique erst mal nur zwei Helden, und das waren Adrian und ich. Wir konnten ja nicht wissen, was bald auf uns zukam. Wir wussten nichts von den Mädchen, den Freunden und der Angst, die uns erwartete. Wir waren so ahnungslos, dass wir glaubten, ewig befreundet zu bleiben.« (→ Drvenkar, 2000, S. 21)

Zoran Drvenkar.
Aus: Drvenkar 1998

Zoran Dvrenkar:

CENGIZ UND LOCKE

»Sie hocken im Park herum und erinnern dich an deine eigene Clique. Die Art, wie sie die Bänke einnehmen, die Art, wie sie in der Gegend rumstehen und sich unterhalten. Irgendwie ist es immer so, dass wenn sich die eine Clique im Park rumtreibt, die andere woanders ist. Du kannst dich nicht erinnern, jemals mit den Yugos zur gleichen Zeit im Park rumgehangen zu haben...

Schon auf dem Weg zu ihnen, als dich die ersten Blicke treffen, verspürst du den Drang, dich in die Büsche zu schlagen... Die Yugos starren dich nieder. Keiner sagt was. Du schätzt, dass es an die zwanzig Jungs sind. Wo auch immer sie Cengiz haben, du musst dich jetzt darum kümmern.« (→ Drvenkar, 2004, S. 305)

Ulrike Kolb (*1942):

FRÜHSTÜCK MIT MAX

Die Handlung dieses unterhaltsamen Romans beginnt in einer Altbau-Wohnung in der Mommsenstraße, in einer linken WG der siebziger Jahre, direkt über einem florierenden Bordell und endet rund zwanzig Jahre später am Lietzensee.

»*Ich fuhr in die Dernburgstraße und suchte einen Parkplatz. Der Lietzensee schimmerte stahlklar aus dem Nachtgrün der Bäume hervor, die Trauerweiden am Ufer lagen da wie schlafende Tiere, es ging ein leichter Wind, und es war so still, dass ich das Fächeln der Blätter hörte. Eine Weile blieb ich stehen und sog die frische Luft ein, dann ging ich zu dem Haus, in dem Nelly wohnte, öffnete die Tür und stieg hoch bis zum vierten Stock. Beim Blick durch den Spion sah ich Licht in der Wohnung.*« (→Kolb, 2001, S.156 f.)

Perikles Monioudis (*1966):

PALLADIUM

Auch in dieser – allerdings recht temperamentlosen – Liebesgeschichte spielt der Park für obligatorische Spaziergänge eine wichtige Rolle.

»*Es war am folgenden Tag. Sie hatten sich verabredet und gingen durch den Lietzenseepark. Diesmal trug Katharina ein beiges Kleid, sie duftete leicht nach Kamille. Die Sonne schimmerte durch die Äste der Bäume, der See blendete die beiden. Sie gingen Arm in Arm. Nach einer halben Stunde setzten sie sich auf eine Bank. Sie küssten sich. Sie kamen zum Savignyplatz zurück, betraten, als wäre nichts dabei, das Hotel.*« (→Monioudis, 2003, S.13)

Friedrich Christian Delius (*1943):

MEIN JAHR ALS MÖRDER

Ein friedfertiger Student beschließt, Mörder des Nazi Richters Rehse zu werden, der den Vater seines besten Freundes, den Widerstandskämpfer Georg Groscurth, zum Tode verurteilt hatte, und der nach mehreren Prozessen 1968 endgültig freigesprochen wurde. Auch das Schicksal der Witwe, der Ärztin Anneliese Groscurth, in der Nachkriegszeit, die am Kaiserdamm/ Ecke Witzlebenplatz eine Kassenpraxis führte und zwischen die Fronten des Kalten Krieges geriet, empörte ihn.

Mehrere Szenen spielen in den Straßen am Lietzensee.

»Zum Beispiel am Sophie-Charlotte-Platz, an einem beliebigen Werktag in den fünfziger Jahren, sagen wir Herbst 1957: im Gedrängel der Menschen, die am frühen Nachmittag die Treppen aus dem Halbdunkel des U-Bahnschachtes zur Suarezstraße hinaufsteigen, eine große, schlanke Frau, mit Brille, dunkel und grau gekleidet wie alle, man könnte sie für eine Grundschullehrerin halten. Dreimal in der Woche, zwischen eins und drei, sieht man sie hier, wie sie sich von der Treppe zum Bürgersteig des Kaiserdamms wendet. Außer einer vollen Einkaufstasche, billiges Kunstleder, und einem karierten Stoffbeutel, ebenfalls gefüllt, fällt nichts an ihr auf.

Annaliese Groscurth achtet darauf, die Taschen nicht zu voll zu laden. Sie schleppt Lebensmittel, das soll niemand merken ... Sie will in Charlottenburg nicht mit Ost-Konserven beobachtet werden, selbst Gläser mit Spreewälder Gurken sind hier tabu.

Seit 1953 läuft sie dreimal in der Woche mit vollen Taschen von der U-Bahn den Kaiserdamm hinauf, fünf Minuten bis zum Haus an der Ecke Lietzensee und hoch in den zweiten Stock. (→ Delius, 2004, S. 248 f.)

Irene Fritsch (*1942):

FINALE AM LIETZENSEE

Die Autorin dieses Buches hat auch Romane geschrieben, die ebenfalls am Lietzensee spielen.

In deren Mittelpunkt steht immer die junge Musiklehrerin Anna, die zufällig auf rätselhafte Todesfälle in der Vergangenheit stößt, die sie schließlich aufklärt. Im ersten Roman findet Anna im ehemaligen Kammergericht einen Toten. Neugierig geworden, versucht sie, den Ursachen des ungewöhnlichen Todesfalls auf die Spur zu kommen. Ihre Nachforschungen führen sie zurück in die Zeit des Nationalsozialismus und zu den Mitgliedern der Widerstandsgruppe »Rote Kapelle«, die vom damaligen Reichskriegsgericht am Lietzensee zum Tode verurteilt wurden.

Irene Fritsch, 2006

»Jetzt hatte Ulla schon die Neue Kantstraße erreicht, lief hinter der Brücke den schrägen Weg hinunter in den Lietzenseepark. Heute sah sie nicht die Bänke mit der Aufschrift ›Für Juden verboten‹, nicht am Spielplatz die Schautafel mit der neuesten Ausgabe des ›Stürmers‹, deren Anblick sie sonst kaum ertragen konnte. Wie blind hastete sie weiter, vorbei am Kriegerdenkmal und wieder hinauf zur Wundtstraße. Als sie endlich ihre Haustür aufschloss, prallte sie mit Wilhelm zusammen.« (→Fritsch, 2006, S. 81)

Irene Fritsch:

DIE TOTE VOM LIETZENSEE

In diesem Roman klärt Anna die Herkunft einer kostbaren Schmuck-Garnitur und den Mord an einer jungen Schauspielerin auf, der kurz nach Ende des Zweiten Weltkrieges am Lietzensee begangen wurde.

Die junge Lotte hatte gerade aus dem Wirtschaftsamt in der Witzlebenstraße die ersten Lebensmittelkarten nach dem Krieg abgeholt.

»*Ohne zu überlegen schlug sie den Weg durch den Park ein. Inzwischen war es später Nachmittag geworden. Sie sah keinen Menschen mehr auf den Wegen. Sie zögerte, aber sie wollte schnell nach Hause. Der Weg durch den Park war kürzer und es war alles so still und friedlich.*

Gerade wollte Lotte nach rechts auf den Weg zum Springbrunnen abbiegen, als sie hinter sich lautes Knacken von Ästen und Schritte hörte. Erschrocken drehte sie sich um und sah einen russischen Soldaten, der hinter ihr herlief. Jetzt schnell zur Treppe und bloß nicht stolpern, dachte sie, da schlug sie schon lang hin. Im Nu war der Russe über ihr. Aber gegen alle Erwartung stürzte er sich nicht auf sie, sondern fasste ihren Arm und half ihr hoch.
(Fritsch, 2007, S. 30)

Irene Fritsch:

KALTER KRIEG AM LIETZENSEE

Der Roman spielt 1952 in der Notaufnahmestelle für Flüchtlinge aus der SBZ (spätere DDR) in der Kuno-Fischer-Straße. Hier und in den Häusern und Straßen ringsum den Lietzensee treffen die Personen des Romans zusammen: Einheimische, Flüchtlinge und Spitzel, verstrickt in einem Geflecht von Liebe, Verrat und Geldgier.

»*Nachdem Elise endlich mit der langsam vorrückenden Warteschlange den Eingang der Meldestelle erreicht hatte, an dem zwei Polizisten das geordnete Betreten des Hauses überwachten, betrat sie das schmale Treppenhaus. Da sie sich in einem Büro im Keller melden sollte, drängte sie sich durch die engen Gänge, an deren Wände überall Wartende standen. Jetzt saß sie seit mindestens zwei Stunden auf einer Bank ohne Lehne, eingequetscht zwischen zwei Männern auf der einen Seite und einer Mutter mit einem quengelnden Jungen auf der anderen und wartete auf ihren Aufruf. Die beiden Männer neben ihr unterhielten sich laut über die Zustände in ihrem Heimatort, die Gründe für ihre Flucht, über Freunde und Feinde und die Hoffnungen für die Zukunft. Elise konnte über diese Naivität nur den Kopf schütteln. Wussten die*

nicht, dass hier überall Ost-Spitzel herumschlichen und alle Infor-
mationen registrierten und weitergaben?« (Fritsch, 2009, S. 60)

Irene Fritsch:

CHARLESTON IN DER DRACHENBURG

Anna hat das Tagebuch des Postfräuleins Leni gefunden, das
diese in den Zwanziger Jahren geschrieben hat. Im Mittelpunkt
steht ihre Liebe zu dem Studenten Hans.

»Herr Kastel hat mich heute besonders lieb angelächelt und mir
gestanden, dass er sehr verliebt ist in mich. Dann fragte er mich,
ob ich auch in ihn verliebt bin. Vor Aufregung habe ich nicht
mehr als ein Nicken zustande gebracht. Aber er hat es gesehen
und sich gefreut. Wir sind geradeaus gegangen, bis wir zu einem
Park kamen, in dem ein See liegt, der Lietzensee heißt. Der Park
ist schön angelegt und gepflegt, viele Leute gingen dort spazieren.
Gleich nachdem wir ihn betreten hatten, sah ich am Ufer ein
kleines Bootshaus, wo man Ruderboote mieten konnte. Ich fragte,
weil zwei Boote am Steg lagen, ob wir nicht auch rudern wollten.«
(Fritsch, 2011, S. 16)

Cees Nooteboom (*1933):

ALLERSEELEN

Arthur Daane ist ein niederländischer Dokumentarfilmer, der
auf Grund seines Berufs viel in der Welt herumkommt, aber
wegen seines unsteten Lebens auch nirgends wirklich zu Hause
ist. Die Stadt Berlin aber, in die er immer wieder zurückkehrt,
übt eine besondere Anziehungskraft auf ihn aus.

»Er hat alles in Plastik eingepackt, weil es stärker zu regnen be-
gonnen hat. Abschied, Räder, das Geräusch von Reifen und nassem
Asphalt. Stoßzeit, das passt gut. Über die Wilmersdorfer geht es zur
Kantstraße, dann zum Lietzenseepark. Dort ist jetzt niemand. Vom

Park aus, der etwas tiefer liegt, kann er die endlosen Reihen von Rädern aufnehmen – nur das. Kein Fabrikat darf zu erkennen sein, was er will, ist die Dynamik der Bewegung, der matschige Nebel um all die sich drehenden Kreise.« (→ Nooteboom, 2000, S. 302)

DER LIETZENSEE IN DER BIOGRAPHIE

Eine nicht unbedeutende Rolle spielt auch der Lietzensee und seine Umgebung in den Lebenserinnerungen einiger bekannter Personen. Mehrere Biographien wurden bereits zitiert, kurze Ausschnitte aus anderen sollen hier noch folgen.

Lola Landau (1892–1989):

VOR DEM VERGESSEN. MEINE DREI LEBEN.

Die Schriftstellerin Lola Landau, geb. 1892 in Berlin, entstammte einer bürgerlichen, jüdisch-assimilierten Familie. In zweiter Ehe war sie mit dem Schriftsteller Armin T. Wegner verheiratet (→vgl. S. 164) und lebte mit ihrer Familie im Haus Kaiserdamm 16.

Hier erlebte die Familie 1933 den Beginn des Nazi-terrors und der antisemitischen Ausschreitungen, von denen auch die Kinder betroffen waren. Lola Landau erzählt ein Erlebnis mit ihrer neunjährigen Tochter:

»Sibylle war schweigsam. Sonst immer in Bewegung und springle-bendig, konnte sie jetzt lange müßig stillsitzen oder sinnlose Figuren auf ein Papier kritzeln.

›Warum gehst du nicht in den Park spielen?‹ fragte ich sie. Sie schüttelte den Kopf. ›Komm, wir gehen zusammen.‹

Wir setzten uns auf ›unsere Bank‹ auf einer kleinen Anhöhe, wo der frische Rasen sanft zum Lietzensee abfiel. Überall steck-ten Krokusse, golden und violett, ihre Finger aus dem Gras. Die Frühlingsluft hatte viele Spaziergänger herausgelockt; die Rufe der spielenden Kinder tönten lauter als sonst, tönten wie helle Trompetenstöße.

Gegen ihre Gewohnheit blieb Sibylle neben mir auf der Bank.

›Warum suchst du deine Freundinnen nicht auf?‹ Zögernd entfernte sie sich einige Schritte. Da sah ich das geisteskranke Kind auf sie zukommen. Es war ein vielleicht achtjähriges gutgekleidetes Mädchen, das wir oft mitleidig beobachtet hatten. Unter dem schönen

Lola Landau.
Aus: Landau 1987

blonden Haar starrten wässrige Augen, der schiefgezogene Mund lächelte, während es Unverständliches vor sich hinmurmelte und sich im Zickzack, ohne Richtung vorwärtsbewegte. Nun aber ging das Kind mit ausgestrecktem Finger auf Sibylle zu und stotterte: ›Du, du, Ju—Ju—Jude!‹

Sibylle wich entsetzt zurück. Das Stammeln der Schwachsinnigen wurde immer wütender, Speichel floß ihr aus dem Mund bei der Anstrengung das Schimpfwort zu formen: ›Ju-Ju-Jude!‹ Ich packte Sibylle an der Hand und führte sie aus dem Park nach Hause. In ihrem Zimmer begann sie laut zu lachen. ›War es nicht entsetzlich komisch, Mumm, wie sie versuchte, Jude auszusprechen?‹ Sie ahmte die Stotternde nach. Dann schlug das Lachen in Schluchzen um. Sibylle legte den Kopf auf den Tisch. Ich nahm sie auf den Schoß wie ein kleines Kind.« (→Landau, 1987, S. 300)

Lola Landau emigierte 1934 mit ihren Kindern nach Palästina, wo sie 1989 starb.

Ludwig Greve als Kind.
Foto: Museum Charlottenburg-Wilmersdorf

Ludwig Greve (1924–1991):

WO GEHÖRTE ICH HIN?
GESCHICHTE EINER JUGEND

Auch der Dichter und Lyriker Ludwig Greve entstammte einer jüdischen Familie. In seinen Erinnerungen schildert er seine Kinder- und Jugendzeit in Charlottenburg. Das zunächst noch recht sorglose Leben des Kindes spielte sich in den ersten Jahren zwischen Steuben- und Reichskanzlerplatz ab, da die Familie eine große Wohnung in der Reichsstraße 2 bewohnte. 1934 zogen sie in eine kleinere Wohnung im Haus Kaiserdamm 10 um. (→vgl. S. 165) Der Vater, in der Konfektionsbranche tätig gewesen und nun arbeitslos, wollte »den Haushalt verkleinern«, wie den Kindern erklärt wurde. Greve schildert eindringlich, wie die Herrschaft der Nazis allmählich das gesamte, so sicher scheinende Leben der Familie und das ihrer Verwandten von Grund auf erschütterte und zerstörte. Der Lietzensee und die umgebenden Straßen sind die Schauplätze der Erlebnisse und Erinnerungen des Heranwachsenden, der als Fünfzehnjähriger 1939 schließlich nach Frankreich emigrieren konnte.

»Von der Zeitung interessierte mich, wie gesagt, nur der Sportteil am Montag; überall indessen, am Eingang zur U-Bahn, sogar im Lietzenseepark beim Spielplatz, standen jetzt diese Schautafeln, vergittert, damit man nichts abriß – was war Verbotenes dabei, dass ich mal reinguckte? Ich sah Karikaturen, nicht zum Lachen, auch Fotos, wie von Verbrechern, man kann das so aufnehmen. Das war die Wirklichkeit, unverstellt. Viel zu lesen traute ich mich nicht, doch die Schlagzeile, rot oder schwarz mit einem dicken Balken, hielt mich fest: ›Juden sehen dich an!‹ Die Zeitung war der ›Stürmer‹, ich die Salzsäule davor. Salz von heruntergewürgten Tränen. Darüber zu reden war unmöglich, Papa durfte das nicht erfahren, niemand.« (→Greve, 1994, S. 59)

Rudolf Schock (1915–1986):

ACH, ICH HAB IN MEINEM HERZEN ...

Der bekannte Tenor Rudolf Schock wohnte kurz nach dem Krieg einige Jahre am Lietzensee. Er schreibt in seinen Erinnerungen:

»In Berlin war die Bautätigkeit mittlerweile in Gang gekommen, und endlich, endlich fanden wir eine schöne und praktisch gelegene Neubauwohnung am Lietzennsee-Ufer 5 (es war Nr. 6, d. Verf.) *in Berlin-Charlottenburg. Sie lag im fünften Stock, war zwar klein (2 ½ Zimmer mit Küche und Bad), bot aber für einen für damalige Verhältnisse geradezu unglaublichen Komfort.*

Gisela und ich waren über zehn Jahre verheiratet, die Kinder brauchten ein eigenes Zuhause, es war die höchste Zeit für uns, zu wissen, wohin wir eigentlich gehörten. Von unserer Wohnung aus hatten wir einen herrlichen Blick über den Lietzensee (den ich allerdings immer seltener genießen konnte). Was das Praktische betraf: ... beruflich hatte ich mit dem Wagen zu den drei Opernhäusern nur Minuten zu fahren ... Am 3. März 1951 (erst 1953, d. Verf.)

konnten wir unsere kleine Wohnung beziehen. Gisela ist bis heute der Meinung, dass wir uns dort auf engem Raum ebenso glücklich fühlten wie dann in unserer Dahlemer Villa oder später in unserm riesigen Haus am Starnberger See.« (→ Schock, 1986, S. 278)

Käte Haack (1897–1986):

IN BERLIN UND ANDERSWO

Auch die Schauspielerin Käte Haak lebte in ihren letzten Lebensjahren bis zu ihrem Tod in der Dernburgstraße 12, in einer Wohnung mit Balkon zum Lietzensee hin, dessen Anblick sie sehr genoß und den sie mehrmals in ihren Erinnerungen erwähnt.

So beginnt auch das letzte Kapitel ihres Buches mit folgenden Worten:

Käte Haack.
Aus: Beyer 1992

»Doch zurück zu meiner Heimatstadt Berlin. Ich sitze hier in meinem großen Zimmer am Lietzensee. Links hinter den hohen Fenstern steht der Funkturm, der lange Lulatsch, und davor der Lietzensee mit dem vielen Eis und Schnee dieses Winters. Vor mir stehen meine besten Freunde, meine Bücher, in langen Reihen bis unter die Decke.« (→ Haack, 1971, S. 205)

Liselotte Pulver (*1928):

…WENN MAN TROTZDEM LACHT

Liselotte Pulver, eine der bekanntesten Filmschauspielerinnen der fünfziger Jahre, hielt sich häufig auch in Berlin auf. Als sie 1968 mit ihrem Kollegen und Ehemann Helmut Schmid im Theater am Kurfürstendamm in »Der Regenmacher« spielte, wohnten beide im Hotel Seehof am Lietzensee.

»Am 8. September war in Berlin die letzte Vorstellung. Um die traditionelle Bootsfahrt am 9.9, unserem Hochzeitstag, nicht zu versäumen, stiegen wir um Mitternacht in ein Ruderschiff des am

Lietzensee gelegenen Hotels Seehof, und während wir bei Lampi-
onbeleuchtung auf dem Teich herum, kreuzten, sang Jean Madeira,
die weltberühmte Opernsängerin, hellerleuchtet am Hotelfenster
für uns die Carmen.« (→Pulver, 1993, S. 256)

Sabine Sinjen (1942–1995):

WENN DER VORHANG FÄLLT

In einer entscheidenden, wenn auch nur kurzen Lebensphase
wohnte eine andere Schauspielerin, Sabine Sinjen, in einer Pension
in der Neuen Kantstraße am Lietzensee. In ihren Erinnerungen
schildert sie den Beginn ihrer Karriere. Sie kam 1957 als 15-Jährige
nach Berlin, um ihren ersten Film, »Die Frühreifen«, zu drehen:

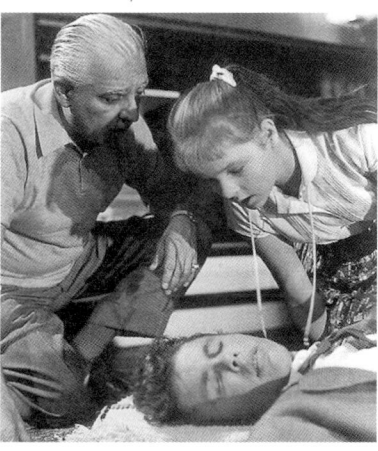

»Ich kannte Berlin nicht, diese riesengroße
Stadt, die später meine Heimat werden sollte.
Wir fuhren die Kantstraße hinauf bis zum
Lietzensee. So komisch es klingt, vor dem Haus,
in dem die Pension lag, stieß ich mit einem
Schornsteinfeger zusammen. Na, wenn das kein
glückliches Vorzeichen war! Pension Hemman,
dritter Stock. Hier war ich für einige Wochen
zu Hause.« (→Sinjen, 1995, S. 29)

Während der Drehzeit wohnte sie allein in
dieser Pension und obwohl sie sich bemühte,
sicher und selbstbewußt aufzutreten, fühlte
sich die Fünfzehnjährige innerlich doch ein-
sam und isoliert. Der zweite Teil der Dreharbeiten fand in Essen statt:

Sabine Sinjen.
Aus: Sinjen 1995

»Als die Dreharbeiten zu Ende waren, wußte ich nicht, was ich tun
sollte. Ich saß einfach in der Halle des Essener Hotels und wartete.
Durch Zufall hatte Ottokar Runze, der Regieassistent, etwas im
Hotel vergessen und kam noch einmal zurück. Der Portier sagte
zu ihm: ›Da sitzt noch eine. Können Sie die nicht mitnehmen?‹
Da nahm mich Kunze mit zurück nach Berlin, und ich zog wieder
in die Pension am Lietzensee.« (Ebenda S. 32)

Auch in den nächsten Monaten, während sie weitere Filme drehte, blieb die Pension ihr Zuhause. Um abends nicht immer so allein zu sein, blieb sie oft bis zum Ende des Fernsehprogramms in der Agentur ihrer Managerin in der Ebereschenallee in Westend.

»Hier fühlte ich mich ein wenig geborgen… Wenn der Kasten anfing zu rauschen, ging ich in dunkler Nacht bei Wind und Wetter durch die Lindenallee, die Masurenallee, am SFB, in dem noch die Russen arbeiteten, entlang, dann über die S-Bahn-Brücke an den Messehallen und dem Funkturm vorbei in meine Pension. Hier gehörte ich nicht gerade zu den prominentesten Gästen: Wenn ein Zimmer gebraucht wurde, landete ich auf dem Sofa in der Küche und wachte morgens vom Geräusch kochender Eier auf. Manchmal schlief auch die Inhaberin auf einem Feldbett neben mir und rauchte spät abends ihre letzte Gute-Nacht-Zigarette.« (→Ebenda S. 35)

Elfriede Brüning (*1910):

UND AUSSERDEM WAR ES MEIN LEBEN

Die überzeugte Kommunistin und Schriftstellerin der DDR Elfriede Brüning hat ihr wechselhaftes Leben von der Kaiserzeit bis zur Wiedervereinigung aufgeschrieben. Nach Ende des zweiten Weltkrieges fuhr sie nach Berlin, um ihre Angehörigen zu suchen. Sie konnte bei einem Bekannten, einem Schwarzhändler, übernachten.

»Der Großhändler wohnte in Lietzensee. Hier standen hochherrschaftliche Häuser, die meisten noch unbeschädigt. Die Fenster blickten auf den Park hinaus. Nach den zerbombten Straßen, die ich durchradelt hatte, an Trümmerbergen vorbei, die immer wieder die Durchfahrt versperrten, so dass man zu weiten Umwegen gezwungen wurde, war es ein Labsal, endlich etwas Grünes zu sehen, uralte Bäume und Rasenflächen, von denen ich mich nur schwer wieder losreißen konnte. Schirrmeisters schienen mich schon erwartet zu haben. Im großen Eßzimmer, das einem Saal glich, war der Tisch gedeckt, und ich wurde gegenüber der Hausfrau platziert, einer zarten Blondine mit grell geschminktem Mund, aus dem sie den ganzen Abend über kaum drei Worte entließ. Um so lebhafter redete

der Hausherr selbst. ›Langen Se zu, langen Se zu!‹ sagte er immer wieder, mir die appetitlich angerichteten Schüsseln mit Delikatessen, die ich kaum noch dem Namen nach kannte, herüberreichend.«
(→Brüning, 2004, S. 255)

DER LIETZENSEE IN DER MALEREI

» Wer hat nicht alles Berlin gemalt? Menzel zeigte es preußisch und selbstbewußt, Liebermann dann großbürgerlich: Parks Ausritte und Villen. Erst bei Corinth schiebt sich Disharmonie ein ... Noch aggressiver sehen es die Expressionisten ... Bilder einer großen Stadt. Keiner aber vermag alle Berlin-Bilder aufzuzählen, ohne Wichtiges zu vergessen. (→ Fußmann, 1987, S. 114 f.)

Möglicherweise gehören Lietzensee-Bilder zu den letzteren. Denn unter den vielen bekannten Berlin-Bildern wird man den Lietzensee nur sehr selten entdecken, zu viel andere und interessantere Blicke und Motive bietet die Stadt offenbar den Malern. Das schließt natürlich nicht aus, dass es einige Bilder unbekannter Maler oder malender Amateure vom See und Park gibt, die nicht in Kunstgalerien und Museen, sondern in Wohnzimmern hängen und dort die Betrachter erfreuen.

Lietzensee, 1900, von Ludwig von Hofmann

Denn aus den Erinnerungen alter Charlottenburger wissen wir von Malern, die in der Wildnis des Parks an ihren Staffeleien saßen und romantische Blicke und Landschaften auf der Leinwand festhielten. Auch die Adressenverzeichnisse aus dem 19. Jh. nennen Landschaftsmaler als Bewohner der allmählich verfallenden Gebäuden des alten Gutsparks Witzleben.

Einer von ihnen ist bekannt geworden, **Ludwig von Hofmann** (1861–1945), der um 1900 ein zartes Pastellbild vom Lietzensee gemalt hat (Lietzensee, Berlin, um 1900, Pastell, Papier, 32,5 x 15,5 cm). Hofmanns Landschaften entstanden meist als spontane Notate auf Reisen oder Ausflügen. Zu dem Lietzensee-Bild heißt es:

»Das langgestreckte Format erinnert an japanische Drucke, die in europäischen Künstlerkreisen um 1900 sehr geschätzt wurden. Die differenzierte malerische Behandlung der Grüntöne und Wasserflächen mit ihrem Licht- und Schattenspiel steht jedoch ganz in europäischer Maltradition. Das spannungsvolle Zusammenklingen zwischen dem impressionistisch anmutenden Spiel von Farb- und Lichtreflexen einerseits und dem strengen Liniengefüge andererseits macht den Reiz dieser Landschaftsdarstellung aus.« (→ Homepage Ludwig v. Hofmann)

Ludwig von Hofmanns künstlerischer Weg begann in Berlin, wo er von 1887–1903 wirkte. Dort erregte er aufgrund seiner von Frankreich inspirierten Farbigkeit Aufsehen bei den Kunstinteressierten. Er gehörte später der Berliner Sezession an und war ein wichtiger Künstler der Jahrhundertwende.

Mehr als acht Jahrzehnte (1985) später malte **Klaus Fußmann** (*1938), seit 1974 Professor an der Hochschule der Künste in Berlin, an einem Wintertag »Berlin vom Funkturm« (Öl/Ldw; 174 cm x 150 cm) aus, den bekannten Blick über den Lietzensee Richtung Osten. Man sieht die Kantstraße, den Kurfürstendamm und in der Ferne schemenhaft den Turm der Gedächtniskirche. Mit den Farben weiß, grau, braun und schwarz und in einem entschiedenen und großzügigen Malduktus übermittelt Fußmann dem Betrachter eine Stimmung von Kälte, Nebel und Smog, die über der Stadt liegt.

Berlin vom Funkturm, 1985, von Klaus Fußmann. Aus: Katalog »Stadtbilder« 1987

Über die Entstehung des Bildes sagt der Künstler: *»Es war kein Auftrag, es war der Wunsch meines Freundes Wolf Jobst Siedler, dass ich Berlin malen sollte. Dann, einmal im Winter, war es soweit: Schnee lag auf den Dächern und der Himmel war zwar verhangen, aber es schneite nicht mehr. – Ich hatte die riesige Fläche Berlins, die man vom Funkturm aus gut sehen kann, vor Augen*

*und versprach mir jetzt, durch den weißen Schnee, eine besonders
gute Markierung der Stadtstruktur. Das war dann auch so, nur
leider war damit auch eine Minustemperatur von 7° verbunden.
Ich malte das Bild an einem Tag, fast ohne Pause. Als ich es mir
zwei Tage später nochmals ansah, fand ich es so gut gelungen, dass
es mir leid tat, bei Wolf Jobst im Wort zu stehen.«* (→Katalog
»Stadtbilder«, 1987, S. 45)

Lietzen-Cafe, 1999,
von Christopher
Lehmpfuhl.
Privatbesitz

Einige Jahre lang wohnte **Christopher Lehmpfuhl** (*1972), ein junger,
sehr talentierter Maler in einer Atelierwohnung in der Dernburgstraße.

Lehmpfuhl, Schüler von Professor
Fußmann und seit 1998 Meisterschüler der Hochschule der Künste
Berlin, hat sich als Landschaftsmaler einen Namen gemacht und in
zahlreichen Einzel- und Gruppenausstellungen seine Bilder der Öffentlichkeit gezeigt. In der Tradition
der Pleinairmalerei (Freilichtmalerei) der Impressionisten stehend ist
Lehmpfuhl mit Ölfarbe und Palette, Malmittel und Leinwand
ausgerüstet bei Wind und Wetter zu jeder Jahreszeit unterwegs,
um direkt vor der Natur zu malen.

Lehmpfuhl hat auch zahlreiche stimmungsvolle Bilder im
Lietzenseepark gemalt alle in Öl auf Leinwand, z.B. das »Lietzen-Cafe« (1999, 22 x 20 cm), oder »Frühling am Lietzensee«
(1999, 36 x 32 cm).

Ein anderer Maler, der seit 1999 in der Nähe des Lietzenseeparks lebt und arbeitet und schon viele Ausstellungen gemacht
hat, ist der Japaner **Akira Nakao** (*1969), der nach einem Architekturstudium zur Malerei gekommen ist. Die Motive für
seine Ölbilder, vorwiegend im kubistischen Stil gemalt, findet
er zum größten Teil in seinem engsten Lebensbereich, d.h. in

Charlottenburg zwischen Kaiserdamm, Sophie-Charlotte-Platz und dem Lietzenseepark.

»Am liebsten male ich den Kaiserdamm, über den ich fast jeden Tag spaziere. Ich finde diese breite Straße, auf der immer viel Verkehr ist, sehr schön. Wie sich Neu- und Altbauten mischen, ist gelungen. Schön ist auch das Farbenspiel, zwischen diesen prächtigen Häusern in Gelb, Rosa, knackigem Weiß und Hellgrün.« (→ taz, 5.4.2005)

Der Lietzensee wird aber nicht nur von professionellen Malern auf die Leinwand gebannt, sondern auch von einer sicher nicht geringen Anzahl von Malern und Malerinnen, die aus Liebhaberei zum Pinsel greifen und, wenn möglich, ihre Bilder rund um den Lietzensee ausstellen, z.B. in kleinen Galerien, Fitness-Studios oder Cafés und sie auch als Postkarten verkaufen.

Lietzenseeufer, 2001,
von Akira Nakao.
Privatbesitz

DER LIETZENSEE IN FILM UND FERNSEHEN

In diesem Kapitel soll an einigen Beispielen gezeigt werden, wie man unverhofft, im Kino oder vor dem Fernseher sitzend, die Wohngegend um den Lietzensee plötzlich im Film mit Szenen im Park und am See entdecken kann.

In alten Berlin-Dokumentarfilmen aus den Zwanziger Jahren, die sich vorwiegend auf das Leben in Mitte konzentrieren, höchstens mal kurz das Strandbad Wannsee oder den Flugplatz Johannisthal in Adlershof zeigen, sucht man den Lietzensee vergeblich. Allerdings, wenn vom Funkturm berichtet wird, von seinem Bau, seiner Einweihung oder anschließend von seiner Bedeutung als Berlin-Attraktion, dann gehört zu dem Bericht unweigerlich eine großartige Luftaufnahme von der Plattform des Funkturms aus über Berlin und somit auch über den Lietzensee. Auch in dem Spielfilm »Gleisdreieck« (1936) ist in einer Szene, die im Funkturmrestaurant spielt, der Lietzensee zu bewundern, noch mit unzerstörter Bebauung.

Im Nachkriegsdeutschland und auch in den Jahrzehnten bis zur Wiedervereinigung expandierte zwar die Filmindustrie, aber die Stadt Berlin stand in deutschen und internationalen Spiel- und Fernsehfilmen weit unten auf der Liste beliebter Drehorte. Daher grenzt es schon fast an ein Wunder, wenn es doch einige Spielfilme gibt, in denen die Gegend um den Lietzensee Schauplatz eines Geschehens wurde.

links: Dreharbeiten vor dem ehemaligen Kammergericht »In 80 Tagen um die Welt«. 2003

Eine kleine Auswahl von Kinofilmen (ohne Anspruch auf Vollständigkeit):

DIE SPUR FÜHRT NACH BERLIN (1952)
 – Mord auf dem Funkturm, im Hintergrund der Lietzensee

FRÜHLING IN BERLIN (1957)
 – Park am Witzlebenplatz mit ehem. Kammergericht

DER EISERNE GUSTAV (1956)
 – Ecke Riehl/Wundt/Herbartstraße

FREDDY UND DIE MELODIE DER NACHT (1957)
– vor dem Haus Witzlebenplatz 4–5

FINALE IN BERLIN (1966)
– vor dem Haus Lietzenseeufer 10

DER HIMMEL ÜBER BERLIN (1986)
– Funkturm, Stadtautobahn, Häuser an der Dernburgstraße.

Szenenfotos aus den Fernsehfilmen »Ein Mord am Lietzensee«, gesendet am 12.8.1978 und »Ein typischer Fall«, gesendet am 8.1.1980. Aus: Funkuhr

Autofahrten über den Straßenzug Kaiserdamm/Bismarckstraße kommen im Laufe der Jahre recht häufig vor, angefangen bei den »Trümmerfilmen« der ersten Nachkriegzeit über FRIEDERIKE VON BARRING (1957) bis zu DAS LEBEN IST EINE BAUSTELLE (1996).

Auch verschiedene Fernsehfilme entstanden am Lietzensee, unter ihnen die Verfilmung des Romans von Richard Hey EIN MORD AM LIETZENSEE (1978), ebenso ein Dokumentarfilm des SFB über diesen Schriftsteller (1990). EIN TYPISCHER FALL (1980), in dem ein Mann fälschlicherweise als Pädophiler verfolgt wird, wurde auf dem großen Spielplatz im Park gedreht. 1982 ließ Thomas Brasch eine entscheidende Szene auf dem zugefrorenen See in dem Film DOMINO mit Katharina Thalbach spielen.

Seitdem aber nach der Wende 1990 sich das politische und kulturelle Leben wieder in einem verstärkten Maße auf Berlin, der alten und neuen Hauptstadt, konzentriert, ist auch eine erhebliche Veränderung bei den Film- und besonders bei den Fernsehproduktionen zu bemerken. Schlagartig wurde Berlin nun der bevorzugte Schauplatz zahlreicher Fernsehserien und Filme für Kino und Fernsehen.

»Die Filmwirtschaft wird für die Region immer wichtiger, da sind Standortwerber und Filmexperten einig. Rund 300 Filme werden pro Jahr in Berlin und Brandenburg produziert. Die Filmförderung der beiden Bundesländer, das Medienboard Berlin-Brandenburg, hat im vergangenen Jahr Filme mit rd. 20 Mill. Euro gefördert.«
(→Berliner Zeitung, 9.2.06)

An allen Ecken und Enden wird heutzutage in Berlin gefilmt. Bis zu zwanzig Drehgenehmigungen vergibt das Amt für Verkehrslenkung an sonnigen Tagen.

Der Lietzenseepark und die umliegenden Straßen scheinen inzwischen sehr attraktive »locations« für Filmemacher geworden zu sein. Da auch der Preis für Drehgenehmigungen am Kaiserdamm und um den Lietzensee im Gegensatz zu anderen Plätzen Berlins noch relativ günstig ist, wurden im Laufe der letzten Jahre die Straßen um den See, besonders auch der Springbrunnen an der Wundtstraße, und der Park selbst immer beliebter als Drehort. Für die Anwohner bedeutet die Beobachtung der Aktivitäten der Filmemacher nicht nur Abwechslung und Unterhaltung, sondern oft auch erhebliche Behinderungen ihrer Bewegungsfreiheit, vor allem, wenn Straßen abgesperrt oder die Parkplätze vollgestellt werden mit einem Riesenaufgebot an Fahrzeugen. Allerdings werden die *»sehr geehrten Anwohner«* immer freundlich durch an die Haustüren aufgeklebten Zettel auf die zukünftigen *»Belastungen«* hingewiesen, die man natürlich *»auf ein Minimum begrenzt«*. Und nie fehlt eine Handy-Nummer für *»eventuelle Rückfragen«* bei *»etwaigen Störungen«*.

Wenn die Filmleute dann anrücken, kann der blutige Laie nur staunen, wie viel Technik für einen schlichten Fernsehfilm benötigt wird – jede Menge Stative, Kabelrollen, Aufnahmegeräte, Mikrofone, Sichtblenden usw. – und welche Scharen von Menschen sie bedienen. Zum Fahrzeugpark gehört natürlich auch immer mindestens ein Catering-Wagen, neben dem oft ein kleiner Biergarten aufgebaut wird, was sehr hübsch und beinahe ein bisschen südländisch aussieht. Die Campingwagen für die Schauspieler dürfen auch nicht fehlen, neulich war sogar ein ausrangierter Doppeldecker »Für die Komparsen« erforderlich.

Die Dreharbeiten selber sind eine leise, ruhige, langwierige und meistens auch sehr langweilige Angelegenheit. Es lohnt sich kaum für die Vorrübergehenden stehenzubleiben und zuzugucken.

Ein außergewöhnliches Filmereignis waren die zwei Monate dauernden Filmarbeiten (April bis Juni 2003) zu der 100 Mill.

Dollar Hollywood-Produktion IN 80 TAGEN UM DIE WELT, die im und vor dem ehemaligen Kammergericht am Witzlebenplatz gedreht wurde.

Plötzlich fühlte man sich in das England des 19. Jahrhunderts versetzt. Nicht Autos, sondern Pferdekutschen holperten über die Straße. Statisten in altmodischer Kleidung standen herum und das Café Manstein hatte sich in einen urtümlichen Kartoffel- und in einen Buchladen verwandelt.

Viktorianisches
Leben in der
Witzlebenstraße.
2003

Das Gerichtsgebäude selbst fungierte als Wohnhaus des verschrobenen Erfinders Phileas Fogg, der Herrensalon der Präsidentenwohnung war seine Werkstatt, vollgestopft mit einer Fülle von altmodischen und seltsamen »Erfindungen«.

Nach zwei Monaten hatte das beschauliche viktorianische Leben ein Ende. Das riesige Filmteam zog wieder mit Sack und Pack ab und zurück blieben enttäuschte Kinder, die »ihre« Pferde besuchen wollten.

In zahlreichen anderen Kino- und Fernsehfilmen und Serien kann man ebenfalls den Lietzenseepark und seine Umgebung bewundern.

Einige Beispiele sollen hier folgen:

Serien:
u.a. LIEBLING KREUZBERG (ab 1986), »WOLFFS REVIER« (ab 1992), AUF EIGENE GEFAHR (ab 1998), 18−ALLEIN UNTER MÄDCHEN (ab 2004), ANNA UND DIE LIEBE (ab 2008).

Filme:
u.a. JUST MARRIED (1998), DIE NACHT, IN DER GANZ EHRLICH ÜBERHAUPT NIEMAND SEX HATTE (2001), EIN GOLDFISCH UNTER HAIEN (2003), HUNDE HABEN KURZE BEINE (2005), EIN STARKES TEAM (2005), ZWEI AFFÄREN UND EINE HOCHZEIT (2002).

Das zeitweise leerstehende ehemalige Kammergericht scheint besonders attraktiv als Drehort für die unterschiedlichsten Gebäudearten gewesen zu sein: z.B. für eine Polizeidirektion in AUF EIGENE GEFAHR (1999), für eine Schule in VERBO-TENES VERLANGEN (2000), in KÜSS MICH, KANZLER (2003), in WANN IST EIN MANN EIN MANN? (2005) und in der Teenie-Serie »18«, für eine Botschaft in EIN STARKES TEAM−SICHERHEITSSTUFE 1« (2004), oder für eine herr-schaftliche Villa in dem Kinofilm MERRY CHRISTMAS (2004) mit Benno Fürmann.

Sehr gern wird der große Gerichtssaal aber auch als authenti-sche Kulisse für Gerichtsverhandlungen benutzt, wie in dem Kriminalfilm WINTERSAAT (1999) mit Iris Berben, im TODES-ENGEL (1999) mit Ulrich Mühe oder KUNSTFEHLER (2005) mit Sophie von Kessel.

Mit einem bedeutend größeren organisatorischen Aufgebot wurden hier auch Szenen für den Spielfilm SASS−MEISTERDIEBE (Oktober 2000) mit Ben Becker und Jürgen Vogel gedreht.

Im Februar 2006 fanden ebenfalls mit großem Aufwand an mehreren Tagen Filmarbeiten im Gerichtsgebäude und auch in dem Gerichtssaal statt. Man kann es sofort daran erkennen, dass in der Witzlebenstraße ein Riesenkran aufgestellt wird, damit von außen das Innere des im zweiten Stock gelegenen Saales beleuchtet werden kann. Um den Titel des Filmes gab es zunächst große Geheimniskrämerei. Dann aber wurde bekannt, dass der erfolgreiche jüdische Regisseur Dani Levy eine Polit-Satire über Hitler drehte: MEIN FÜHRER – DIE WIRKLICH WAHRSTE WAHRHEIT ÜBER ADOLF HITLER.

Dieser Film war der letzte, der das ehemalige Kammergericht als Kulisse nutzte. Im April 2006 begannen die Bauarbeiten, die das Gebäude in ein Wohnhaus verwandelten (→vgl. S. 101).

SAGEN VOM LIETZENSEE

DIE KIRCHTURMSPITZE IM LIETZENSEE

Um den Lietzensee geistert und spukt es zu gewissen Zeiten. Das merkt zwar nicht jeder, der durch die schönen Anlagen geht, die man dort angepflanzt hat; aber Sonntagskinder sollen es öfter gefühlt haben.

Soll doch an der Stelle, wo heute der See liegt, vor alten Zeiten ein blühendes Dorf gestanden haben mit einer hübschen Kirche darin. Das Dorf aber ist versunken, und die Wasser des Lietzensees überspülen es. Niemand aber weiß, warum das Dorf untergegangen ist.

Nur begnadete Sonntagskinder können in mondhellen Sommernächten aus dem See die Spitze des Kirchturms auftauchen sehen. Wer ganz feine Ohren hat, der hört auch zu manchen Zeiten aus der Tiefe das Klingen der Glocken und das Singen feiner Kinderstimmen.

(→ Tessendorf, 1961, S. 35)

links: **Lietzensee, Gemälde von Heide.** Foto: Museum Charlottenburg-Wilmersdorf

DIE SAGE VOM WASSERMANN IM LIETZENSEE

Wo heute der Lietzensee liegt, stand einst ein Dörfchen, in dem ein gottesfürchtiger Bauer lebte. All seinem Tun war Erfolg beschieden. Seine Felder trugen reichere Frucht als die der anderen, und sein Viehbestand mehrte sich und blieb von Krankheiten verschont. Als er eines Morgens sehr zeitig in den Stall trat, erblickte er dort einen alten Wassermann, der in Fischhaut gekleidet war. Er hatte dem Vieh bereits Futter gestreut und war eben dabei, die bunte Milchkuh zu bürsten. Erschrocken stieß der Bauer mit dem Fuß an den Melkeimer. Da war der Wassermann plötzlich unsichtbar, aber seine Stimme schalt: »Warum hast du mich in der Arbeit gestört?«

Der Bauer bekreuzigte sich und seine Tiere und rief: »Geb dich von hinnen! Ich mag von gottlosen Wesen nicht Hilfe und Heil haben!«

Darauf wurde die Stimme des Wassermanns ganz traurig, als er sagte: »Du meinst, ich sei ein teuflisches Wesen. Ich bin jedoch fromm und christlich wie du selbst.«

Der Bauer glaubte es nicht. Da sang der Wassermann – es war gerade an einem Pfingstsonntag – mit klarer, zarter Stimme das Lied vom heiligen Geist von Anfang bis zum Ende. Und als der Landmann noch immer zweifelte, sagte er einen frommen Psalm her und betete zum Schluss noch das Vaterunser. Nur als er an die Stelle von der Schuld kam, verwirrten sich seine Worte, und er murmelte ganz leise.

»So bist du ein menschliches Wesen?« fragte der Bauer. »Reiche mir deine Hand, damit ich dich befühle!«

Alsbald legte sich eine kühle Kinderhand in seine harte Faust, und ein Kopf mit weichem Haar schmiegte sich an seine Finger.

»Darf ich bleiben?« bat der Kleine.

»Wenn du christlich bist und Gott dich also straft – ich weiß nicht warum –, so darf ich nicht härter sein als der Herr«, antwortete der Mann.

Er sagte niemandem etwas von der Begegnung. Künftig aber mehrte sich sein Wohlstand von Tag zu Tag.

Eines Tages im Hochsommer badete die Frau des Wassermannes im Dorfteich. Sie hatte ihr Pelzchen beiseitegelegt und spiegelte sich in der klaren Flut. Dabei überraschte eine Magd des Bauern sie und erhob ein großes Geschrei. Das Wasserweibchen wollte fliehen, konnte aber seinen Pelz nicht sogleich erreichen. Ohne Pelz vermochte es aber nicht unterzutauchen. So bespritzte es die Magd mit Wasser, um sie zu vertreiben. Die Magd jedoch ergriff eine Haselgerte und schlug das nackte Weibchen gar jämmerlich.

Auf das Wimmern eilte der Wassermann herbei und fragte, was es gäbe. Er schalt seine Frau, dass sie sich so unbekleidet gezeigt hätte, warf ihr das Pelzchen über und schickte sie in das Wasser hinab. Die Magd aber jagte er zornig davon und wurde den Menschen gram.

Das Mädchen konnte indessen sein Erlebnis nicht stillschweigend bewahren und schmähte die Wasserleute heftig im Dorfe. Das wollte der Bauer nun richtigstellen. Er verteidigte den Wassermann und nannte ihn ein liebes, frommes Wesen, dem er seinen Reichtum zu verdanken habe. Die neidischen Nachbarn aber glaubten ihm kein Wort und beschuldigten ihn der Zauberei.

Wie üblich besuchte der Bauer auch am nächsten Sonntag die Messe. Da drang ein Haufe in die Kirche und trieb den frommen Mann unter Spott und Schande hinaus. Auf dem Friedhof wurde er erschlagen.

Nun beschloss der Wassermann den Untergang des ganzen Dorfes. Dazu befahl er seiner Frau, Buchweizenkerne zu mahlen. Er wusste, dass sie diese Arbeit nur sehr ungern tat. Und wirklich begann die Frau in ihrem Zorn die Mühle mächtig zu drehen. Alsbald kreiste im Teich ein heftiger Mahlstrom. Der wühlte sich unter die Ufer und zog die Häuser mit allen lebenden Wesen in die Tiefe hinab. Als nur noch die Spitze der Kirche einwenig aus dem Wasser hervorsah, gebot der Wassermann Einhalt.

Seitdem kletterte der Wassermann zur Dämmerstunde an der Kirchturmspitze empor. Die Leute sagten, die Unke schreie. Meine Urgroßmutter jedoch wusste es besser: »Der Wassermann lobt seinen Gott«, erklärte sie. Und sie hatte recht.

(→Fischer, 1963, S. 46 f.)

DER LIETZENSEE

Der Lietzensee, der übrigens früher ein schöner Waldsee war wie noch heute der Grundewaldsee, ist grundlos. Das hat auch Herr v. Witzleben gemerkt. Der hat in seinem See nämlich eine Insel anlegen wollen. Aber soviel Schutt und Erde er hat hineinwerfen lassen, Grund hat er doch keinen bekommen.

Früher erzählten sie immer, es solle einmal ein Dorf im See versunken sein. Einige meinten geradezu, das alte Dorf Lietzow solle dort untergegangen sein. Es sei dort eigentlich alles noch Lietzower Feldmark; die Charlottenburger hätten sich da nur so angebaut. Manchmal sollen in alter Zeit die Fischer mit ihrem Kahn noch an die Kirchturmspitze gestoßen oder mit den Netzen gar hängen geblieben sein, weshalb schlecht fischen in ihm war. Jetzt ist das aber alles anders geworden.

(→Pomplun, 1964, S. 42)

ANHANG

QUELLEN UND LITERATUR (AUSWAHL)

Adressbücher der Stadt Berlin von 1836 und 1845

Adressbücher der Stadt Charlottenburg von 1852, 1856, 1862, 1863, 1867, 1868, 1872, 1873, 1876, 1881, 1885, 1893–1896, 1899–1910, 1926–1941

Akten des Bauaufsichtsamtes Charlottenburg

Alex: Die Möwen vom Lietzensee, in: Berlin … ma so jesehn, Berlin 1977

Allgemeine Deutsche Biographie (ADB), Stichwort: Wilhelm von Witzleben, Neudruck der 1. Auflage von 1898, Berlin 1971

Alte, Otto: Erinnerungen – 70 Jahre eines alten Charlottenburgers, Berlin 1921

Axmann, Elisabeth: Lietzensee, in: Spur meiner Stadt – Berlin-Gedichte, Hamburg 1982

Bab, Julius: Kränze dem Mimen, Lechte/Emsdetten 1954

Bankmann, Ulf: Zwischen Pazifik und Lietzensee, in: Mitteilungen des Vereins für die Geschichte Berlins, 95. Jg., H.4, Berlin 1999

Bartsch, Viceadmiral: Admiral Prinz Adalbert von Preußen, Berlin 1890

Barth, Erwin: Charlottenburger neue Stadtplätze, in: Die Gartenkunst, 1913

Barth, Erwin: Der Lietzenseepark – Charlottenburg, in: Die Gartenkunst 1921, Nr. 2

Barth, Erwin: Gartenkunst der frühen Moderne in Charlottenburg, Ausstellungskatalog 2005

Bellmann, Günther: Schauspielhausgeschichten, Berlin 1993

Berlinisches Lesebuch, Teil I, 2. Schuljahr, hrsg. von G.Henning u.a., Berlin o.J. (1925)

Bluhm, Detlef u. Nitsche, Rainer (Hrsg.): Berlin ist das Allerletzte, Berlin 1993

Borchert, Otto A.: Kennst du Charlottenburg?, Berlin o.J. (1930)

Born, Nicolas: Die erdabgewandte Seite der Geschichte, Reinbek 1979

Borowka, Sabine: Die Landschaft in der Stadt (Lietzensee und Brixplatz) in: Stadtplätze und Parkanlagen in Charlottenburg, i.A. der Abt. Bau- und Wohnungswesen Charlottenburg 1987

Boveri, Margret: Tage des Überlebens, München 1970

Boveri, Margret: Der Verrat im 20.Jahrhundert, Reinbek 1976

Boveri, Margret: Verzweigungen, München 1977

Brennert, Hans: Dem neuen Roland, in: Braun, Alfred: Achtung, Achtung, Hier ist Berlin! Berlin 1968

Brentzel, Marianne: Nesthäkchen kommt ins KZ, Frankfurt/ Main 1996

Brüning, Elfriede: Und außerdem war es mein Leben, Berlin 1994

Bunsen, Marie v.: Die Welt, in der ich lebte, Leipzig 1929

Damus, Martin/ Rogge, Henning: Fuchs im Busch und Bronzeflamme, München 1979

Delius, Friedrich Christian: Mein Jahr als Mörder, Berlin 2004

Demps, Laurenz: Der Invalidenfriedhof, Berlin 1996

Der Städtebau, 7. Jg., 1910, S. 60

Deutsche Bauzeitung, 33. Jg., 1899, S. 264

Deutsches Bühnenjahrbuch 1920–1925, hrsg. von der Genossenschaft Deutscher Bühnenangehörigen, Berlin 1925

Deutsches Bühnenjahrbuch 1945–1948, hrsg. von der Genossenschaft Deutscher Bühnenangehörigen: Berlin 1948

Dominik, Emil: Quer durch und ringsum Berlin, Berlin 1883

Dorow, Dr.: Job von Witzleben, Leipzig 1842

Dronke, Ernst: Berlin, Berlin 1987

Drvenkar, Zoran: Niemand so stark wie wir, Reinbek 1998

Drvenkar, Zoran: Im Regen stehen, Reinbek 2000

Drvenkar, Zoran: Cengiz und Locke, Hamburg 2002

Eloesser, Arthur: Die Straße meiner Jugend, Berlin 1987

Endlich, Stefanie/ Wurlitzer Bernd: Skulpturen und Denkmäler in Berlin, Berlin 1990

Engel, Helmut/ Jersch-Wenzel, Steffi/ Treue, Wilhelm (Hrsg.): Charlottenburg, Bd.II: Der Neue Westen, Berlin 1985/86

Faust, Paul: Charlottenburg im Spiegel der Geschichte, Teil I und II, Berlin o.J. (1925)

Faust, Paul/ Fischer, Edmund: Charlottenburg im Wandel der Zeiten, Berlin 1950

Ferber, Hans-Jürgen/ Maultzsch, Matthias (Hrsg.): Am Lietzensee – Der Weg einer evangelischen Kirchengemeinde, Bd.I und Bd.II, Berlin 1986/1988

Fernau, Rudolf: Als Lied begann‹s, München 1972

Fest, Joachim: Hitler, II.Bd. Der Führer, Frankfurt/M. – Berlin – Wien 1976

Festschrift 100 Jahre Lietzensee-Grundschule

Fische in Berlin: pdf-Datei. http.//www.stadtentwicklung.berlin.de/umwelt/fischerei/fischereiamt/download/Broschuere_Fische.pdf

Fischer, Edmund/ Eckler, Walter: Erzählungen aus der Geschichte Charlottenburgs, Berlin 1963

Fischer, Lothar: Anita Berber, Berlin 1996

Frauenforschungs-, bildungs- und informationszentrum (FFBIZ) e.V. (Hrsg.):»Oh, Charlottenburg, du frauenfreundlichste unter den Städten … ?« Wege zur Frauengeschichte Charlottenburgs 1850–1930, Berlin 1989

Freie Bühne Witzleben, Archiv, unveröffentlicht

Fritsch, Irene: Kleine Geschichte der Lietzensee-Grundschule, Berlin 1979

Fritsch, Irene: Finale am Lietzensee, Berlin 2006

Fritsch, Irene: Die Tote vom Lietzensee, Berlin 2007

Fritsch, Irene: Kalter Krieg am Lietzensee, Berlin 2009

Fritsch, Irene: Charleston in der Drachenburg, Berlin 2011

Fußmann, Klaus, in: 750 Jahre Berlin, hsg. von Eberhard Diepgen, Berlin 1987

Geheimes Staatsarchiv, Nachlaß von Witzleben und Rother

Gilbert, Robert: Durch Berlin fließt immer noch die Spree, Berlin 1971

Greve, Ludwig: Wo gehörte ich hin?, Frankfurt/ Main 1994

Grüttner, A.: Ein Stadtbild, in: Festschrift zur Versammlung des Lehrervereins der Provinz Brandenburg in Charlottenburg, Berlin 1913

Gundlach, Wilhelm: Geschichte der Stadt Charlottenburg, Bd.I. und II., Berlin 1905

Gustas, Aldona: Der Funkturm, in. Berliner Malerpoeten, hrsg. von A. Gustas, , München 1977

Gustas, Aldona: es wird Mai im Mädchenknie, in: Berliner Leben 1969

Gut, Imme: Interview 1984

Haack, Käte: In Berlin und anderswo, München – Berlin 1971

Haemmerling, Konrad: Charlottenburg 1905 – 1955, Berlin 1955

Harbeck, Hans: Schauspieler – gezaust und gezeichnet, Düsseldorf 1966

Heintzenberg, Friedrich: Aus einem reichen Leben – Werner von Siemens an seine Familie und an seine Freunde, Stuttgart 1953

Heesch, Johannes u. Braun, Ulrike: Orte erinnern, Berlin 2003

Hey, Richard: Die Löwenbändigerin und andere Geschichten, München – Zürich 1995

Hey, Richard: Ein Mord am Lietzensee, Reinbek 1975

Heym, Georg: Der Städte Schultern knacken, Zürich 1987

Heym, Georg: Gedichte und Prosa, Frankfurt 1962

Hoddis, Jacob v.: Am Lietzensee, in:Berlin! Berlin! hrsg. v. Hans-Michael Speier, Stuttgart 1987

Hübner, Holger: Das Gedächtnis der Stadt, Berlin 1997

Jochens, Birgit/ Miltenberger, Sonja (Hrsg.): Zwischen Rebellion und Reform, Berlin 1999

Jost, Veit, Familienarchiv des Hauses Lietzenseeufer 11, unveröffentlicht

Kästner, Erich: Der Geizhals ging im Regen, in: Kästner – Werke, hrsg. von Franz Josef Görtz, Band: Gedichte, München 1998

Kaiserdamm IG: so nah – so gut, Berlin 2005

Karaß, Jens: Joggen in Berlin, Berlin 2005

Katholische Kirchengemeinde St. Canisius (Hrsg.): 75 Jahre St. Canisius, Berlin 1996

Katalog zur Ausstellung »Erwin Barth – Gärten Parks Friedhöfe«, Berlin 1980

Katalog »Sophie Charlotte und ihr Schloß«, hrsg. von der Generaldirektion der Stiftung Preußische Schlösser und Gärten Berlin-Brandenburg, München 1999

Kertbeny, C.v.: Berlin wie es ist, Unveränderter Nachdruck der Ausgabe Berlin 1831, Berlin 1981

Kirchliche Nachrichten der evangelischen Kirchengemeinden in Charlottenburg, Nr. 70, Berlin 1952

Klawun, Paul: Wanderungen am Ufer des Lietzensees in Charlottenburg, in: Die Gartenwelt, 1922

Klepper, Jochen: Der Vater, Berlin 1937

Kohut, Adolf, Prinz-Admiral Adalbert von Preußen und die Deutsche Flotte, Leipzig 1913

Kolb, Ulrike: Frühstück mit Max, München 2000

Kreiskirchenrat Charlottenburg (Hrsg.): Zwischen Funkturm und Kirchtürmen, Berlin 1961

Krumholz, Walter: Berlin – ABC, Berlin 1965

Kruse, Max: Ein Lausejunge aus gutem Haus, Freiburg i.B. 1983

Kunert, Günter: Abend am Lietzensee, in: Berlin, mit deinen frechen Feuern, hrsg. von Michael Speier, Stuttgart 1977

Kunert, Günter: Augenschein am Lietzensee, in: Berlin beizeiten, Frankfurt/ Main 1989

Lagerbücher der evang. Kirchengemeinde Am Lietzensee, A – 2 – 2, von 1925 und 1932, unveröffentlichte Abschrift

Land, Dietmar/Wenzel, Jürgen: Erwin Barth – Leben und Werk eines Gartenarchitekten im zeitgenössischen Kontext, Leipzig 2005

Landau, Lola: Vor dem Vergessen – Meine drei Leben, Berlin 1987

Landau, Lola / Armin T. Wegner: Welt vorbei, Berlin 1999

Lange, Horst-Günther: Der Lietzenseepark in Berlin Charlottenburg, I. Dokumentation, II. Parkpflegewerk, Berlin 1987/1989 i.A. des Senators für Stadtentwicklung und Umweltschutz, Abt. III Gartendenkmalpflege

Larsson, Lars Olof: Die Neugestaltung der Reichshauptstadt – Albert Speers Generalbebauungsplan für Berlin, Stuttgart 1978

Leber, Annedore: Das Gewissen entscheidet, Berlin-Frankfurt/Main 1957

Liechtenhan, Rolf: Ballettgeschichte im Überblick, Wilhelmshaven 1990

Madrasch-Groschopp, Ursula: Die Weltbühne, Königstein/ Taunus 1983

Matzger, Reiner (Hrsg.): Charlottenburger Welttheater, Berlin 1993

Malaparte, Curzio: Kaputt, Fischer Taschenbuch 1982

Maultzsch, Matthias (Hrsg.): Die evangelische Kirche am Lietzensee 1959 – 1984, im Auftrag des Gemeindekirchenrates 1984

Maultzsch, Matthias u. Fritsch, Irene (Hrsg.): 100 Jahre »Am Lietzensee«, im Auftrag des Gemeindekirchenrates 2013

Meichsner, Dieter: Die Studenten von Berlin, Reinbek, rororo 1963

Meysel, Inge: Frei heraus – Mein Leben, Weinheim – Berlin 1991

Miltenberger, Sonja: Charlottenburg in historischen Karten und Plänen, Berlin 1998

Monioudis, Perikles: Palladium, Berlin 2003

Müller, Paul: Nachlass, im Besitz von Ortrud Kubisch, unveröffentlicht

Nicklisch, Hans: Am Bahnhof Witzleben, Gedicht, Zeitungsausschnitt, o.O., o.J.

Niekisch, Ernst: Gewagtes Leben, Köln – Berlin 1958

Nooteboom, Cees: Allerseelen, Frankfurt 2000

Oberhauser, Fred/ Henneberg, Nicole:Literarischer Führer Berlin, Frankfurt/Main – Leipzig 1998

Oblöser, Norberta, in:Bezirksverordnetenversammlung von Charlottenburg (Hrsg.): »Schon damals fingen viele an zu schweigen … « Quellensammlung zur Geschichte Charlottenburgs von 1933–1945, Berlin 1986

Pirchau, Emil: Fanny Elssler, Wien 1940

Polifka, Kirsten: Der Lietzenseepark in Charlottenburg, Seminararbeit SS 1991, TU Berlin

Pomplun, Kurt: Berlins alte Sagen, Berlin 1964

Prösel, Susan/ Kremin, Michael: Berlin um 1700 – Die Idealstadt Charlottenburg, Berlin 1984

Pulver, Lieselotte: …wenn man trotzdem lacht, Frankfurt/M., Berlin 1993

Ranke, Winfried: Heinrich Zille – Fotografien Berlin 1890–1910, München 1975

Raschke, Theodor: Unsere Vaterstadt Charlottenburg, Charlottenburg 1909

Rave, Paul Ortwin/Wirth, Irmgard: Die Bauwerke und Kunstdenkmäler von Berlin, Stadt und Bezirk Charlottenburg, 2. Bd., Berlin 1961

Reich-Ranicki, Marcel: Mein Leben, Stuttgart 1999

Reinecker, Herbert: Die Frauen von Berlin, Frankfurt/Main – Berlin 1985

Ribbe, Wolfgang (Hrsg.): Von der Residenz zur City, 275 Jahre Charlottenburg, Berlin 1980

Riesel, Carl: Das romantische Havelland, Berlin 1869

Roth, Andrew/ Frajman, Michael: Das jüdische Berlin heute, Berlin 1999

Salomon, Ernst v.: Die schöne Wilhelmine, Reinbek 1972

Schock, Rudolf: »Ach, ich hab in meinem Herzen ... «, München – Berlin 1986

Scholefield, Alan: Terror in Berlin, Frankfurt/M. 1984

Scholtze, Gisela: Charlottenburg und seine Straßen, Berlin 1993

Scholtze, Gisela: Wo sind sie geblieben? in: Mitteilungen des Vereins für die Geschichte Berlins, 94.Jg., H.1, Berlin 1998

Scholz, Hans: Wanderungen und Fahrten in der Mark Brandenburg, Bd. 2, Berlin 1974

Schultz, Klaus-Peter: Kurt Tucholsky, Hamburg 1966

Schulze, Petra (Hrsg.): Menschen von nebenan, Ev. Verlagsanstalt Leipzig 2008

Seidel, Ingrid, Familienarchiv des Hauses Wundtstraße 54 und 54a, unveröffentlicht

Senator für Bau- und Wohnungswesen (Hrsg.): Die Stadt der Seen, Berlin 1973

Sinjen, Sabine: Wenn der Vorhang fällt, Bergisch-Gladbach 1995

Sophie Charlotte und ihr Schloß, hrsg. von der Generaldirektion der Stiftung Preußische Schlösser und Gärten Berlin-Brandenburg, München – London – New York 1999

Stadtbilder: Berlin der Malerei vom 17.Jahrhundert bis zur Gegenwart, Berlin Museum, Axenhövel – Berlin 1987

Stein-Völkel, Bettina: Witzleben – eine Erinnerung aus dem alten Charlottenburg, Zeitungsausschnitt, o.J., o.O.

taz, 5.4.2005, Akira Nakao: »Am liebsten male ich den Kaiserdamm«

Tessendorf, Wilhelm: Aus dem Berliner Sagenschatz, Berlin 1961

Thalmann, W.: Übersicht der Stadtgeschichte Charlottenburgs, Berlin 1929

Tumler, Franz: Geist und Gesicht, München – Stuttgart 1953

Ulbrich, Alfred: Interview 2001

Ulbrich, Erika: Interview 1984

Ulrich, Bernd, in: Der Tagesspiegel, 1999

Unsere Schule: Jahrbuch des Canisius-Kollegs, H. 17, Berlin 1965

Wagner, Rainer (Hrsg.): Berlin 77 – Das Jahr im Rückspiegel, Berlin o.J. (1977)

Weber, Annemarie: Die jungen Götter, München 1974

Weber, Annemarie: Rosa oder Armut schändet, Frankfurt/ Main 1980

Weber, Klaus Konrad: Berlin und seine Bauten Teil IV, Wohnungsbau, Bd. B, Die Wohngebäude – Mehrfamilienhäuser, Berlin 1974

Weber, Klaus Konrad: Berlin und seine Bauten Teil XI, Gartenwesen, Berlins Parke seit 1900, Berlin 1972

Weinbeer, Hildegard: Mein Berliner Jahr 1945, in: Der Tagesspiegel, 28.4.1985, S. 52

Wendt, Ingeborg: Notopfer Berlin, Hamburg 1956

Werner, Johannes: Maxe von Arnim, Leipzig 1937

Wiegler, Paul: Josef Kainz, Berlin 1941

Wiese, Anja u.a.: Die Große Kaskade am Lietzensee, Stiftung Denkmalschutz Berlin, Berlin 2005, Heft 7

Witzleben, Wilhelm v.: Nachlass, Geheimes Staatsarchiv
Berlin, unveröffentlicht

Wörmann, Heinrich-Wilhelm:
Widerstand in Charlotten-
burg Berlin 1991

Vehse, Eduard: Berliner
Hofgeschichten, Düsseldorf
– Köln 1970

Verwaltungsbericht der Stadt
Berlin, 1924–27, Berlin 1928

Voß, Karl: Reiseführer für
Literaturfreunde Berlin,
Frankfurt/Main – Berlin – Wi-
en 1980

Zaptcioglu, Dilek: Der Mond
isst die Sterne auf, Stuttgart
– Wien – Bern 1998

Zimmer, Dieter: Für‹n Groschen Brause, Bern – Mün-
chen 1980

Zucker, Renée: Seen-Geblub-
ber, in: Berlin – Eine Ortsbe-
sichtigung, Berlin 1992

PERSONENVERZEICHNIS

Irene Fritsch...

... in Berlin geboren, wohnt seit ihrer Kindheit am Lietzensee und war viele Jahre Lehrerin an einem Charlottenburger Gymnasium. Der vorliegende Band beruht auf unmittelbarer Erfahrung des Lebens rund um den Lietzensee und auf langjähriger Beschäftigung mit der Geschichte des Lietzenseeparks und seiner Umgebung. Er bietet eine zusammenhängende Darstellung und öffnet dem aufgeschlossenen Spaziergänger die Augen für die Sehenswürdigkeiten und historischen Hintergründe dieses Stadtviertels.

Weitere Titel:
Charleston in der Drachenburg
Kalter Krieg am Lietzensee
Die Tote vom Lietzensee
Finale am Lietzensee

Erhältlich in Ihrer
Buchhandlung
oder direkt beim
text • verlag
www.textpunktverlag.de

Von Haus zu Haus
am Kurfürstendamm
Geschichte und Geschichten
über Berlins ersten Boulevard

Er ist Deutschlands bekanntester Boulevard
– der Kurfürstendamm im Berliner Westen.
Als vor 125 Jahren die Bebauung des eins-
tigen Reitwegs mit Mietpalästen einsetzte,
war seine
»Karriere« zur großstädtischen Flaniermeile
noch nicht abzusehen. Aus Bauakten, zeitgenössischen Berichten und neuerschlos-
senem Archivmaterial entsteht in diesem
Band das facettenreiche Panorama des
Lebens und Wohnen am Kurfürstendamm.

Heute kurios anmutende Einrichtungen
wie eine Radfahrlehrbahn, eine Anlage
für Flotten-Schauspiele und ein Ver-
gnügungspark mit damals sensationeller
Technik werden vorgestellt und natürlich
die zahlreichen Cafés mit ihrer sprich-
wörtlich gewordenen Kultur, die Kinos,
Kabaretts, Theater.
   Die Künstlergemeinschaft »unterm
Dach« findet ebenso Aufmerksamkeit
wie der hochherrschaftliche Haushalt
des reichen Diplomaten. Zu den ersten
Anwohnern der »Ku'damms« gehörten
gutbetuchte Geschäftsleute, Fabrikanten,
Generäle, Anwälte aber auch Maler,
Schriftsteller und Theaterleute Viele von
ihnen waren wegen ihrer jüdischen
Herkunft während des Nationalsozialismus
zahlreichen Repressalien ausgesetzt, mussten emigrieren oder verloren ihr Leben.

text·verlag

Aus detaillierten Informationen zur
Baugeschichte jedes einzelnen Gebäudes
– eben »Haus für Haus« –, aus Episoden aus
dem Leben bekannter und unbekannter
Persönlichkeiten, heiteren Anekdoten
wie tragischen Begebenheiten entsteht
die Biografie einer Straße, die seit über
einem Jahrhundert weit mehr ist als nur
Verkehrsweg und Heimstatt: Inbegriff
für weltstädtisches Leben und kulturelle
Offenheit.

Kurfürsten]damm

Von Haus zu Haus am Kurfürstendamm
Geschichte und Geschichten
über Berlins ersten Boulevard

Birgit Jochens | Sonja Miltenberger
Museum Charlottenburg-Wilmersdorf von Berlin (Hrsg.)

text·verlag
· edition berlin

Broschiert, 256 Seiten
ISBN: 978-3-938414-31-6
Format: 24,2 x 22,4 cm
29.– Euro

Lietzensee-Krimis
von Irene Fritsch,
erschienen im
text • verlag

Die Tote vom Lietzensee

In der beklemmenden Atmosphäre der letzten
Kriegstage in Berlin und der Hungermonate
der Jahre **1945 bis 1946** kreuzen sich rund um
den Lietzensee die Schicksalswege ganz unterschiedlicher Menschen. Alteingesessene Bürger,
Flüchtlingsfamilien, Überlebende des braunen
Terrors und auch ehemalige Parteigenossen
ringen nach der Niederlage des Nazi-Regimes um
das tägliche Stück Brot. Der Überlebenswille der
Menschen zeigt sich aber auch in der Aufnahme des
Spielbetriebs im »Theater in der Witzlebenstraße«,
in der Aula einer halb ausgebombten Volksschule.
Nach einer Reihe erfolgreicher Aufführungen
musikalischer Lustspiele und klassischer Operetten
geschieht das Schreckliche: Der aufstrebende Star
des Ensembles, eine junge Sängerin, wird ermordet.
In der Asche eines alten, lange Jahre ungenutzten
Ofens ruft fünfzig Jahre später ein Zufallsfund – ein
Art-Deco-Schmuck, Teil eines wertvollen Ensembles
aus den Zwanziger Jahren – ruft rund 50 Jahre
später Anna Kranz, Musiklehrerin an der längst
wiederaufgebauten Schule, auf den Plan. Die
Amateurdetektivin spürt dem Weg des Schmucks
und seiner wechselnden Besitzerinnen in den
Kriegs- und Nachkriegsjahren nach. Die Ergebnisse
ihrer Recherche bringen sie schließlich zur Lösung
des verwickelten Todesfalls.

Mit diesem »Lietzensee-Krimi« schafft Irene
Fritsch eine lebendige Beschreibung der ersten
Nachkriegsmonate im besetzten Berlin und ein
Kaleidoskop menschlicher Nöte und Leidenschaft.

Broschiert, 144 Seiten
ISBN: 978-3-938414-57-6
Format: 24,2 x 22,4 cm
9,90 Euro

text·verlag

Kalter Krieg am Lietzensee

Die Handlung des Romans spielt in den politischen Wirren im noch ungeteilten Berlin vor dem Bau der Mauer.

1952. Die Notaufnahmestelle in der Kuno-Fischer-Straße in Berlin-Charlottenburg ist Zielpunkt für Flüchtlinge, die zu Hunderttausenden aus der Sowjetzone in den Westen fliehen. Hier und in den Häusern und Straßen ringsum den Lietzensee treffen die Personen des Romans zusammen: Einheimische, Flüchtlinge und Spitzel, verstrickt in einem Geflecht von Liebe, Verrat, Hass und Geldgier. Am Ende steht ein Mord. Gelingt es nach mehr als fünfzig Jahren der jungen Musiklehrerin Anna, den Mord aufzuklären?

Broschiert, 184 Seiten
ISBN: 978-3-938414-56-9
12,80 Euro

Charleston in der Drachenburg

1926. Leni Brose, ein junges Mädchen vom Lande, kommt nach Berlin, um Telefonistin zu werden. Schnell wächst sie in die Rolle einer modernen, berufstätigen Frau hinein, lernt aber auch durch ihre Liebe zu einem angehenden Schriftsteller – vor dem Hintergrund des aufkommenden Nationalsozialismus – die Schattenseiten des Lebens kennen … Jahre später fällt Lenis Tagebuch der jungen Musiklehrerin Anna in die Hände, und sie beginnt zusammen mit ihrer Freundin Carla, die Geheimnisse, die Leni umgaben, und sogar einen Mord aufzudecken.

Broschiert, 136 Seiten
ISBN: 978-3-938414-60-6
12.– Euro

Rundgang um den Lietzensee